변호사시험 및 각종 국가고시 대비

변호사시험을 위한
상법공부

수민 편저

박영사

머리말

　　로스쿨 3학년 1학기 상사법연습 과목을 담당하면서 학생들이 변호사시험 민사법 사례형 3문을 작성하는 데 상당한 어려움을 겪는다는 것을 알게 되었다. 1~2학년에 공부해야 할 과목이 많기 때문에 많은 학생들이 상법을 충분히 이해하고 정리하지 못한 상태에서 3학년을 맞이하게 된다.

　　시험을 10개월 정도 남겨 둔 상황에서 학생들이 상법 사례문제에 배점된 100점 중에서 70점을 가장 효율적으로 득점할 방법을 고민해 보았다. 기본서 전체를 요약하거나 중요판례를 정리하는 방법도 좋은 방법이겠지만, 필자는 매주 기출문제 1회차 분량을 실제 시험과 같이 45~50분 내에 풀어보고 분석해 보는 것이 가장 효율적인 방법이라는 결론을 내렸다. 지난 2년간 필자의 수강생들에게 이 방법을 적용해 보니, 학생들의 실력이 단기간에 빠른 속도로 향상되었다. 1학년과 2학년 과정에서는 기출문제를 진도에 맞추어서 풀어 보았다면, 3학년이 되어서는 10개월 뒤에 시험장에서 대면하게 될 문제의 범위와 분량 그대로를 마주하는 것이 좋다. 이렇게 연습을 하면 시험장에서 두려움과 주저함이 없이 답안을 잘 작성할 수 있다.

　　기출문제만으로 충분한 것인지에 대한 의문이 들 수 있겠지만, 상법 사례형 문제는 기출쟁점이 반복해서 출제되는 경향이 있다. 3학년 과정에서 상법 공부를 할 수 있는 시간이 매우 제한적임을 고려하면, 많은 문제를 얕게 풀어보는 것보다 기출문제의 '문제'를 반복해서 철저히 읽고 실제 시험시간에 맞춰서 답안을 쓰고 또 고쳐보는 것이 보다 효율적인 방법이라고 생각된다. 혹시 여력이 된다면 최근 3~5년간의 법전협 모의고사 문제를 동일한 방법으로 회차별로 풀고 최신 판례를 정리해 볼 것을 권장한다.

　　이 책은 기출문제를 풀고 관련 법리와 판례를 간단하게 정리하는 방식으로 구성되어 있다. 답안 작성과 노트 정리를 함에 있어서 송옥렬 교수님의 「상법강의」(홍문사)를 가장 많이 참조하였고, 김건식·노혁준·천경훈 교수님의 「회사법」(박영사)과 이철송 교수님의 「상법총칙·상행위」(박영사) 및 「어음·수표법」(박영사)도 부분적으로 참조하였다. 교수님들의 주옥같은 문구를 그대로 옮긴 곳이 상당히 많이 있다.

　　기출문제는 오류가 거의 없기 때문에 문제를 잘 읽어 보는 것이 중요하다. 문제를 그대로 옮긴 회차도 있지만, 쟁점별로 단락을 끊어서 읽을 수 있도록 편집을 해 둔 회차도 있다. 문제의 특정 문구에서 떠올려야 할 쟁점들을 필기해 둔 곳도 있다. 답안은 문장형식으로 작성한 회차가 대부분이지만, 개조체로 작성한 회차도 몇 개 있다. 학생들의 지루함을 덜기 위한 변주라고 생각하면 되고, 실제 시험답안은 반드시 완결된 문장으로 작성하여야 한다. 답안을 작성함에 있어서는 동일한 쟁점에 대해서도 앞의 답안을 복사해서 붙이기보다는 조금씩 다르게 작성해서 학생들이 본인만의 답안을 만드는 데 도움을 주고자 했다. 또한, 문법적으로 오류가 없고 육하원칙에 맞는 완결된 문장을 쓰기보다는 실제 수험생으로서 쓸 수 있는 현실적인 문장을 구사하려고 노력했고, 제한된 시간과 제한된 답안지에 현출하기에 가장 경제적인 글쓰기를 하고자 노력하였다.

　　퇴고를 거듭하였지만 오류가 남아 있는 부분도 있다. 앞으로 독자들의 지적과 의견을 받아서 개선할 것을 약속한다. 이 책이 변호사시험 상법 사례형 문제를 이해하는 데 도움이 되기를 바라고, 변호사시험뿐 아니라 각종 국가고시 공부를 하느라 버겁고 힘든 수험생들의 짐을 조금이라도 덜어주었으면 좋겠다. 이 책에서 참고한 도서의 저자 선생님들과 충북대 로스쿨에서 상사법연습 강좌를 분반하여 담당하는 신병동 교수님께 감사드리고, 책 출간을 흔쾌히 결정해 주신 박영사 안종만 회장님과 김한유 과장님, 윤혜경 대리님께도 감사의 말씀을 전한다.

2024. 5.

편저자 임수민

목 차

2024년도 시행 제13회 변호사시험 [민사법] ···································· 1

2023년도 시행 제12회 변호사시험 [민사법] ···································· 15

2022년도 시행 제11회 변호사시험 [민사법] ···································· 33

2021년도 시행 제10회 변호사시험 [민사법] ···································· 55

2020년도 시행 제9회 변호사시험 [민사법] ····································· 93

2019년도 시행 제8회 변호사시험 [민사법] ····································· 113

2018년도 시행 제7회 변호사시험 [민사법] ····································· 133

2017년도 시행 제6회 변호사시험 [민사법] ····································· 149

2016년도 시행 제5회 변호사시험 [민사법] ····································· 165

2015년도 시행 제4회 변호사시험 [민사법] ····································· 187

2014년도 시행 제3회 변호사시험 [민사법] ····································· 205

2013년도 시행 제2회 변호사시험 [민사법] ····································· 217

2012년도 시행 제1회 변호사시험 [민사법] ····································· 233

부록 [최신판례] ··· 247

찾아보기 ··· 293

2024년도 시행
제13회 변호사시험

[민사법]

〈제 3 문〉

甲주식회사는 비상장회사로서 아파트 건설업을 주된 영업으로 하고 있다. 甲회사는 설립 당시 의결권 있는 주식만을 100,000주 발행하였다. 무직자인 A는 甲회사로부터 아파트를 분양받은 자인데, 甲회사의 귀책으로 말미암아 아파트 건설 공사 기간이 3개월가량 늘어남에 따라 당초 입주 예정일을 한참 지난 후에서야 입주하게 되었다. 甲회사의 발행주식총수 중 3,500주를 가진 주주 B는 이 같은 일련의 사정을 알게 되어 회계장부를 열람하였고 그 결과 B는 甲회사의 경영권을 탈취하는 데 많은 관심을 가지게 되었다.

얼마 지나지 않아 甲회사는 위 아파트를 분양하는 과정에서 대표이사의 주도로 甲회사가 거액을 들여 허위·과장광고를 하였다는 이유로 벌금형에 처해졌다. 또한 甲회사의 대표이사는 약속어음을 할인하여 주겠다는 C의 거짓말에 속아 그에게 회사 명의의 어음을 발행하여 주었으며, C는 그 어음을 D에게 배서양도하였다. 그 후 甲회사의 대표이사가 C의 사기를 이유로 어음발행 행위를 취소하였다.

위 모든 상황을 알게 된 주주 B는 甲회사의 대표이사에 대하여 <u>대표소송을 통한 책임추궁을 하기 위한</u> 사전 단계로 甲회사의 회계장부에 대한 열람·등사를 이유를 붙인 서면으로 청구하였다. 그러나 甲회사는 B가 <u>이미</u> 회계장부를 <u>열람한</u> 적이 있고 B가 甲회사에 <u>적대적</u>이라는 근거를 들어 이를 거부하였다. 이에 B는 **재판상** 회계장부 열람·등사를 청구하였다.

한편 소송계속 중에 기존 주주에 대한 신주발행으로 인하여 甲회사의 발행주식총수가 140,000주로 늘어났는데, B는 그러한 신주발행에 응하지 않아 그가 소유한 주식 수에는 변화가 없었다. 甲회사는 B가 인수하지 않아 발생한 실권주를 소정의 요건과 절차를 갖추어 대표이사에게 <u>적법하게 배정</u>하였다. 다만, 甲회사의 <u>정관</u>에는 실권주를 제3자에게 배정하는 것에 관한 <u>근거 규정</u>이 <u>없었다.</u>

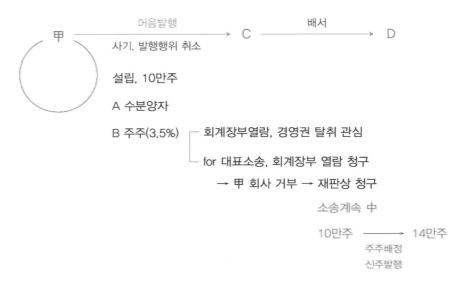

<문제>

1. A가 자신이 분양받은 아파트에 대한 입주 지연과 甲회사의 허위·과장광고로 입은 손해에 대하여 상사법정이율을 각각 적용하여 배상을 청구하는 경우 법원은 이를 인용할 것인가? (15점)

 풀이

1. 쟁점

상법 제54조의 적용범위가 문제된다.

2. 상법 제54조의 적용범위

(1) 상행위로 인한 채무

상사법정이율을 정하는 상법 제54조의 '상행위로 인한 채무'의 상행위에는 일방적 상행위도 포함되고, 여기에는 상행위로 인하여 직접 생긴 채무뿐만 아니라 그와 동일성이 있는 채무 또는 그 변형으로 인정되는 채무도 포함된다. 다만, 불법행위로 인한 손해배상채무는 포함하지 아니한다.

(2) 관련 판례

판례는 주택건설사업 등을 목적으로 하는 영리법인인 주택건설업자의 아파트분양계약은 그의 영업을 위하여 하는 상행위라 할 것이고, 당사자 일방에 대하여만 상행위가 되는 행위로 인한 채권도 상사법정이율이 적용되는 상사채권에 해당한다고 할 것인바, 그 주택건설업자의 아파트 입주 지연에 따른 지체상금은 상행위인 분양계약의 불이행으로 인한 손해배상채권으로서 그 지연손해금에 대하여도 상법 제54조의 6% 상사법정이율을 적용하여야 한다고 판시하였다[대법원 99다10189 판결]. 그러나 허위·과장광고로 인한 손해배상청구권에 대해서는 그 성격을 불법행위에 기한 손해배상청구권으로 보아 상사법정이율을 적용하지 않았다[대법원 2015다28968 판결].

(3) 검토

아파트 분양계약상 예정된 시기에 주택을 완공하여 수분양자를 예정된 입주일에 입주할 수 있게 할 의무는 주택건설업자의 계약상 의무이므로 입주 지연은 주택건설업자의 채무불이행에 해당한다고 보아 그 지체상금에 상사법정이율을 적용한 판례가 타당하다고 본다. 이에 비해 아파트 분양과정에서 허위·과장광고를 한 것은 계약상의 채무를 불이행한 것이 아니라 주계약과는 별도의 행위를 한 것이고 그 행위가 불법한 것이므로, 그로 인한 손해배상청구권은 상사법정이율을 적용할 성질의 것은 아니라고 생각되므로 판례가 타당하다고 본다.

3. 사안 해결

법원은 A의 입주지연으로 인한 손해배상청구는 인용할 것이나, 분양과정에서의 허위·과장광고로 인한 손해배상청구는 기각할 것이다.

<문제>
2. B의 재판상 회계장부 열람·등사 청구는 인용될 것인가? (30점)

 풀이

Ⅰ. 쟁점

B의 원고적격과 B의 청구의 정당성을 검토하여야 하는바, 원고적격과 관련해서는 지분비율을 소송기간 전 기간에 충족해야 하는지가 문제되고, 청구의 정당성과 관련해서는 이미 회계장

부를 열람한 적이 있다는 점과 회사에 적대적이라는 점을 이유로 회사가 주주의 청구를 거부할 수 있는지가 문제된다.

II. 주주의 회계장부 열람·등사권

주주는 회사의 회계정보를 취득하기 위해 회계장부의 열람 및 등사를 청구할 수 있다. 비상장회사의 경우, 무의결권 주식을 포함한 발행주식총수의 3% 이상을 보유한 주주가 이유를 붙인 서면으로 청구할 수 있다(제466조 제1항). 재판상 청구하는 경우에는 주식보유요건을 소송계속 전 기간에 만족시켜야 한다. 판례에 의하면 소송계속 중 회사(피고)의 신주발행으로 인하여 주주(원고)가 위 요건에 미달하게 된 경우에는, 신주발행이 무효이거나 부존재한다는 등의 특별한 사정이 없는 한, 원고는 열람·등사를 구할 당사자적격을 상실한다[대법원 2015다252037 판결].

III. 회사의 거부 가부

1. 거부 가능성

회사는 주주의 청구가 부당함을 입증하여 이를 거부할 수 있다(제466조 제2항). 회계정보는 회사의 이익을 위해서 비밀로 유지해야 할 필요가 있기 때문에, 상법은 이를 단독주주권이 아니라 소수주주권으로 정하고 회사의 판단으로 열람·등사를 거부할 수 있도록 정한 것이다.

2. 주주의 청구의 부당성 판단 기준

판례는 주주의 열람·등사권 행사가 회사업무의 운영 또는 주주 공동의 이익을 해치거나 주주가 회사의 경쟁자로서 그 취득한 정보를 경업에 이용할 우려가 있거나, 또는 회사에 지나치게 불리한 시기를 택하여 행사하는 경우 등에는 정당한 목적을 결하여 부당한 것이라고 본다[대법원 2003마1575 결정][1] 그러나 주주가 회사의 이사에 대하여 대표소송을 통한 책임추궁이나 유지청구, 해임청구를 하는 등 주주로서의 권리를 행사하기 위하여 이사회 의사록의 열람·등사가 필요하다고 인정되는 경우에는 특별한 사정이 없는 한 그 청구는 회사의 경영을 감독하여 회사와 주주의 이익을 보호하기 위한 것이라고 할 것이므로, 이를 청구하는 주주가 적대적 인수·합병을 시도하고 있다는 사정만으로 그 청구가 정당한 목적을 결하여 부당한 것이라고 볼 수 없다고 본다[대법원 2013마657 결정].

---

1 이 사안에서는 주주의 청구가 경영자를 감시가 아닌 적대적 기업인수를 시도하기 위한 목적이라는 점과 주주와 회사가 경업관계에 있다는 점에서 주주가 열람·등사한 정보로부터 얻게 되는 영업상 비밀을 경업에 이용할 수 있다는 점이 중요하게 고려되어, 열람·등사 청구가 정당한 목적을 결한 것이라고 판시되었다.

판례는 회계장부의 열람·등사가 주주로서의 감시의 목적을 달성하기 위한 것인지 여부를 중요한 판단기준으로 삼고 있는 것이다.

Ⅳ. 사안 해결

B는 주주로서 甲회사의 대표이사에 대하여 대표소송을 통해 책임을 추궁하기 위하여 회계장부의 열람·등사를 청구하였기 때문에, 甲회사는 B가 이미 장부를 열람한 적이 있고 회사에 대해 적대적이라는 점을 근거로 청구를 거부할 수 없다.

그러나 B는 소제기 시에는 3.5% 지분을 보유한 주주로서 원고적격을 구비했었지만, 소송계속 중 지분비율이 2.5%로 변동되어서 원고적격을 상실했기 때문에, B의 재판상 청구는 각하될 것이다.

<문제>

3. D가 어음의 만기일에 甲회사에 어음금을 청구하는 경우 甲회사는 어음금을 지급하여야 하는가? (10점)

 풀이

1. 쟁점

발행인이 어음발행행위를 취소한 경우에 이를 어음소지인에게 항변할 수 있는지가 문제된다.

2. 어음행위의 취소

(1) 어음할인

어음할인이란 아직 만기가 도래하지 않은 어음을 양도하고 양수인이 어음의 액면금액에서 만기까지의 이자 기타 비용을 공제한 금액을 양도인에게 교부하는 거래를 말한다[대법원 2001다55598 판결]. 어음할인은 어음의 매매로 보아야 할 경우도 있고 소비대차에서 차주의 채무변제의 확보를 위해 이루어지는 것으로서 어음의 매매로 볼 수 없는 경우도 있다.

(2) 의사표시의 하자에 기한 어음행위의 취소 ※분량을 줄여서 써도 무방함

甲회사의 대표이사가 약속어음을 할인하여 주겠다는 C의 거짓말에 속아서 그에게 회사 명의의 어음을 발행해 준 것이 어음행위의 원인관계에 기한 하자인지 어음행위 자체의 하자인지가 문제된다. 이 사안에서는 금전소비대차 등의 사정이 보이지 않아서 어음할인의 성질이 매매인 경우이기 때문에, '어음행위 자체에 하자'에 해당한다. 어음행위에 취소사유가 있는 경우, 취소권자 범위 및 취소의 요건과 방법에 대해서는 민법이 적용되므로, 甲회사의 대표이사가 어음의 발행을 취소한 것은 적법하다.

3. 인적 항변사유

어음행위에 사기 등 의사표시의 하자가 있다는 항변에 관하여 통설은 소지인에게 하자에 대한 악의 · 중과실이 있는 경우에 어음발행인이 대항할 수 있는 것으로 보는데 비해, 판례는 인적 항변으로 보아 해의가 있는 경우에만 대항할 수 있다고 본다[대법원 96다49513 판결]. 인적 항변에 대해 규정하는 어음법 제17조에 의하면 발행인은 종전의 소지인에 대한 인적 관계로 인한 항변으로써 소지인에게 대항하지 못하지만, 소지인이 그 채무자를 해할 것을 알고 어음을 취득한 경우에는 소지인에게 대항할 수 있다.

4. 사안 해결

甲회사는 어음소지인 D의 해의를 입증하는 경우에는 D에게 어음금을 지급하지 않아도 되나, 해의를 입증하지 못하는 경우에는 어음금을 지급하여야 한다.

NOTE

대법원 96다49513 판결

【판시사항】
[1] 기망에 의한 어음발행행위 취소의 상대방과 효력의 범위
[2] 어음행위에 의사표시의 하자가 있다는 항변의 성격

【판결요지】
[1] 사기와 같은 의사표시의 하자를 이유로 어음발행행위를 취소하는 경우에 그 취소의 의사표시는 어음발행행위의 직접 상대방에 대하여 뿐만 아니라 어음발행행위의 직접 상대방으로부터 어음을 취득하여 그 어음금의 지급을 청구하고 있는 소지인에 대하여도 할 수 있다고 봄이 상당하다 할 것이지만, 이와 같은 의사표시의 취소는 선의의 제3자에게 대항할 수 없는 것이고, 이 때의 제3자라 함은 어음발행행위의 직접 상대방 이외의 자를 가리키는 것이므로, 어음의 발행인이 어음발행행위의 직접 상대방이 아닌 소지인을 상대로 어음발행행위 취소의 의사표시를 할 수 있다 하여 소지인의 선의 · 악의를 불문하고 취소의 효과를 주장할 수 있게 되는 것은 아니다.
[2] 어음행위에 착오 · 사기 · 강박 등 의사표시의 하자가 있다는 항변은 어음행위 상대방에 대한

인적항변에 불과한 것이므로, 어음채무자는 소지인이 채무자를 해할 것을 알고 어음을 취득한 경우가 아닌 한, 소지인이 중대한 과실로 그러한 사실을 몰랐다고 하더라도 종전 소지인에 대한 인적항변으로써 소지인에게 대항할 수 없다.

<문제>

4. 甲회사가 실권주를 대표이사에게 적법하게 배정하기 위하여 갖춘 소정의 요건과 절차는 무엇인가? (15점)

 풀이
___

1. 실권주 처분의 요건과 절차

주주배정에 의한 신주발행에서 인수나 납입이 되지 않은 주식을 실권주라고 한다(제419조 제3항, 제423조 제2항). 실권주는 발행되지 않은 것으로 하여 그대로 방치해도 되지만, 이사회의 결의로 임의로 제3자에게 배정할 수 있다. 실권주를 제3자에게 처분하면 신주를 처음부터 제3자에게 발행한 경우와 동일한 경제적 효과가 발생하지만, 주주가 스스로 신주인수를 포기한 것이기 때문에 정관에 반드시 근거 규정이 있어야 하는 것은 아니다[대법원 2010다49380 판결].

단일한 기회에 발행되는 신주의 발행조건은 동일하여야 하므로, 주주배정으로 신주를 발행하는 경우에 주주가 인수하지 아니하여 실권된 부분에 관하여 이를 주주가 인수한 부분과 별도로 취급하여 발행조건을 변경하여 발행할 수 없다[대법원 2007도4949 판결].

2. 자기거래 요건

제398조의 이사의 자기거래에 자본거래도 포함된다는 것이 다수설이다. 실권주 배정 시, 이에 관한 이사회에는 이해관계의 개시의무 및 가중된 결의요건(재적 2/3 이상)이 적용된다.

3. 사안 해결

이 사안의 대표이사는 주식을 보유하지 않은 제3자로 판단되므로, 주주가 인수하지 않은 주식을 대표이사가 인수한 것은 실권주의 배정에 해당한다. 따라서 甲회사는 주주배정시와 동일한 발행조건으로 이사회 결의를 거쳐 실권주를 대표이사에게 배정할 수 있고, 이 경우 정관상 근거 규정은 필요하지 않다. 다만, 자기거래의 요건으로서 이사회의 사전승인결의를 얻어야 한다.

<추가적 사실관계>

주택 건설업을 주된 영업으로 하는 乙주식회사의 발행주식총수 1,000,000주 중 B는 970,000주, E는 12,000주, F는 12,000주, G는 6,000주를 소유하고 있었다. 그런데 乙회사는 2023. 12.경 B에게는 5,000:1, 나머지 주주에게는 15,000:1로 주식병합을 하였고, E, F, G가 각각 소유하였던 주식을 단주 처리하였다. 주식병합을 실행하기에 앞서 개최된 주주총회에는 소집 통지를 받지 못한 E, F, G(이하 'E 등'이라 한다) 없이 B만 출석하여 관련 안건에 대한 결의를 하였고, 乙회사는 채권자보호절차 등 주식병합에 필요한 나머지 상법상 절차를 적법하게 거쳤다. 자본금 변경등기는 2023. 12. 27. 경료되었다. E 등은 주주 지위에서 축출당한 것이 부당하다고 보아 소(訴)로써 다투고자 한다.

<문제>

5. 2024. 1. 13. 현재 주주가 아닌 E 등이 제기할 수 있는 소의 유형과 원인은 무엇인가? (30점)

🔍 **풀이** _____

I. 쟁점

소의 유형으로서 주주총회결의취소의 소와 감자무효의 소를 검토하면서, 제소기간 준수 여부, 위법한 주식병합으로 주주지위를 박탈당한 자에게 원고적격이 인정되는지 여부와 양 소의 관계를 검토한다. 소의 원인으로서 주주총회소집통지를 받지 못한 것과 주주별로 주식병합비율을 다르게 정한 것이 문제된다.

II. 소의 유형

1. 주주총회결의취소의 소

자본금 변경등기가 경료되었다고 설시된 점에 비추어 사안의 주식병합은 자본금감소를 수반하는 주식병합에 해당하므로 주주총회 특별결의가 있어야 하고(상법 제438조 제1항), 이를 위해서는 甲회사는 주주들에게 주주총회 소집통지를 하여야 한다(제363조 제1항).

그런데 주주 E 등은 소집통지를 받지 못하였다. 판례에 의하면 주주 대부분에게 소집통지를 하지 않은 것은 주주총회결의 부존재사유가 되고, 일부 주주에게 소집통지를 하지 않은 것은 주주총회결의취소사유가 된다. 사안에서는 97% 지분을 보유한 주주에게는 소집통지를 하였으므로 취소사유에 해당하는 하자에 해당한다고 보아야 할 것이다. 이에 E 등은 소집절차가 법령에 위반하였다는 이유로 주주총회 결의가 있은 날로부터 2개월 내에 주주총회결의취소의 소를 제기할 수 있다(제376조 제1항).

설문상 주주총회일이 제시되어 있지 않은데, 주주총회일이 2024. 1. 13.보다 2개월 전에 이루어졌다면 E 등은 주주총회결의취소의 소를 제기할 수 없을 것이나, 그렇지 않다면 제기할 수 있을 것이다. 제소기간을 준수한 경우, 소 제기 당시에 주주가 아닌 E 등이 소를 제기할 수 있는지가 문제되는데, 주주평등원칙에 반하는 주식병합으로 인해 주주 지위를 박탈당한 자는 원고적격이 인정된다.

2. 감자무효의 소

자본금 감소 결의가 무효라고 주장하는 주주는 자본금 감소로 인한 변경등기가 된 날로부터 6개월 내에 감자무효의 소를 제기할 수 있다(제445조). 감자무효의 소 외에 일반 민사상 무효확인의 소로써 자본금 감소의 무효확인을 구하는 것은 원칙적으로 허용되지 아니한다.

사안에서 자본금 변경등기가 2023. 12. 27.에 이루어졌으므로 그로부터 6개월이 도과하지 않은 시점인 2024. 1. 13.에 E 등은 감자무효의 소를 제기할 수 있다. E 등은 제소당시 주주가 아니지만, 다투고자 하는 해당 결의로 인해 주주 지위를 박탈당한 자이므로 원고적격이 있다.

3. 양 소의 관계

하자있는 주주총회 결의에 기초하여 후속행위가 이루어진 경우, 통설·판례인 흡수설에 의하면 후속행위의 효력이 발생한 후에는 주주총회의 결의 하자를 다투지 못한다. 판례는 감자 무효사유가 주주총회결의 하자인 경우에는 그 하자가 극히 중대하여 자본감소가 부존재하는 정도에 이르는 등 특별한 사정이 없는 한, 감자결의 무효확인을 구할 수 있는 것이 아니라 오직 감자무효의 소에 의해서만 다툴 수 있다고 판시하였다.

사안의 소 제기일인 2024. 1. 13. 은 이미 자본금 변경등기가 완료된 이후이므로, E 등은 감자무효의 소만으로 주식병합의 위법성을 다툴 수 있고, 주주총회결의취소의 소로서 이를 다툴 수는 없다.

III. 소의 원인

1. 주주평등원칙 위배 여부

　　감자무효의 소의 원인으로서 이 사안의 주식병합이 주주평등원칙에 위배되는지를 살펴보자. 주주의 주식수에 따라 다른 비율로 주식병합을 하여 차등감자가 이루어진다면 이는 주주평등의 원칙에 반하여 자본금감소 무효의 원인이 될 수 있다[대법원 2018다283315 판결]. 주주평등원칙은 그가 가진 주식의 수에 따른 평등한 취급을 의미한다. 주주평등원칙의 예외가 인정되려면, 법률이 허용하는 절차와 방식에 의하거나 그 차등적 취급을 정당화할 수 있는 특별한 사정이 있어야 한다.

　　사안의 甲회사는 97% 주주인 B의 주식에 대해서는 5,000:1의 병합비율을 적용하고, 소수주주들인 E 등에게는 불리한 병합비율을 적용하였다. 만약, E 등에게도 B와 같은 비율을 적용하였다면 E 등은 주주로 남아 있었을 것인데, 불공정한 병합비율을 적용함으로써 주식의 단주처리를 거쳐 주주 지위를 박탈당하였다. 주주별로 다른 병합비율을 정할 수 있다는 상법 조문이 없고, 이 사안에서 이를 정당화 할 수 있는 특별한 사정은 보이지 않는다. 따라서 甲회사의 차등감자는 주주평등원칙에 반하여 자본금감소무효의 원인이 될 수 있다.

2. 주주총회 소집 통지의 흠결

　　주주총회 소집 통지의 흠결(소집절차의 법령 위반)을 감자무효의 소에서 주장할 수 있는지를 생각해 보자. 감자무효의 소에 주주총회결의취소의 소가 흡수되는 이상, 주주총회결의취소의 소에서 주장할 수 있는 사유인 소집통지 흠결을 감자무효의 소에서도 주장할 수 있다. 다만, 주주총회결의의 취소사유가 있었다면 결의일로부터 2개월 이내에 감자무효의 소를 제기해야 한다.

　　사안에서 주주총회결의가 2024. 1. 13.으로부터 2개월 이전에 있었다면 E 등은 감자무효의 소에서 주주총회 소집통지의 흠결을 주장할 수 없고, 그 후에 있었다면 주장할 수 있다.

IV. 사안 해결

　　E 등은 주주평등의 원칙에 반하는 차등감자를 소의 원인으로 하여 감자무효의 소를 제기할 수 있다. 만약 주주총회가 2024. 1. 13.로부터 역산하여 2개월 이내에 개최되었다면 감자무효의 소에서 주주총회결의취소사유인 주주총회 소집통지 흠결도 주장할 수 있다.

NOTE

1. 주식병합

- 복수의 주식을 그보다 적은 수의 주식으로 합치는 회사의 행위
- 자본금 감소를 위한 수단(주식병합에는 자본금감소가 이루어지는 주식병합과 자본금감소가 없는 결손보전 목적의 주식병합이 있지만, 수험적으로는 자본금이 감소하는 주식병합에 포커스!)
- 자본금에 변화를 가져오지 않는 주식분할과 차이가 있음
- 주주총회 특별결의가 있어야 함. 채권자보호절차도 거쳐야 함.
- 구주권을 폐기하고 신주권을 교부하기 위해, 회사는 1월 이상의 기간을 정하여 주식병합의 뜻과 구주권을 회사에 제출할 것을 공고하고 주주명부에 기재된 주주 등에 대해서는 따로 통지를 해야 함(제440조)
- 주식병합으로 단주(1주 미만의 주식) 발생함 ⇒ 단주는 경매나 거래소에서의 매각, 기타 법원의 허가를 얻어 다른 방법으로 환가하여 대금을 종전의 주주에게 지급(제443조)
- 지배주주가 소수주주 축출 목적으로 주식병합절차를 이용한다면?
  97.7%를 보유한 주주가 1만대 1의 주식병합을 통하여 소수주주들을 축출한 사안에서, 판례는 주식병합이 주주평등을 유지하면서 이루어진 이상 단주 처리과정에서 소수주주가 지위를 상실하는 것은 상법에서 명문으로 정한 주주평등원칙의 예외이고, 상법이 주식병합의 목적을 제한하지 않고 있다는 점에서 보면 결과적으로 소수주주의 축출이 이루어졌다는 것만으로 신의칙에 위반된다고 볼 수 없음[대법원 2018다283315 판결]
- 주식병합의 효력: 주권제출기간이 만료한 때에 발생함(제441조), 다만 채권자보호절차를 거쳐야 하는 경우에는 그 절차가 종료한 때에 발생함
- 하자를 다투는 소: 상법 '주식병합무효의 소'는 상법에 규정되어 있지 아니함
  (i) 감자를 수반하는 위법한 주식병합: 감자무효의 소로 다툴 수 있음(제445조). 차등감자 등 주주평등의 원칙에 반하는 경우, 주식병합을 통한 감자가 현저히 불공정하게 이루어진 경우, 감자무효의 원인이 될 수 있음[대법원 2018다283315 판결]
  (ii) 감자를 수반하지 않는 위법한 주식병합: 감자무효의 소의 규정(제445조)을 유추적용하여 **주식병합으로 인한 변경등기가 있는 날로부터 6월 내에 주식병합 무효의 소로써만 주식병합의 무효를 주장**할 수 있음[대법원 2008다15520 판결]

2. 자본금감소 무효의 소

(1) 대법원 2018다283315 판결

(상법 제445조에서 정한 자본금감소 무효의 소를 제기할 수 있는 경우)
주주의 주식수에 따라 다른 비율로 주식병합을 하여 차등감자가 이루어진다면 이는 주주평등의 원칙에 반하여 자본금감소 무효의 원인이 될 수 있다. 또한 주식병합을 통한 자본금감소가 현저하게 불공정하게 이루어져 권리남용금지의 원칙이나 신의성실의 원칙에 반하는 경우에도 자본금감소 무효의 원인이 될 수 있다.

(2) 대법원 2009다83599 판결

상법 제445조는 자본감소의 무효는 주주 등이 자본감소로 인한 변경등기가 있은 날로부터 6월 내에 소만으로 주장할 수 있다고 규정하고 있으므로, 설령 주주총회의 자본감소 결의에 취소 또는 무효의 하자가 있다고 하더라도 그 하자가 극히 중대하여 자본감소가 존재하지 아니하는 정도에 이르는 등의 특별한 사정이 없는 한 자본감소의 효력이 발생한 후에는 자본감소 무효의 소에 의해서만 다툴 수 있다.

3. 단주처리와 소수주주 보호

- 단주: 주식병합 등으로 인해 발생하는 1주 미만의 주식
- 단주는 주식병합 이외에 여러 경우에 발생하지만, 상법은 주식병합에 관해 단주처리원칙을 규정하고(제443조), 이를 주식분할, 주식교환(제329조의2), 주식배당(제360조의11), 회사분할, 회사분할합병(제530조의11), 합병으로 인한 주식병합·주식분할(제530조) 등에 준용함
- 단주의 처리방식: 회사는 그 부분에 대해 발행된 주식을 경매하여 그 대금을 각 주수에 따라 종전의 주주에게 지급하여야 함(제443조 제1항 본문). 다만 거래소의 시세 있는 주식은 경매 대신 거래소를 통하여 매각하고, 거래소의 시세 없는 주식은 법원의 허가를 얻으면 경매 이외의 방법으로 매각 가능
- 소수주주 축출 문제: 주식병합 시 다량의 단주를 발생시켜 실질적으로 소수주주를 축출하는 사례가 종종 문제됨. 대법원은 상당히 관대한 입장을 취함
  [대법원 2018다283315 판결] 회사가 10,000:1의 주식병합 및 감자를 실행하면서, 10,000주에 미치지 못하는 주식을 보유한 소수주주들에게 1주당 액면가인 5,000원을 지급한 사안에서, 대법원은 소수주주에 의한 감자무효의 소를 기각

2023년도 시행

제12회 변호사시험

[민사법]

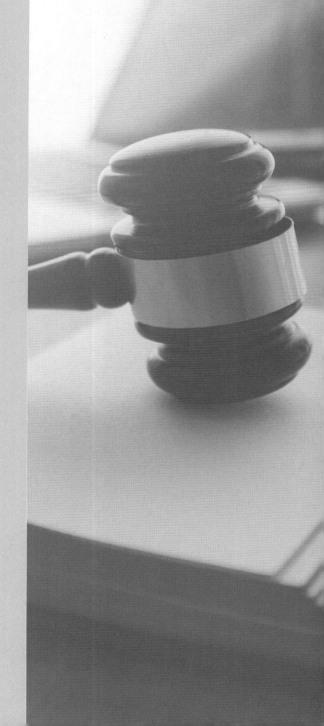

변호사시험을 위한 상법공부

〈제3문의 1〉

A주식회사는 중고자동차 수출입업을 하는 비상장회사이다. A회사에는 대표이사 甲을 포함하여 총 7인의 이사가 있으며, 丁은 감사로 재직 중이다. 甲은 A회사의 영업이 호조를 보이자 스스로 전액 출자하여 중고자동차 수출입업을 하는 B주식회사를 설립하기로 하였다.

甲은 자신의 계획을 A회사 이사회에서 승인받기 위하여 적법한 절차를 거쳐 이사회를 소집하였다. 이사 전원이 참석한 A회사 이사회는 甲으로부터 B회사의 설립과 관련된 **간단한 요약 자료**에 의한 보고를 받고 이의 승인여부를 표결에 부쳤다. 이러한 보고자료 외에 B회사 영업의 구체적인 내용이나 A회사에 미치는 영향 등에 대한 설명이나 검토는 이루어지지 않았다.

이사 乙은 B회사의 영업이 A회사와 경쟁관계에 있어 손해를 초래할 수 있으므로 이에 대해 충분한 검토를 해야 한다고 주장하며 표결에서 **반대**하였으나, 甲을 포함한 이사 5명은 찬성, **丙은 기권**(의사록에는 이의를 했다는 기록은 없고 단지 기권한 것으로 기재되어 있음)하였다.

이사회 종료 후 甲은 B회사를 설립하고 영업을 개시하였다.

B회사가 A회사와 주된 거래처를 두고 서로 경쟁하였고, 이로 인해 A회사는 매출액이 크게 감소하면서 **손해**를 입게 되었다.

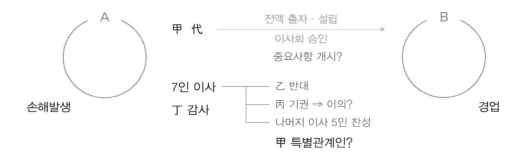

<문제>

1. 가. A회사의 대표이사인 甲이 B회사를 설립하여 중고자동차 수출입업을 행하는 것은 「상법」상 요건을 갖춘 것인가? (15점)

> 제397조(경업금지) ① 이사는 <u>이사회의 승인</u>이 없으면 자기 또는 제삼자의 계산으로 회사의 <u>영업부류</u><u>에 속한 거래</u>를 하거나 동종영업을 목적으로 하는 다른 회사의 무한책임사원이나 이사가 되지 못한다.
>
> 제391조(이사회의 결의방법) ① 이사회의 결의는 이사과반수의 출석과 출석이사의 과반수로 하여야 한다.
>   ③ <u>제368조제3항</u> 및 제371조제2항의 규정은 제1항의 경우에 이를 준용한다.
>
> 제368조(총회의 결의방법과 의결권의 행사) ③ 총회의 결의에 관하여 특별한 이해관계가 있는 자는 의결권을 행사하지 못한다.

문제를 읽고 이 조항들이 떠올라야 함!
관련 판례는 조문과 동시에 떠올리거나 그 후에 떠올리면 됨

🔍 **풀이** _____ 가, 나 따로 풀이했음(한꺼번에 풀이해도 좋음)

Ⅰ. 쟁점

- 중고자동차 수출입업을 하는 비상장회사 A회사의 대표이사 甲이 <u>스스로</u> 전액 출자하여 중고자동차 수출입업을 하는 B회사를 설립하는 행위가 이사의 경업행위에 해당하는지 여부
- 경업행위에 해당하는 경우 이사회의 사전승인 요건을 갖추었는지 여부
  - ‣ 정족수 요건(기권한 이사, 특별이해관계 있는 이사)
  - ‣ 사전승인을 얻기 前 중요사실 개시

Ⅱ. 상법 제397조 제1항의 적용 여부

1. 문제점

- 상법 제397조의 경업금지의무 위반 여부가 문제됨
- 甲이 직접 영업을 하지 않고 회사를 설립하여 영업을 하는 경우(그 회사의 지배주주가 되는 경우)에도 동조가 적용되는지 여부('자기 또는 제3자의 계산으로…거래'에 해당하는지)

2. 사안의 경우 or 사안에의 적용 (공부하면서 본인만의 목차명을 고민해서 정해두고 반복적으로 활용하면 시험에서 유리함)

- 甲이 설립한 B회사의 중고자동차 수출입업은 A회사의 영업과 동종의 영업이므로 제397조 제1항의 '회사의 영업부류' 요건은 충족함
- 대법원은 회사의 지배주주가 되어 그 회사의 의사결정과 업무집행에 관여하는 경우에도 상

법 제397조 제1항이 적용된다고 판시[대법원 2011다57869 판결]

- ‣ "이사는 경업대상 회사의 이사, 대표이사가 되는 경우뿐만 아니라 그 회사의 지배주주가 되어 그 회사의 의사결정과 업무집행에 관여할 수 있게 된 경우에도 제397조 제1항에 따라 자신이 속한 이사회의 승인을 얻어야 하는 것으로 볼 것이다."
- ‣ 제397조 제1항의 규정 취지가 이사가 그 지위를 이용하여 자신의 개인적 이익을 추구함으로써 회사의 이익을 침해할 우려가 큰 경업을 금지하여 이사로 하여금 선량한 관리자의 주의로써 회사를 유효적절하게 운영하여 그 직무를 충실하게 수행하여야 할 의무를 다하도록 하려는 데 있으므로 (생략 가능)
- 따라서 甲이 전액출자를 통해 B회사의 1인 지배주주가 되는 경우 상법 제397조 제1항이 적용되어 A회사 이사회의 사전승인을 얻어야 함

III. 상법 제397조 제1항에 의한 적법한 이사회 승인이 있었는지 여부

1. 법리

- 정족수: 상법상 적법한 이사회 승인으로 인정되기 위해서는 이사 과반수의 출석과 출석이사의 과반수의 결의가 있어야 함(제391조 제1항)
- 기권: 찬성 아님

  [판례] 의사록에 이의를 했다는 기록은 없고 단지 기권으로 기재되어 있으므로 결의에 찬성한 것으로 추정할 수 없음
- 특별이해관계인
  - ‣ 상법상 특별이해관계에 있는 이사는 의결권을 행사하지 못함(상법 제391조 제3항, 제368조 제3항)
  - ‣ 특별이해관계인? 개인법설! 회사의 지배와 상관없는 개인적 이해관계로 국한
  - ‣ 이사의 경업승인을 구하는 경우 그 승인을 구하는 이사(상법 제397조 제1항)는 특별이해관계인에 해당함
- 중요 사실 개시: 이사회의 승인을 받기에 앞서 이사회에 중요한 사실들을 개시하여야 할 의무가 있다[대법원 2005다4284 판결 – 자기거래 승인에 대한 판결임, 경업승인에도 동일한 법리 적용 가능]

2. 사안에의 적용

- 재적이사 7명 중 모두 출석하였으므로 의사정족수 충족됨
- 의결정족수 산정 시에는 특별이해관계인인 이사 갑을 제외하여야 함, 기권은 찬성 아님, 4

인이 찬성함

- 4/6, 출석이사의 과반수 충족, 이사회 승인 요건 충족함(甲을 제외한 6인 중 4인이 찬성하여 출석 과반수 찬성의 요건을 충족하였으므로 제397조의 이사회 승인 정족수는 충족됨)
- 그러나 중요 사실 개시 여부: 甲으로부터 B회사 설립과 관련된 간단한 요약 자료만 받고 이 자료 외에 B회사 영업의 구체적인 내용이나 A회사에 미치는 영향 등에 대한 설명이나 검토는 이루어지지 않았기 때문에 중요한 사실이 개시되지 않았음

IV. 사안 해결

- 甲의 행위는 경업에 해당
- 의사정족수 충족, 의결정족수 충족
- 그러나 이사회 결의 전에, 갑이 대상거래에 관한 중요 사실을 개시하지 않았기 때문에 이사의 경업을 위한 상법상 요건을 갖추지 못하였음

NOTE

대법원 2011다57869 판결[신세계 주주대표소송 사건]

【판시사항】

[3] **이사가 경업 대상 회사의 지배주주**가 되어 그 회사의 의사결정과 업무집행에 관여할 수 있게 되는 경우 상법 제397조 제1항에 따라 자신이 속한 회사 이사회의 승인을 얻어야 하는지 여부(적극) 및 이사가 실질적으로 그가 속한 회사의 지점 내지 영업부문으로 운영되고 공동의 이익을 추구하는 관계에 있는 다른 회사의 지배주주가 되려는 경우, 같은 항에 따라 자신이 속한 회사 이사회의 승인을 얻어야 하는지 여부(소극)

【판결요지】

[3] 상법이 제397조 제1항으로 "이사는 이사회의 승인이 없으면 자기 또는 제3자의 계산으로 회사의 영업부류에 속한 거래를 하거나 동종영업을 목적으로 하는 다른 회사의 무한책임사원이나 이사가 되지 못한다."고 규정한 취지는, 이사가 그 지위를 이용하여 자신의 개인적 이익을 추구함으로써 회사의 이익을 침해할 우려가 큰 경업을 금지하여 이사로 하여금 선량한 관리자의 주의로써 회사를 유효적절하게 운영하여 그 직무를 충실하게 수행하여야 할 의무를 다하도록 하려는 데 있다. 따라서 **이사는 경업 대상 회사의 이사, 대표이사가 되는 경우뿐만 아니라 그 회사의 지배주주가 되어** 그 회사의 의사결정과 업무집행에 관여할 수 있게 되는 경우에도 자신이 속한 회사 이사회의 승인을 얻어야 하는 것으로 볼 것이다. 한편 어떤 회사가 이사가 속한 회사의 영업부류에 속한 거래를 하고 있다면 그 당시 서로 영업지역을 달리하고 있다고 하여 그것만으로 두 회사가 경업관계에 있지 아니하다고 볼 것은 아니지만, 두 회사의 지분소유 상황과 지배구조, 영업형태, 동일하거나 유사한 상호나 상표의 사용 여부, 시장에서 두 회

사가 경쟁자로 인식되는지 여부 등 거래 전반의 사정에 비추어 볼 때 경업 대상 여부가 문제되는 회사가 실질적으로 이사가 속한 회사의 지점 내지 영업부문으로 운영되고 공동의 이익을 추구하는 관계에 있다면 두 회사 사이에는 서로 이익충돌의 여지가 있다고 볼 수 없고, 이사가 위와 같은 다른 회사의 주식을 인수하여 지배주주가 되려는 경우에는 상법 제397조가 정하는 바와 같은 이사회의 승인을 얻을 필요가 있다고 보기 어렵다.

<문제>

1. 나. A회사는 乙을 제외한 나머지 이사 전부를 피고로 하여 손해배상청구소송을 제기하였다. 이 손해배상청구는 인용될 수 있는가? (20점)

 풀이 1

Ⅰ. 쟁점

• 甲의 경업금지의무 위반행위로 인하여, A회사는 매출액이 크게 감소하면서 손해를 입었음, 상법 제399조의 이사의 회사에 대한 책임 성립 여부가 문제됨

• 그런데 甲의 행위는 이사회의 결의에 의한 것임, 이러한 경우 그 결의에 찬성한 이사도 책임을 지는지가 문제됨

Ⅱ. 이사의 회사에 대한 손해배상 책임

1. 법리

이사가 고의 또는 과실로 법령 또는 정관에 위반한 행위를 하거나 그 임무를 게을리 한 경우에는 그 이사는 회사에 대하여 연대하여 손해를 배상할 책임이 있다. 이사의 행위가 이사회의 결의에 의한 것인 때에는 그 결의에 찬성한 이사도 책임이 있고, 결의에 참가한 이사로서 이의를 한 기재가 의사록에 없는 자는 그 결의에 찬성한 것으로 추정한다(제399조).

2. 사안에의 적용

• 甲: 甲이 상법상 적법한 이사회 승인 없이 위법하게 B회사를 설립하여 A회사와 경업을 하여 A회사 매출액이 크게 감소하는 손해가 발생하였는바, 위와 같이 상법 위반 행위로 A회사에게 손해가 발생하였다면 甲은 이를 배상할 책임을 진다.

• 甲과 반대한 乙을 제외한 나머지 이사들: 甲의 행위는 이사회의 결의에 의한 것이므로 그

결의에 찬성한 이사도 甲과 연대하여 책임을 진다. <u>다만 기권한 丙이 책임을 지는지 여부</u>
<u>에 대해 판례는 결의에 기권으로 의사록에 기재된 경우 그 이사는 "이의를 한 기재가 의사</u>
<u>록에 없는 자라고 볼 수 없다"고 본다</u>[대판 2016다260455].

밑줄 부분을 좀 더 상세하게 쓴다면: 이사회 결의에 참가한 이사로서 '이의를 한 기재가 의사록에 없는
자'는 그 결의에 찬성한 것으로 추정한다(제399조 제3항). 결의에 기권한 이사도 결의에 찬성
한 것으로 추정할 수 있는지 문제되는데, 판례는 의사록에 이의를 했다는 기록은 없고 단
지 기권한 것으로 기재되어 있는 이사는 '이의를 한 기재가 의사록에 없는 자'라고 할 수
없으므로, 결의에 찬성한 것으로 추정할 수 없다는 입장이다.

III. 사안 해결

乙은 명시적으로 반대한 이사이므로 회사에 대해 손해배상책임을 부담하지 않는다. 丙은 이
사회 의사록에 이의를 했다는 기록은 없고 단지 기권으로 기재되어 있으므로 결의에 찬성한 것
으로 추정할 수 없어 손해배상책임을 부담하지 않는다.

따라서 A회사의 손해배상청구는 乙과 丙을 제외한 나머지 이사들(甲 포함)에 대하여 인용될
것이다.

 풀이 2

I. 쟁점

- 甲의 경업금지의무 위반행위로 인하여, A회사는 매출액이 크게 감소하면서 손해를 입었음,
  상법 제399조의 이사의 회사에 대한 책임 성립여부가 문제됨
- 그런데 甲의 행위는 이사회의 결의에 의한 것임, 이러한 경우 그 결의에 찬성한 이사도 책
  임을 지는지가 문제됨

II. 甲에 대한 청구 인용 여부

- 이사가 고의 또는 과실로 법령 또는 정관에 위반한 행위를 하거나 그 임무를 게을리 한 경
  우에는 그 이사는 회사에 대하여 연대하여 손해를 배상할 책임이 있다(제399조 제1항).
- 경업을 하면서 이사회의 승인을 받지 않은 것은 제399조 제1항의 '법령위반'에 해당한다.
- 사안에서 甲은 법령에 위반한 행위를 하여 회사에 손해를 입혔고, 여기에 甲의 고의 또는
  과실이 인정되므로 갑에 대한 회사의 손해배상청구는 인용될 것이다.

III. 甲, 丙을 제외한 이사들에 대한 청구 인용 여부

- 대표이사 甲의 위 행위가 이사회의 결의에 의한 것인 때에는 그 결의에 찬성한 이사들도 책임이 있다(제399조 제2항).
- 乙은 이사회에서 명시적으로 반대한 이사이므로, 회사에 대해 손해배상책임을 지지 않는다.
- 乙과 丙을 제외하고 이사회 결의에 찬성한 이사 4인은 甲과 연대하여 회사에 손해를 배상할 책임이 있다.
- 乙에 대한 회사의 손해배상청구는 기각될 것이고, 나머지 4인의 이사에 대한 회사의 손해배상청구는 인용될 것이다.

IV. 丙에 대한 청구 인용 여부

- 이사회 결의에 참가한 이사로서 '이의를 한 기재가 의사록에 없는 자'는 그 결의에 찬성한 것으로 추정한다(제399조 제3항).
- 결의에 기권한 이사도 결의에 찬성한 것으로 추정할 수 있는지 문제되는데, 판례는 이사록에 이의를 했다는 기록은 없고 단지 기권한 것으로 기재되어 있는 이사는 '이의를 한 기재가 의사록에 없는 자'라고 할 수 없으므로, 결의에 찬성한 것으로 추정할 수 없다는 입장이다.
- 사안의 丙에 대한 회사의 손해배상청구는 인용될 것이다.

V. 결론

위 청구는 일부인용될 것이다.

NOTE

제399조(회사에 대한 책임) ① 이사가 고의 또는 과실로 법령 또는 정관에 위반한 행위를 하거나 그 임무를 게을리한 경우에는 그 이사는 회사에 대하여 연대하여 손해를 배상할 책임이 있다.
② 전항의 행위가 이사회의 결의에 의한 것인 때에는 그 결의에 찬성한 이사도 전항의 책임이 있다.
③ 전항의 결의에 참가한 이사로서 이의를 한 기재가 의사록에 없는 자는 그 결의에 찬성한 것으로 추정한다.

<추가적 사실관계>

A회사는 비상장회사인 C주식회사의 발행주식총수 9천 주 중 7천6백 주를 주권 형태로 소유하고 있으며 주주명부에 명의개서까지 완료한 상태이다. 아울러 C회사는 자기주식 1천 주를 보유하고 있다. C회사는 경제 상황이 불안정해지자 자금을 추가 조달할 생각으로 A회사의 거래처인 D주식회사에 주식 1천 주를 적법하게 추가 발행하였다. C회사는 D회사의 명의로 주주명부에 명의개서까지 완료하였으나 주권을 발행하지는 않았다.

그런데 **D회사는** 신주를 발행받은 후 C회사의 경영실적이 급격히 악화되자 <u>A회사에 C회사 주식 1천 주를 매수할 것을 요구</u>하였다. 이에 **A회사는 신주 발행일로부터 4개월이 지난 시점에 D회사로부터 1천 주를 매수**하였고, D회사는 이를 C회사에 통지하였다.

<small>(D의 1,000주 → A에게 이전)</small>

A회사가 D회사로부터 주식을 매수한 후 3개월이 더 지났으나 C회사는 여전히 1천 주에 대한 **주권을 발행하지 않**고 있으며, 주주명부상 D회사가 여전히 1천 주의 주주로 기재되어 있다. <small>(명의개서도 안 됨)</small>

경영실적이 더욱 악화된 **C회사는** <u>A회사가 「상법」상 지배주주의 매도청구권을 이용하여 C회사 소수주주들의 주식 전부를 강제적으로 매수하는 것이 C회사의 경영정상화의 첫걸음이라고 판단하였다. A회사, D회사, 소수주주들에게 소집통지를 하여 개최된 C회사의 주주총회에서는 <u>A회사와 D회사의 찬성으로 A회사가 C회사의 소수주주들에게 주식의 매도를 청구할 수 있도록 승인하는 결의</u>가 이루어졌다.

A회사(7,600주)   D회사(신주 1,000주)

(C의 대주주)   (C의 소수주주)

C회사(자기주식 1,000주)

<small>⇒ 이후, A가 D의 주식 취득, 자회사의 자기주식 합산</small>
<small>⇒ A는 제360조의24의 매도청구권을 행사하기 위한 지배주주 요건 충족?</small>

<문제>

2. 가. A회사는 D회사로부터 1천 주를 유효하게 취득하였는가? (10점)

나. A회사의 매도청구를 승인하는 C회사의 주주총회결의에서 D회사가 소집통지를 받고, 의결권을 행사한 것은 결의의 하자라고 할 수 있는가? (10점)

다. A회사는 C회사의 소수주주들에게 주식의 매도를 청구할 권리가 있는가? (10점)

🔍 **2. 풀이**　　　　　　　　　　　　　　　　　　　　　　가, 나, 다 한꺼번에

I. 쟁점

주권발행 전 주식의 취득, 명의개서 미필 상태의 주식양수인의 지위, 지배주주의 매도청구권이 쟁점이다.

II. 주권발행 전 주식의 취득

1. 문제점

A회사가 D회사로부터 1천 주를 유효하게 취득하였는지 여부를 판단하기 위해, 주권발행 전 주식양도의 효력을 살펴본다.

2. 주권발행 전 주식의 양도의 효력

주권발행 전 주식의 양도는 회사에 대하여 효력이 없다. 다만 주권발행 전 주식양도도 당사자간 채권적 효력은 있고, 신주의 납입기일후 6월이 경과한 때에는 양도할 수 있고 회사에 대하여도 효력이 있다(제335조 제3항). 또한 주권발행 전 한 주식양도가 신주의 납입기일 후 6월이 경과하기 전에 이루어졌다고 하더라도 그 이후 6월이 경과하고 그 때까지 회사가 주권을 발행하지 않았다면, 그 하자는 치유되어 회사에 대하여도 유효한 주식양도가 된다(판례).

[학설은 제335조 제3항이 사문화될 수 있다는 점을 근거로 하자치유를 부정하는 부정설, 절차경제를 근거로 하자치유를 인정하는 긍정설 대립. 판례는 긍정설의 입장임]

3. 사안 해결

A회사는 신주 발행일로부터 4개월이 지난 시점에 주권미발행 상태에서 D회사로부터 1천 주를 매수하였고, D회사는 이를 C회사에 통지하였다. 위와 같이 A회사의 주식 취득은 신주발행일로부터 6개월이 지나지 않았기 때문에 무효이다. 그러나 이후, 6월이 경과하고도 C회사가 주권을 발행하지 않았기 때문에, 그 **하자는 치유**되어 유효한 주식양도가 된다. 그러므로 A회사는 D회사로부터 1천 주를 **유효하게 취득**하였다.

III. 명의개서 미필 주주의 지위

1. 문제점

매도청구를 승인하는 C회사의 주주총회결의에서 주식양수인(A회사)이 아니라 D회사가 소집통지를 받고 의결권을 행사한 것이 주주총회결의의 하자에 해당하는지가 문제된다. 이를 판단하기 위해 명의개서 미필 상태의 주식양수인의 지위를 살펴보자.

2. 명의개서 미필 주주의 지위

주식의 이전은 취득자의 성명과 주소를 주주명부에 기재하지 아니하면 회사에 대항하지 못한다(상법 제337조 제1항). 따라서 특별한 사정이 없는 한, 주주명부에 적법하게 주주로 기재되어 있는 자는 회사에 대한 관계에서 그 주식에 관한 의결권 등 주주권을 행사할 수 있고, 회사 역시 주주명부상 주주의 주주권 행사를 부인할 수 없으며, 주주명부에 기재를 마치지 아니한 자의 주주권 행사를 인정할 수도 없다[대법원 2015다248342 (전합)판결].

3. 사안 해결

사안에서 주주명부에 D회사가 1천 주의 주주로 기재되어 있으므로, C회사에 대해 주주권을 행사할 수 있는 자는 A회사가 아니라 D회사이다. 따라서 D회사가 소집통지를 받고 의결권을 행사한 것은 주주총회결의의 하자에 해당하지 않는다.

IV. 지배주주의 매도청구권

1. 문제점

회사의 발행주식총수의 100분의 95 이상을 자기의 계산으로 보유하고 있는 주주(지배주주)는 회사의 경영상 목적을 달성하기 위하여 필요한 경우에는 회사의 다른 주주(소수주주)에게 그 보유하는 주식의 매도를 청구할 수 있다(상법 제360조의24 제1항).

2. 보유주식 산정

지배주주의 매도청구권 행사요건인 보유주식 수를 산정할 때에는 모회사와 자회사가 보유한 주식을 합산한다(상법 제360조의24 제2항). 자회사의 자기주식은 발행주식총수에 포함되고, 자회사가 보유하고 있는 자기주식은 모회사의 보유주식에 합산된다[대법원 2016마230 결정]. 지배주주가 타인 명의 자기 계산으로 보유하고 있는 주식이 포함되는지 여부에 대하여는 법문상 포함시키는 것이 타당하다.

C회사의 발행주식총수는 1만주이며, A회사는 7천 6백주를 자기 명의로, **1천주를 타인**(D) **명의로** 보유하고 있다. A회사는 C회사의 모회사이므로 C회사가 보유하는 자기주식(1천주)은 모회사인 A회사의 보유주식에 합산된다.

3. 사안 해결

위와 같이 총 9천 6백주의 주식을 A회사가 보유하는 것으로 볼 수 있는바, A회사는 지배주주에 해당하여 C회사의 소수주주에게 보유주식의 매도를 청구할 권리가 있다.

V. 결론

A회사는 D회사로부터 1천 주를 유효하게 취득하고, D회사가 소집통지를 받고, 의결권을 행사한 것은 주주총회결의의 하자에 해당하지 않는다. A회사는 9천 6백주의 주식을 보유하는 것으로 볼 수 있는 바, A회사는 지배주주에 해당하여 C회사의 소수주주에게 보유 주식의 매도를 청구할 권리가 있다.

〈제3문의 2〉

유명 가수인 甲은 乙과 대형 레스토랑 사업에 관하여 다음과 같이 약정하였다.

> 1. 甲은 사업자금 5억 원 전액을 출자하되, 레스토랑 운영에는 관여하지 않는다.
> 2. 레스토랑은 乙의 단독명의로 운영한다.
> 3. 이익의 분배는 甲과 乙이 7대 3의 비율로 한다.
> 4. 상호는 '월드스타 甲 레스토랑'으로 한다.

乙은 위 약정에 따라 레스토랑 영업을 개시한 이후 식자재도매상인 丙과 식자재납품계약을 체결하였는데 丙에게 3억 원의 대금을 변제하지 못하고 있다.

<문제>
丙은 지급받지 못한 식자재납품대금을 甲과 乙에게 청구할 수 있는가? (20점)

🔍 풀이
_____

1. 쟁점

- 익명조합 성립 여부
- 익명조합의 영업자와 익명조합원의 책임
- 익명조합원의 명의대여책임(제81조)

2. 익명조합의 성립 요건

- 제78조(의의) 익명조합은 당사자의 일방이 상대방의 영업을 위하여 출자하고 상대방은 그 영업으로 인한 이익을 분배할 것을 약정함으로써 그 효력이 생긴다.
- 익명조합원은 출자, 영업에는 관여 안 함, 이익분배를 받음
  영업자는 영업
- 사안의 경우,
  甲은 출자, 영업에는 관여하지 않음
  乙은 자신의 단독명의로 운영(乙이 영위하는 레스토랑운영은 공중접객업에 해당(제46조 제9호), 乙은 상인임)
  甲과 乙의 이익분배약정 있으므로, 甲과 乙간에 익명조합계약이 성립함

3. 익명조합의 외부관계

(1) 영업자와 익명조합원의 책임

- 영업자 乙의 단독영업임, 乙은 丙에 대한 변제책임을 짐
- 제80조(익명조합원의 대외관계) 익명조합원은 영업자의 행위에 관하여서는 제3자에 대하여 권리나 의무가 없다.

(2) 익명조합원의 명의대여자 책임 or 익명조합원의 책임

- 익명조합원은 제3자에 대하여 아무런 책임을 지지 않는 것이 원칙이나, 이에 대한 하나의 예외로서 익명조합원에게 명의대여자로서의 책임을 규정하고 있다.
- 제81조. 이 경우 익명조합원에게 명의대여자 책임이 발생하고 영업자와 부진정연대책임을 부담한다.

제81조(성명, 상호의 사용허락으로 인한 책임) 익명조합원이 자기의 성명을 영업자의 상호 중에 사용

하게 하거나 자기의 상호를 영업자의 상호로 사용할 것을 허락한 때에는 그 사용 이후의 채무에 대하여 영업자와 연대하여 변제할 책임이 있다.

- 통설은 제81조는 제24조와 동일하게 해석하여야 한다고 보고 있으며, 익명조합원은 선의의 제3자에 대하여만 책임을 지는 것으로 해석한다.

4. 사안 해결

- 사안의 경우 甲의 성명을 딴 상호에 관한 부분을 제외하면 레스토랑사업은 영업자인 乙의 단독영업으로 丙과의 관계에서 원칙적으로 미납된 식자재납품대금은 乙의 영업상의 채무이다.
- 그러나 甲이 자기의 성명을 레스토랑의 상호에 사용하도록 허락하였으므로 상법 제81조가 적용되며, 甲이 익명조합원이라 하더라도 丙이 선의인 경우에는 영업개시 이후에 발생한 미납된 식자재납품대금에 대하여 甲과 乙은 丙에 대하여 부진정연대책임을 부담하게 된다.

〈제3문의 3〉

E주식회사는 외상채무의 지급을 위하여 甲에게 약속어음(어음금 2억 원)을 발행하였고, 甲은 어음을 다시 乙에게 배서양도 하면서 "배서를 금지함"이라는 문구를 기재하였다. 乙은 어음을 다시 丙에게 배서양도 하였다. 丙은 지급제시기간 내에 E회사에 적법한 지급제시를 하였으나 거절되었다.

<문제>

丙은 甲과 乙에 대하여 상환청구권을 행사할 수 있는가? (상환청구권 보전절차는 모두 이행하였음) **(15점)**

E ········· 甲 ········· 乙 ········· 丙
　　　발행　　　배서금지배서　　　양도배서

 풀이

Ⅰ. 쟁점

배서금지배서의 효력을 검토해 보자.

II. 甲에 대한 상환청구권의 행사 or 배서금지배서의 효력

1. 배서금지배서의 의의

배서금지배서란 그 배서 이후의 새로운 배서를 금지하는 문구를 기재한 배서를 말한다. 배서금지배서를 한 배서인은 이후의 배서에 의한 피배서인에 대해 담보책임을 지지 아니한다(어음법 제15조 제2항). 甲이 乙에게 배서양도하면서 배서를 금지한다는 문구를 어음에 기재하였으므로 甲의 배서는 배서금지배서에 해당한다.

2. 배서금지배서의 효력

(1) 권리이전적 효력, 자격수여적 효력

배서금지배서도 권리이전적 효력과 자격수여적 효력을 갖는다. 피배서인이 어음상의 권리를 취득하고 선의취득도 가능하다(제14조 제1항, 제16조).

(2) 담보적 효력

약속어음의 배서인은 지급을 담보한다(제77조 제1항 제1호, 제15조 제1항). 그러나 배서금지배서의 경우 배서인은 자기의 직접의 피배서인에 대하여만 담보책임을 부담하고, 그 후의 피배서인에 대하여는 담보책임을 부담하지 않는다(제15조 제2항).

3. 사안의 해결

설문상 丙은 지급제시기간 내에 약속어음의 발행인에게 적법한 지급제시를 하였으므로 상환청구권 행사요건을 충족하였다. 그러나 배서금지배서를 한 甲은 丙에 대해 담보책임을 부담하지 않는다. 丙은 甲에게 상환청구권을 행사할 수 없다.

III. 乙에 대한 상환청구권의 행사

1. 어음의 지시증권성

약속어음의 배서인이 배서금지배서를 하더라도 계속 배서에 의해 양도할 수 있다(제77조 제1항 제1호, 제14조 제1항). 이 점에서 발행인이 어음의 지시증권성을 박탈하는 배서금지어음과 다르다. 피배서인인 乙은 배서할 수 있으며, 乙은 丙에게 배서금지배서 등을 하지 않고 통상적인 양도배서를 하였다.

2. 乙의 배서의 효력

통상의 양도배서로서 권리이전적 효력, 담보적 효력, 자격수여적 효력이 모두 인정된다.

3. 사안의 해결

乙은 통상의 양도배서의 효력으로서 丙에 대하여 담보책임을 부담한다. 丙은 乙에 대해 상환청구권을 행사할 수 있다.

2022년도 시행
제11회 변호사시험

[민사법]

商法
工夫

〈제 3 문〉

　甲은 2차 전지 제조업을 영위하는 A주식회사(상장회사, 보통주만 발행, 자본금 100억 원)의 발행주식총수의 100분의 15에 해당하는 주식을 가진 주주로, 회사 운영에 깊은 관심을 가지고 있다. 甲은 인공지능을 활용한 신제품을 개발할 계획으로 이 분야의 전문가인 乙을 초빙하였고 A회사는 적법한 절차를 거쳐 乙을 대표이사로 선임하였다.

　甲은 대표이사 乙에게 자신의 영향력을 이용하여 ① 자신의 고등학교 동창인 주주 丙에게만 전환사채를 발행할 것, ② 발행가액을 시가보다 현저히 낮게 할 것, ③ 이사회의 결의만으로 발행할 것을 지시하였다. A회사는 2021. 2. 1. 甲의 지시대로 丙에게 전환사채를 발행하였다. A회사의 정관에 전환사채 발행 관련 내용은 따로 두고 있지 아니하다.

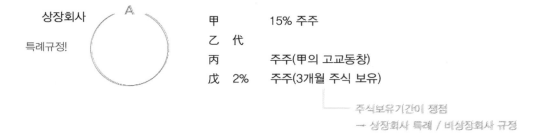

상장회사

특례규정!

甲		15% 주주
乙	代	
丙		주주(甲의 고교동창)
戊	2%	주주(3개월 주식 보유)

　　　　　└── 주식보유기간이 쟁점
　　　　　　→ 상장회사 특례 / 비상장회사 규정

<문제>
1. A회사의 발행주식총수의 100분의 2에 해당하는 주식을 3개월간 보유하고 있는 戊(명의개서를 완료함)는 위 전환사채의 발행과 관련하여 甲이 A회사에 손해를 끼쳤다고 주장하면서 甲의 책임을 묻고자 한다.
　(1) 戊는 甲을 상대로 대표소송을 제기할 수 있는가? 그리고 해당 대표소송에서 청구는 인용될 수 있는가? (35점)

🔍 풀이
_____

Ⅰ. 쟁점 정리

대표소송은 소수주주가 회사를 위해서 이사의 회사에 대한 책임을 추궁할 수 있도록 마련된 소송이다. 사안에서는 대표소송의 원고적격, 피고적격, 인용가능성이 문제된다.

Ⅱ. 대표소송 제기 가부

1. 戊의 원고적격

A주식회사는 상장회사이다. 상장회사의 경우, 상장회사 특례인 상법 제542조의6 제6항에 따라 6개월 전부터 계속하여 상장회사 발행주식총수의 1만분의 1 이상에 해당하는 주식을 보유한 자만 대표소송을 제기할 수 있다. 戊는 지분요건은 충족하였으나 주식보유기간요건을 충족하지 못하였으므로 이 규정을 원용하여 대표소송을 제기할 수는 없다.

그런데 상법 제542조의6 제10항에 의하면 상장회사의 주주가 제403조 제1항의 요건만 갖추어도 대표소송을 제기할 수 있다. 戊는 A회사의 발행주식총수의 100분의 2를 보유하고 있으므로 제403조 제1항에 의하여 원고적격이 있다.

2. 甲의 피고적격

대표소송의 피고는 이사 또는 이사였던 자이다(제403조). 甲은 발행주식총수의 100분의 15에 해당하는 주식을 가진 주주로서 A회사에 대한 자신의 영향력을 이용하여 대표이사 乙에게 업무집행을 지시한 자로서 제401조의2 제1항 제1호에 해당하는 업무집행지시자에 해당한다. 동조에 따르면 업무집행지시자는 대표소송에 관한 제403조 제1항의 이사로 본다. 따라서 甲은 대표소송의 피고가 될 수 있다.

3. 대표소송의 제기 절차

戊는 절차를 준수하여 대표소송을 제기할 수 있다. 이유를 기재한 서면으로 A회사에 대하여 업무집행지시자 甲의 책임을 추궁할 소의 제기를 청구하고, A회사가 청구를 받은 날로부터 30일 이내에 소를 제기하지 아니한 때에는 즉시 A회사를 위하여 소를 제기할 수 있다(제403조 제2항 내지 제4항).

III. 대표소송 인용 가능성

1. 위법한 전환사채 발행

A주식회사 대표이사 乙은 주주 丙에게만 전환사채를 발행하였다. 전환사채발행이 주주의 지분비례로 이루어지는 경우를 주주배정이라고 하며, 주주 이외의 자에게 발행되는 경우를 제3자배정이라고 한다.[2] 주주들에게 지분에 비례하여 전환사채를 인수할 기회를 부여하는 것이 주주배정이며, 그 외의 것은 제3자배정이다. 따라서 주주 1인에게만 전환사채를 발행한 것은 제3자배정에 해당한다.

상법은 제3자배정 방식의 전환사채 발행에 대해서 정관의 규정 또는 주주총회의 특별결의로 전환사채의 액, 전환의 조건 등을 정할 것을 요구하고, 신기술 도입 등 회사의 경영상 목적 달성을 위한 필요성이 있을 것을 요구한다(제513조 제3항).

사안의 경우 회사의 경영상 목적을 위한 것이었다는 사정은 보이지 않는다. 또, 정관의 규정 또는 주주총회의 특별결의 없이 이사회 결의만으로 이루어졌다. 따라서 상법 제513조 제3항을 위반한 위법한 전환사채발행에 해당하며, 이는 제399조 제1항의 '이사의 법령위반'에 해당한다.

2. 발행가액의 불공정성으로 인한 A회사의 손해

판례에 따르면 제3자배정 시 시가보다 현저히 낮은 가액으로 신주 등을 발행할 경우 발행가액과 시가와의 차액만큼 회사가 자산을 증식시키지 못하게 되는 결과가 발생하는데, 이 경우 회사법상 공정한 발행가액과 실제 발행가액과의 차액에 발행주식수를 곱하여 산출된 액수만큼 회사가 손해를 입은 것으로 보아야 한다. 사안에서 전환사채를 시가 대비 현저히 낮은 가액으로 발행한 것은 제399조 제1항의 '이사의 임무해태'에 해당한다. 손해액은 공정한 발행가액과 실제 발행가액과의 차액에 발행주식수를 곱한 금액이다.

IV. 사안 해결

업무집행지시자 甲의 부당한 영향력 행사에 기한 위법한 전환사채발행으로 인하여 A회사에 손해(시가와 사안의 발행가액의 차액에 발행주식수를 곱한 금액)가 발생했다. 즉, 甲의 고의에 의한 법

---

[2] 대법원 2010다49380 판결
신주 등의 발행에서 주주배정방식과 제3자배정방식을 구별하는 기준은 회사가 신주 등을 발행하면서 주주들에게 그들의 지분비율에 따라 신주 등을 우선적으로 인수할 기회를 부여하였는지 여부에 따라 객관적으로 결정되어야 하고, (후략).

령위반 및 임무해태와 그로 인한 A회사의 손해가 인정되므로, 甲은 제399조 제1항에 의해 A회사에 대해 손해배상책임을 부담한다.

　　따라서 주주 戊가 제403조의 대표소송 제기 절차를 거쳐 대표소송을 제기한다면, 대표소송 청구는 인용될 것이다(or 주주 戊는 업무집행지시자 甲을 상대로 대표소송을 제기할 수 있으며, 戊가 제기한 대표소송은 인용될 것이다).

NOTE

1. 대표소송 조문 숙지(제403조 등)

2. 2020년 상법 개정으로 도입된 다중대표소송제도 숙지
- 모회사의 주주가 자회사 이사의 책임을 묻는 대표소송
  - **cf** 변시 5회(2016)에서 출제되었었음. 11회 변시 이전 모의고사에서 지속적으로 출제되었고, 2020년에 다중대표소송제가 도입되었던 터라, 출제를 예상할 수 있었던 테마임
  이러한 맥락에서 어떤 문제가 출제될지를 예상하면서 공부하는 것도 좋은 방법임

3. 이사의 회사에 대한 손해배상책임(제399조)
- 고의 과실, 법령위반 정관위반, 임무해태
- 회사에 손해발생
  - **cf** 이사의 제3자에 대한 책임(제401조): 변시 9회(2020)

4. 신주발행과 전환사채발행
(1) 주주배정
(2) 제3자배정 ★
- 발행: 정관에 규정이 없으면 이사회가 결정, 정관으로 주주총회에서 결정하기로 정한 경우에는 주주총회가 결정
- 전환사채액, 전환조건, 전환으로 인하여 발행할 주식의 내용, 전환청구기간: <u>정관 또는 주주총회의 특별결의</u>로 정해야 함
- 정관은 그 내용이 구체적이고 확정되어 있어야 함
- 회사의 <u>경영상 목적</u>을 달성하기 위하여 필요한 경우(신기술 도입, 재무구조의 개선 등)에만 발행
- 발행가액 공정성(시가를 적정하게 반영해야 함)

5. 업무집행지시자
- 제401조의2 제1호
- 사실상 영향력을 행사하는 지배주주에게 이사에 준하는 책임을 부과
- 제399조, 제401조, 제403조에서 이사와 동일하게 취급됨
- 요건: 회사에 대한 영향력, 업무집행의 지시

<1회 변시 3문의 3>

甲주식회사(이하 '甲회사'라고 함)는 건설업을 정관상의 목적으로 하여 2010. 1.경 설립된 비상장회사이며 B를 대표이사, C와 D를 이사로 등기하고 있었다.

주주 A는 甲회사가 발행한 전체 주식의 35%를 보유하고 있는데 평소 甲회사에 절대적인 영향력을 행사하며 B에게 업무집행을 지시하는 방법으로 甲회사를 운영하여 왔다. A는 이러한 운영방식에 불편을 느껴 대표이사직에 취임하기로 결심하고, 자신을 대표이사로 선출하여 등기할 것을 B에게 지시하였다. 이에 따라 B는 다른 모든 주주들에게 소집통지를 하지 않고 A만 참석한 주주총회에서 A를 이사로 선임한다는 결의를 거친 후 그러한 내용의 임시주주총회 의사록을 작성하였다. 그후 B는 이사회를 개최함이 없이 A를 대표이사로 선출한다는 취지의 이사회 의사록을 작성하였고, 甲회사의 대표이사를 B에서 A로 변경하는 상업등기를 2010. 9. 1. 경료하였다.

그후부터 A는 대내외적으로 대표이사 사장이라는 직함을 사용하면서 업무를 하였는데, 甲회사의 다른 이사들은 이를 알고도 아무런 이의를 제기하지 않았으며, A는 甲회사의 법인인감을 보관하면서 사용하였다. A는 자신을 대표이사로 믿고 거래해 온 乙주식회사(이하 '乙회사'라고 함)와 건설자재의 공급에 관한 계약을 2011. 1. 31. 체결하면서(이하 '납품계약'이라고 함) 그 계약서 서명란에 대표이사 직함과 자신의 성명을 기재하고 날인하였다. 납품계약의 주된 내용은 甲회사가 乙회사로부터 건설자재를 2011. 10. 31.까지 납품받으면서 3억 원의 대금을 지급하기로 하되, 계약체결일로부터 1개월 이내에 선급금(先給金)으로 1억 원을 지급하고 건설자재 인도 후 잔금(殘金) 2억 원을 지급하기로 하는 것이었다.

위 납품계약을 체결한 직후 B는 A로의 대표이사 변경 등기를 문제 삼는 다른 주주들의 항의를 받았다. 이에 B가 A를 제외하고 C와 D에게만 이사회 소집통지를 하여 개최된 이사회에서 C를 대표이사로 선출하기로 의결한 후 2011. 2. 말경 C를 대표이사로 등기하였다.

한편 乙회사는 납품계약에 따라 甲회사에 납품할 건설자재를 丙주식회사(이하 '丙회사'라고 함)로부터 구매하고 대금을 지급한 후, 2011. 3. 초순경 납품계약에 따른 선급금 1억 원의 지급을 甲회사에 요청하였다. 그런데 甲회사가 기대했던 공사의 수주가 무산되어 납품계약에 따라 공급받기로 했던 건설자재가 필요 없게 되었고, 이에 C는 위 납품계약의 효력을 인정할 수 없다는 내용의 회신을 하였다.

3. 乙회사는 甲회사의 납품계약상의 책임이 성립하지 않을 경우를 대비하여, 丙회사로부터 구매한 건설자재의 대금 상당액을 A에게 손해배상청구하고자 한다. 이 경우 A의 법적 책임을 검토하시오. (20점)

6. 조문

제513조(전환사채의 발행) ③ 주주외의 자에 대하여 전환사채를 발행하는 경우에 그 발행할 수 있는 전환사채의 액, 전환의 조건, 전환으로 인하여 발행할 주식의 내용과 전환을 청구할 수 있는 기간에 관하여 정관에 규정이 없으면 제434조의 결의로써 이를 정하여야 한다. 이 경우 제418조제2항 단서의 규정을 준용한다.

제434조(정관변경의 특별결의) 제433조제1항의 결의는 출석한 주주의 의결권의 3분의 2 이상의 수와 발행주식 총수의 3분의 1 이상의 수로써 하여야 한다.

제418조제2항 단서
　다만, 이 경우에는 신기술의 도입, 재무구조의 개선 등 회사의 경영상 목적을 달성하기 위하여 필요한 경우에 한한다.

<문제 1. (2)>

戊는 2021. 10. 1. 대표소송을 제기한 이후 2021. 10. 15. 자기가 보유한 주식의 80%를 매각하였고 명의개서가 완료되었다. 한편 A회사는 E주식회사(상장회사)와 전략적 협정을 맺고 사실심 변론 종결 전인 2021. 11. 2. 포괄적 주식교환 절차를 완료하여 A회사가 E회사의 완전자회사가 되었고, 이로써 戊는 E회사의 발행주식총수의 10만분의 1에 해당하는 주식을 갖게 되었다.

戊가 제기한 위 대표소송이 2021. 10. 16. 및 2021. 11. 3. 기준으로 각각 유지되는가? (아무도 소송참가한 바 없음) (20점)

 풀이

I. 쟁점 정리

戊는 제403조에 의해 甲을 상대로 대표소송을 제기하였는바, ① 보유지분이 제403조의 지분요건에 미달하게 된 2021. 10. 16.과, ② 주식의 포괄적 교환에 의해 A회사의 주주지위를 상실하고 E회사 주주가 된 2021. 11. 3. 기준으로 대표소송이 유지되는지 여부가 문제된다.

II. 2021. 10. 16. 기준 대표소송 유지 여부

대표소송을 제기하기 위해서는 주주는 의결권이 없는 주식을 포함하여 발행주식 총수의 100분의 1 이상에 해당하는 주식을 보유하고 있어야 한다.

그런데 상법 제403조 제5항에 따르면, 대표소송을 제기한 주주의 보유주식이 제소 후 발행주식총수의 100분의 1 미만으로 감소한 경우(발행주식을 보유하지 아니하게 된 경우를 제외한다)에도 제소의 효력에는 영향이 없다.

戊는 제소 당시 지분요건 충족하고 있었으나 제소 후 보유주식의 80%를 매각하여 보유주식이 발행주식총수의 100분의 1 미만으로 감소하였다. 그러나 주주의 지위를 완전히 상실하지는 아니하였으므로, 제소의 효력에는 영향이 없다. 2021. 10. 16. 기준, 戊가 제기한 위 대표소송은 유지된다.

III. 2021. 11. 3. 기준 대표소송 유지 여부

- 주식의 포괄적 교환으로 A회사 주식을 보유하지 않게 된 경우 대표소송의 원고적격이 상실되는지 여부
- (상법 제360조의2) 주식의 포괄적 교환에 의한 완전모회사 설립

- 주주가 대표소송을 제기한 후에 주식을 전혀 보유하지 않게 된 경우에는 원고적격을 상실 한다. 주식을 보유하지 않은 자는 대표소송을 수행할 인센티브가 없다는 것이므로, 주식이 전혀 없게 된 원인이 자발적인 것이었는지 여부는 묻지 않는다[대법원 2002다9086 판결].
- 다만 소 제기 이후 주식의 포괄적 교환으로 원고가 회사의 주주로서의 지위를 잃고 그 모 회사의 주주가 된 경우, 종전 판례는 원고적격이 상실된다고 보았으나[대법원 2017다35717 판 결], 2020년 상법 개정으로 다중대표소송이 도입된 이상 원고적격이 계속 유지된다고 보아 야 할 것이다(포괄적 주식교환에 의하여 자회사의 주식을 모두 상실한 경우라도 모회사의 주식을 취 득하여 다중대표소송의 요건을 갖춘 경우 원고적격이 유지된다고 해석하는 것이 소수주주를 보호하고 소송경제에 부합하는 해석일 것임).

  [제403조 제5항에 의하면 대표소송이 적법하게 제기된 이후 원고의 보유주식이 감소하여도 제소의 효력에 영향이 없으며, 이 규정은 제406조의2 제3항에 의하여 다중대표소송에도 준 용됨. 따라서 포괄적 주식교환의 결과 戊가 모회사 주식 10만분의 1을 취득하였다고 하여 도 원고적격이 그대로 유지됨]
- 2021. 11. 3. 기준 戊가 제기한 위 대표소송은 유지됨

※ 戊가 제기한 대표소송의 계속 중 주식교환에 의해 戊가 A회사 주주지위를 상실하였으므로 대표소송이 원고적격 흠결로 인해 유지될 수 없다는 결론도 가능함.

IV. 사안 해결

- 2021. 10. 16. 기준, 戊가 제기한 대표소송은 유지됨
- 2021. 11. 3. 기준, 戊가 제기한 위 대표소송은 유지됨

NOTE

- 제403조 제5항을 묻는 문제임
- 포괄적 교환 관련 대표소송 판결 및 2020년 개정 상법의 다중대표소송제도(제406조의2 제3항 중 제404조 제4항을 준용한다의 해석론)를 묻는 문제임

<문제>

B주식회사는 인공지능 관련 제품을 개발·판매하고 있는 비상장회사이다. A회사는 B회사로부터 2억 원 상당의 인공지능 관련 제품을 구입하는 계약을 B회사와 2021. 3.

5. 체결하였다. A회사는 보유 중이던 丁 발행 약속어음(액면금 2억 원)을 제품 구입 대가로 B회사에 배서양도하였다. 이후 B회사는 어음에 "추심하기 위하여"라는 문구를 적어 배서하여 C주식회사에 교부하였다. C회사는 丁에게 어음을 만기에 적법하게 지급 제시하였으나 丁은 자금 사정이 어렵다는 이유로 지급을 거절하였다. 이후 C회사는 해당 어음에 관한 상환청구 요건을 적법하게 구비하였다.

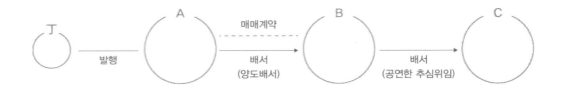

2. **B회사는 A회사에 대한 채권을 행사하고자 한다. B회사는 위 제품 구입 계약에 따른 매매대금을 청구하는 경우와 약속어음에 기한 청구를 하는 경우를 고려 중이다. B회사는 A회사에 대하여 어떠한 방법으로 자신의 채권을 청구할 수 있는가?** (매매대금채권과 어음채권 중 무엇을 행사할지에 관한 A회사와 B회사의 의사는 명확하지 않음) **(25점)**

 풀이

Ⅰ. 쟁점 정리

※ 어음관계가 원인관계에 미치는 영향, 당사자 의사가 불명확한 경우의 해석, 지급을 위하여 어음이 수수되는 경우의 효과, 어음채권과 원인채권의 행사 요건 및 순서

첫째, A회사가 B회사에게 어음을 배서·교부한 것이 원인채무의 지급을 위한 것인지가 문제된다. 이와 관련해서는 당사자의 의사가 불명확하다는 점과 원인채무의 채무자가 아닌 제3자가 발행한 어음이라는 점을 검토한다. 둘째, 추심위임배서의 피배서인 C가 만기에 지급제시하였으나 거절당한 것의 효과가 문제된다. 이것을 B의 어음채권행사로 볼 수 있는지를 검토한다. 셋째, B의 어음채권 행사방식과 원인채권(매매대금채권) 행사방식을 검토한다.

Ⅱ. 원인채권 소멸 여부 및 어음채권과 원인채권 행사 순서

1. 당사자의 의사가 불명확한 경우

제3자(丁)가 발행한 어음을 채무자(A회사)가 채권자(B회사)에게 배서양도한 경우, 지급을 위하여 교부한 것으로 추정함[대법원 2010다44019 판결: 대법원 97다126 판결 등]

2. 지급을 위하여 어음이 수수된 경우의 법률관계

- 원인채권의 지급을 위하여 제3자가 발행한 어음이 수수된 경우 그 수수 당사자 사이에는 어음발행인인 제3자에게 어음채권을 먼저 행사할 것이 예정되어 있다고 해석할 것임
- 따라서 당사자인 A회사와 B회사 사이에는 다른 특별한 약정이 없는 한 B회사는 어음발행인인 제3자(丁)에게 어음채권을 먼저 행사하여야 함

Ⅲ. 추심위임배서의 피배서인의 어음상 권리행사 ※아래의 내용을 줄여서 쓸 것

- 그런데 B회사의 대리인(추심위임피배서인)인 C회사가 어음발행인인 제3자(丁)에게 어음채권을 행사하였음. 즉, 만기에 지급제시를 하였으나 지급거절 당했음
- 추심위임배서는 대리권을 수여하는 배서이므로(어음법 제18조 제1항, 제77조 제1항) 추심위임배서의 피배서인이 상환청구권을 행사요건을 갖추면 배서인이 상환청구권을 취득함
- C회사의 지급제시로 인해서 현재 B회사는 A회사에 어음채권(상환청구권)과 원인채권을 모두 가지고 있는 상황임
  - B회사는 어음채권을 발행인에게 먼저 행사하여 어음채권(상환청구권)을 취득한 상태이므로(어음법 제43조, 제77조 제1항)[3] 다시 발행인에게 지급제시를 할 필요 없이 자신의 전자인 A회사에게 어음금 등(어음문언상 이자 약정이 있었으면 이자포함, 비용이 발생하였으면 비용 포함)을 청구할 수 있음(상환청구권 행사). 이 경우 C에 대한 추심위임배서를 말소할 필요 없음. 어음의 상환증권성에 따라 A회사에게 어음을 반환하여야 함
  - 추심위임배서의 배서인인 B회사는 피배서인인 C회사로부터 어음을 회수하여 A회사에 대하여 어음채권(상환청구권)과 원인채권을 선택적으로 행사할 수 있음. 원인채권을 먼저 행사하는 경우 A회사는 동시이행항변권을 행사하여 어음의 교부를 요구할 수 있음

Ⅳ. 사안 해결

　제3자 발행 어음을 교부한 경우, 지급을 위하여 어음이 수수된 것으로 추정되므로, B회사는 어음채권을 먼저 행사한 후 어음채권에 의하여 만족을 얻을 수 없을 때 비로소 원인채권을 행사할 수 있다.

---

3 추심위임배서의 피배서인(대리인)인 C회사가 발행인 丁에게 어음을 만기에 적법하게 지급 제시를 하였음. 그 효과는 추심위임배서의 배서인인 B회사에 귀속됨. 즉 C가 상환청구권을 보전하였으므로 B가 상환청구권을 취득함.
　→ B는 C로 하여금 상환청구권을 행사하게 할 수도 있고, B가 C로부터 어음을 회수하여 직접 A에게 상환청구권을 행사할 수도 있음.

그런데 B회사로부터 추심위임배서를 받은 C회사는 발행인 丁에게 어음채권을 행사하였다. 따라서 B회사는 이미 어음채권을 행사한 것이므로, B회사는 A회사에 대하여 원인채권을 행사할 수 있다. A회사에 대하여 원인채권 행사 시 B회사는 C회사로부터 어음을 돌려받아 A회사에 반환하여야 한다.

B회사는 선택에 따라 A회사에 대하여 원인채권을 행사하지 않고 어음채권(상환청구권)을 행사할 수도 있다.

NOTE

1. 대법원 93다2213 판결

채무자가 기존 채무의 이행에 관하여 채권자에게 어음을 교부하는 경우에 당사자 사이에 특별한 의사표시가 없고, 다른 한편 **어음상의 주채무자가 원인관계상의 채무자와 동일하지 아니한 때에는 제3자인 어음상의 주채무자에 의한 지급이 예정되고 있으므로, 이는 '지급을 위하여' 교부된 것으로 추정된다.**

이 경우 채권자는 어음채권과 원인채권 중 어음채권을 먼저 행사하여 만족을 얻을 것을 당사자가 예정하였다고 할 것이므로, 채권자로서는 어음채권을 우선 행사하고 그에 의하여서는 만족을 얻을 수 없을 때 비로소 채무자에 대하여 기존의 원인채권을 행사할 수 있으며, 나아가 이러한 목적으로 어음을 배서양도받은 채권자는 특별한 사정이 없는 한 채무자에 대하여 원인채권을 행사하기 위하여는 어음을 채무자에게 반환하여야 하므로, 채권자가 채무자에 대하여 자기의 원인채권을 행사하기 위한 전제로서 지급기일에 어음을 적법히 제시하여 소구권 보전절차를 취할 의무가 있다고 보는 것이 양자 사이의 형평에 맞는다.

그러나 채권자가 위의 의무를 위반하여 지급기일에 적법한 지급제시를 하지 아니함으로써 <u>소구권이 보전되지 아니하였더라도 약속어음의 주채무자인 발행인이 자력이 있는 한 어음을 반환받은 채무자가 발행인에 대한 어음채권이나 원인채권을 행사하여 자기 채권의 만족을 얻을 수 있기 때문에</u> 아직 손해는 발생하지 아니하는 것이고, 지급기일 후에 어음발행인의 자력이 악화되어 무자력이 됨으로써 채권자에게 자신의 채무를 이행하여야 할 채무자가 어음을 반환받더라도 발행인에 대한 어음채권과 원인채권의 어느 것도 받을 수 없게 된 때에야 비로소 자신의 채권에 대하여 만족을 얻지 못하게 되는 손해를 입게 되는 것이고, 이러한 손해는 어음 주채무자인 발행인의 자력의 악화라는 특별 사정으로 인한 손해로서 소구권 보전의무를 불이행한 어음소지인이 그 채무 불이행 당시인 어음의 지급기일에 장차 어음발행인의 자력이 악화될 것임을 알았거나 알 수 있었을 때에만 그 배상채권으로 상계할 수 있는 것이라고 할 것이다.

2. 대법원 2000다5961 판결

<u>어음이 "지급을 위하여" 교부된 것으로 추정되는 경우 채권자는 어음채권과 원인채권 중 어음채권을 먼저 행사하여 만족을 얻을 것을 당사자가 예정하였다고 할 것이어서 채권자로서는 어</u>

음채권을 우선 행사하고 그에 의하여 만족을 얻을 수 없는 때 비로소 채무자에 대하여 기존의 원인채권을 행사할 수 있는 것이므로, 채권자가 기존채무의 변제기보다 후의 일자가 만기로 된 어음을 교부받은 때에는 특단의 사정이 없는 한 기존채무의 지급을 유예하는 의사가 있었다고 보아야 한다.

3. 약속어음

- 어음의 발행인 자신이 수취인에게 어음금의 지급을 약속하는 유가증권(지급약속증권)
- 발행인이 어음상의 주채무를 부담함
- <비교> 환어음: 발행인이 일정한 금액을 수취인에게 지급할 것을 지급인에게 위탁하는 유가증권, 지급위탁증권

어음법 제2편 약속어음

제75조(어음의 요건) 약속어음에는 다음 각 호의 사항을 적어야 한다.
  1. 증권의 본문 중에 그 증권을 작성할 때 사용하는 국어로 약속어음임을 표시하는 글자
  2. 조건 없이 일정한 금액을 지급할 것을 약속하는 뜻
  3. 만기
  4. 지급지
  5. 지급받을 자 또는 지급받을 자를 지시할 자의 명칭
  6. 발행일과 발행지
  7. 발행인의 기명날인 또는 서명

제76조(어음 요건의 흠) 제75조 각 호의 사항을 적지 아니한 증권은 약속어음의 효력이 없다. (단서 생략)

제77조(환어음에 관한 규정의 준용) ① 약속어음에 대하여는 약속어음의 성질에 상반되지 아니하는 한도에서 다음 각 호의 사항에 관한 환어음에 대한 규정을 준용한다.
  1. 배서(제11조부터 제20조까지)
  2. 만기(제33조부터 제37조까지)
  3. 지급(제38조부터 제42조까지)
  4. 지급거절로 인한 상환청구(제43조부터 제50조까지, 제52조부터 제54조까지)
  5. 참가지급(제55조, 제59조부터 제63조까지)
  6. 등본(제67조와 제68조)
  7. 변조(제69조)
  8. 시효(제70조와 제71조)
  9. 휴일, 기간의 계산과 은혜일의 인정 금지(제72조부터 제74조까지)
② 약속어음에 관하여는 제3자방에서 또는 지급인의 주소지가 아닌 지(地)에서 지급할 환어음에 관한 제4조 및 제27조, 이자의 약정에 관한 제5조, 어음금액의 기재의 차이에 관한 제6조, 어음채무를 부담하게 할 수 없는 기명날인 또는 서명의 효과에 관한 제7조, 대리권한 없는 자 또는 대리권한을 초과한 자의 기명날인 또는 서명의 효과에 관한 제8조, 백지환어음에 관한 제10조를 준용한다.
③ 약속어음에 관하여는 보증에 관한 제30조부터 제32조까지의 규정을 준용한다. 제31조제4항의 경우에 누구를 위하여 보증한 것임을 표시하지 아니하였으면 약속어음의 발행인을 위하여 보증한 것으로 본다.

제78조(발행인의 책임 및 일람 후 정기출급 어음의 특칙) ① 약속어음의 발행인은 환어음의 인수인과 같은 의

무를 부담한다.

② 일람 후 정기출급의 약속어음은 제23조에 따른 기간 내에 발행인이 일람할 수 있도록 제시하여야 한다. 일람 후의 기간은 발행인이 어음에 일람하였다는 내용을 적고 날짜를 부기하여 기명날인하거나 서명한 날부터 진행한다. 발행인이 일람 사실과 날짜의 기재를 거절한 경우에는 제25조에 따라 거절증서로써 이를 증명하여야 한다. 그 날짜는 일람 후의 기간의 첫날로 한다.

약속어음

                귀하   No.

금   ₩

위의 금액을 귀하 또는 귀하의 지시인에게 이 약속어음과 상환하여 지급하겠습니다.

발 행 일	년 월 일	주 소	
		발 행 인	(인)
지급기일	년 월 일	주 소	
		연대보증인	(인)
발 행 지		주 소	
		연대보증인	(인)
지 급 지		주 소	
지급장소		연대보증인	(인)

```
┌─────────────────────────────────────────────────┐
│ 앞면에 적은 금액을                          또는    │
│ 그 지시인에게 지급하여 주십시오.                    │
│ (목적 또는 부기)                                 │
│ 거절증서 작성을 면제함.                            │
│                   20   년   월  일               │
│ 주소                                             │
│ 성명       (인)                                  │
├─────────────────────────────────────────────────┤
│ 앞면에 적은 금액을                          또는    │
│ 그 지시인에게 지급하여 주십시오.                    │
│ (목적 또는 부기)                                 │
│ 거절증서 작성을 면제함.                            │
│                   20   년   월  일               │
│ 주소                                             │
│ 성명       (인)                                  │
├─────────────────────────────────────────────────┤
│ 앞면에 적은 금액을                          또는    │
│ 그 지시인에게 지급하여 주십시오.                    │
│ (목적 또는 부기)                                 │
│ 거절증서 작성을 면제함.                            │
│                   20   년   월  일               │
│ 주소                                             │
│ 성명       (인)                                  │
├─────────────────────────────────────────────────┤
│ 앞면에 적은 금액을 틀림없이 받았음.                 │
│                   20   년   월  일               │
│ 주소                                             │
│ 성명       (인)                                  │
└─────────────────────────────────────────────────┘
```

4. 발행

- 법정요건을 갖춘 어음을 작성하여 이를 수취인에게 교부하는 행위
- 약속어음의 발행: 어음의 정당한 소지인에 대해서 만기에 지급을 약속하는 의사표시
- 발행인은 확정적으로 어음금 지급채무(주채무)를 부담함
- 주채무의 특징: 1차적 의무, 절대적 의무, 최종적 의무

5. 배서

<의의>

- 어음의 양도방법

어음의 뒷면에 권리양도의 취지를 적고 기명날인 또는 서명을 하여 상대방에게 교부
(≠민법상 지명채권의 양도방법)
① 통지 또는 승낙이라는 대항요건이 필요하지 않으므로 양도절차가 간편 신속
② 인적항변이 절단되므로 어음의 취득자가 이전 단계의 거래의 유효성을 조사할 필요 없음
③ 어음의 취득자는 배서의 연속만 갖추면 적법한 소지인으로 추정됨
④ 선의취득 인정
⑤ 배서인들에게 담보책임을 지움으로써 변제가능성을 높임

<효력>
① 권리이전적 효력(어 14조)
배서에 의하여 어음상의 모든 권리가 피배서인에게 이전됨
② 담보적 효력(어 15조)
발행인이 어음의 지급을 거절하는 경우 배서인이 피배서인과 그 후자 전원에 대하여 지급을 담보하는 것. 어음 소지인이 담보책임을 묻는 것을 '상환청구'라고 함
③ 자격수여적 효력(어 16조)
어음의 배서에 의해 권리가 추정되는 효력
  ‣ 어음의 소지인은 어음의 외관상 흠 없는 상태에서 배서가 자신에 이르기까지 단절 없이 이루어진 것을 제시하면 진정한 권리자로 추정되고 어음에 관한 실질적인 권리나 이익을 증명할 필요가 없으며, 그 반대의 사실, 즉 어음소지인이 진정한 권리자가 아니라는 것을 주장하는 자가 반대의 증명을 할 책임을 짐
  ‣ 지명채권이라면 권리자에게 있을 증명책임을 의무자에게 전가하는 제도.

6. 상환청구(소구)(어 43조)
• 어음이 만기 또는 지급제시기간 내에 지급이 거절되었거나 그 전이라도 지급의 가능성이 현저하게 감소되었을 때 소지인이 자신의 전자에 대하여 어음금액과 기타 비용의 지급을 청구하는 것
• 채무자의 상환의무는 어음의 지급가능성을 높여 어음의 유통을 보호하고자 정책적으로 인정하는 것임
• 상환청구권자: 최초의 상환청구권자는 어음의 최후의 소지인임. 소지인이 주채무자에게 지급을 청구하여 거절된 다음 행사하는 것임
• 재상환청구: 소지인의 상환청구에 응하여 자신의 상환의무를 이행하고 어음을 환수하여 새로운 소지인이 된 자는 다시 자신의 전자에 대하여 상환청구를 할 수 있는데, 이것이 어음법 제47조 제3항에서 말하는 재상환청구임
• 약속어음의 상환의무자: 배서인, 보증인 (발행인은 주채무자이므로 상환의무자가 아님)
  {배서의 형식을 취하였더라도 추심위임배서, 기한후배서와 같이 담보적 효력이 인정될 수 없는 경우에는 상환의무를 지지 않음}
• 상환청구금액 = 어음금액+어음에 기재된 이자+소지인이 상환청구권 보전을 위해서 지출한

비용 등

7. 추심위임배서
- 의의
  배서인이 피배서인에게 어음상의 권리를 행사할 대리권을 부여할 목적으로 하는 배서
- 종류
  ① 공연한 추심위임배서: '회수하기 위하여' '추심하기 위하여' '대리를 위하여' 라는 문언(추심위임문언)을 기재(어음법 제18조)
  ② 숨은추심위임배서: 당사자 사이에서는 추심위임만을 목적으로 하면서도 형식상으로는 양도배서의 방식을 취함(통설: 신탁적양도설, 다만 인적항변은 절단되지 않는다고 봄 / 판례는 명확한 입장을 취하지 않으면서 인적항변이 절단되지 않는다는 것만 선언)
- 공연한 추심위임배서의 효력
  피배서인에게 대리권만 부여됨, 어음상 권리가 이전되지 않음
  ‣ 권리이전적 효력이 생기지 않으므로 여전히 배서인이 어음상의 권리를 가짐
  ‣ 추심위임배서 이후에도 배서인은 어음을 회수하여 소지하는 경우 추심위임배서를 말소하지 않고 바로 양도배서를 하더라도 배서가 연속됨
  ‣ 반대로, 피배서인은 어음상의 권리자가 아니므로 양도배서를 할 수 없음
  ‣ 인적항변이 절단되지 않음(채무자는 배서인에 대한 항변을 가지고 피배서인에게 대항할 수 있음)
  ‣ 권리이전적 효력에 인정되지 않으므로 담보적 효력도 인정되지 않음

<문제 3>

한편 **A회사**는 회사 사무실 인테리어를 위하여 가구**회사**인 D주식회사로부터 가구를 3천만 원에 **매수**하여 2021. 5. 10. 해당 가구를 인도받았다. <u>쌍방이 상인임</u> → 상사매매

A회사는 D회사로부터 **매입한 가구에 결함**이 있음을 <u>2021. 12. 15. 발견</u>하였다. 해당 결함은 구성품인 볼트의 문제 때문에 가구의 이음새가 비틀리는 것으로 **즉시 발견이 불가능한 것**이다.

A회사는 위 사실을 몰랐던 D회사에 하자담보책임을 물을 수 있는가? 만일 가구 인도 시점으로부터 36개월간 D회사가 가구의 품질과 성능을 보증하기로 하고 해당 보증기간 내 하자 발생 시 하자담보책임을 지기로 하는 특약이 A회사와 D회사 간에 있는 경우에는 어떠한가? (20점) 12분 만에 풀기

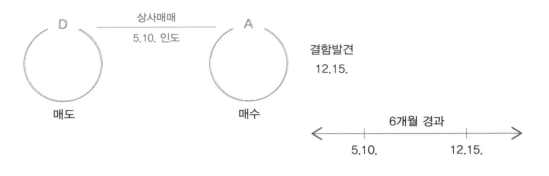

🔍 풀이

1. 쟁점

- A회사와 D회사 간의 가구매매계약에 상법상 하자담보책임규정(제69조)이 적용되는지 여부 및 제69조와 다른 내용의 특약이 유효한지 여부

2. 상법 제69조에 의한 하자담보책임 추궁 가부

- 사안의 가구매매계약은 계약의 양 당사자가 회사이므로 상인 간의 매매에 해당하여 상법상 상사매매규정이 적용됨
- 하자담보책임에 대한 상법 제69조에 의하면 선의의 매도인에 대해서는 매수인이 즉시 발견할 수 없는 하자라도 6개월이 지나면 하자담보책임을 물을 수 없으므로, 사안의 하자에 대해서 매수인인 A회사는 하자담보책임을 물을 수 없음
- 이 경우 민법상 하자담보책임 추궁 불가, 판례는 상법 제69조 제1항은 민법상 매도인의 담보책임에 대한 특칙으로 봄

3. 특약에 의한 하자담보책임 추궁 가부

- 상법 제69조 제1항은 임의규정이므로 당사자의 특약으로 다른 내용을 정할 수 있음
  판례도 임의규정이라고 판시함[대법원 2008다3671 판결]
  판례는 상법 제69조 제1항은 민법상 매도인의 담보책임에 대한 특칙으로 봄[대법원 2013다522 판결]
- 매매계약일(인도일)로부터 6개월이 경과하였더라도 36개월 보증특약에 따라 D회사에게 하자담보책임(계약해제, 대금감액청구, 손해배상청구)을 추궁할 수 있음

4. 사안 해결

- 사안의 하자는 상법 제69조에 의한 하자담보책임은 추궁할 수 없으며(6개월 경과) 민법상 하자담보책임도 물을 수 없음
- 그러나 상법 제69조는 임의규정이므로 당사자 간의 36개월 보증특약에 의하여 D회사에 대하여 하자담보책임을 물을 수 있음

NOTE

1. 제69조 (숙지!)

제69조(매수인의 목적물의 검사와 하자통지의무) ① 상인간의 매매에 있어서 매수인이 목적물을 수령한 때에는 지체없이 이를 검사하여야 하며 하자 또는 수량의 부족을 발견한 경우에는 즉시 매도인에게 그 통지를 발송하지 아니하면 이로 인한 계약해제, 대금감액 또는 손해배상을 청구하지 못한다. 매매의 목적물에 즉시 발견할 수 없는 하자가 있는 경우에 매수인이 6월내에 이를 발견한 때에도 같다.
② 전항의 규정은 매도인이 악의인 경우에는 적용하지 아니한다.

- 하자담보책임
  상인간 매매의 경우, 제69조 제1항 2문에 따라 숨은 하자가 있으면 물건을 인도받은 날로부터 6월이 경과하면 매수인의 과실 유무와 상관없이 하자담보책임을 물을 수 없다.
- 특약의 유효성
  하자담보책임규정(제69조)은 임의규정이므로 이와 다른 내용의 특약은 유효하다.

2. 상사매매

(1) 의의

- 상인간의 매매(가장 전형적인 상행위)
- 규정이 5개뿐임(제67조~제71조), 대부분의 법률관계는 민법에 의하여 규율됨, 제67조~제71조은 상사매매의 법률관계를 신속히 종결시키려는 목적
- 이러한 상사매매 특칙은 ① 상사매매에 적용됨, 반드시 매매업을 하는 상인에게만 적용되는 것은 아님, 매매업을 하지 않는 상인간에도 매매계약이 있는 경우에는 이 특칙이 적용됨, ② 당사자는 모두 상인이어야 하며, 매매계약도 당사자 쌍방에게 모두 상행위여야 함, 보조적 상행위 포함

(2) 제68조(확정기매매의 특칙)

- **이행지체**와 관련하여 상법은 확정기매매의 특칙을 두고 있음
- 확정기매매: 일정 시점 또는 일정한 기간 내에 이행하지 아니하면 계약의 목적을 달성할 수 없는 매매(민법 제545조에서 정하는 정기행위의 일종)

- 확정기매매인지 여부는 **매매의 성질**(급부의 객관적 성질, 크리스마스트리) 또는 **당사자의 의사표시**에 의해 정해짐
  - ‣ 당사자의 의사표시: 반드시 계약서에 그 내용이 나타나 있을 것을 요하지는 않음. 매수인의 주관적인 동기에 의하여 이용시기가 한정되어 있음을 알 수 있는 경우여야 함. 판례는 매매목적물이 가격변동이 심한 원자재로서 매수인이 전매를 목적으로 매매계약을 체결한 것임을 매도인도 알고 있는 등 몇 가지 사정을 종합하여 확정기 매매라고 판단한 것이 있음.
- 확정기매매의 이행지체
  - ‣ 민법 제545조: 최고없이 계약을 해제할 수 있다, 해제의 의사표시는 요구됨
  - ‣ 상법 제68조: 아예 계약이 해제된 것으로 봄, 해제의 의사표시조차 필요 없음(해제의 효과는 민법과 동일함)
- 제68조는 상사매매에만 적용됨
  예컨대 도급에는 적용되지 않음(일정한 기한을 지키지 못한 경우 상법 제68조가 아니라 민법 제545조가 적용됨)

(3) 제67조

- **채권자의 수령지체**와 관련하여 민법은 변제공탁 제도를 두고 있음. 상법도 이와 유사한 규정을 두고 있음
- 매수인이 목적물의 수령을 거부하거나 수령이 불가능한 경우, 매도인은 물건을 공탁할 수 있고 또는 선택에 따라 경매를 할 수 있음(매도인의 공탁권, 경매권)
  1) 공탁권: 민법 상법 유사
     (상법: '과실없이 채권자를 알 수 없는 경우'가 공탁원인에서 제외될 뿐)
  2) 경매권: 민법은 예외적 경매권, 상법은 원칙적 경매권
     - ‣ 민법상으로는 공탁이 실질적으로 불가능할 경우에만 보충적으로 경매를 할 수 있음
     - ‣ 상법에서는 공탁의 요건이 갖추어지면 매도인은 공탁과 경매를 선택적으로 할 수 있다. 매수인의 수령지체로부터 매도인을 보호함으로써 거래의 안전을 확보하기 위한 것임.
- 제67조는 상사매매에만 적용됨

(4) 제69조(목적물의 검사 및 통지의무)

1] 의의

- 민법: 매도인은 다양한 담보책임을 짐
  매수인은 매도인에 대해 대금감액청구권, 계약해제권, 손해배상청구권 행사 가능
  ⇒ 상법은 이 중에서 민법 제574조의 **수량부족** 및 민법 제580조부터 제582조의 **물건의 하자**에 관하여 특칙을 마련하고 있음
  (권리의 하자, 채권이나 경매에서의 담보책임에 대해서는 민법 규정이 적용됨. 수량부족이나 물건의 하자에 대해서만 특칙을 둔 이유는, 이런 하자는 물건을 검사해보면 바로 알 수 있기 때문임)
- 매수인은 목적물을 수령하면 즉시 이를 검사해야 하며, 문제가 있으면 이를 즉시 매도인에게 통지해야 함, 그렇지 않으면 담보책임을 물을 수 없음

- 설사 즉시 발견할 수 없는 하자가 있는 경우에도 최소한 6개월 내에는 이를 검사하여 통지해야 함
- 이 제도는 목적물을 수령하고 나서 상당기간이 지나면 하자를 조사하는 것이 쉽지 않아 분쟁해결이 곤란해지고, 또 그 하자가 인정되는 경우 매도인으로서는 이미 전매의 기회를 상실하였을 가능성이 크다는 점을 고려하여 인정된 것임. 매도인의 지위가 장기간 불안정해지는 것을 막음으로써 거래의 신속을 도모
- [2008 판결] 임의규정으로서 당사자가 달리 정할 수 있음
- [2005 판결] 제69조가 담보책임의 특칙이라는 점에서, 채무불이행에 해당하는 불완전이행으로 인한 손해배상책임을 묻는 청구에는 적용되지 않는다고 봄

2) 요건

① 상인간의 상사매매에 의하여, ② 목적물을 실제로 수령해야 하고, ③ 목적물에 수량부족이나 물건의 하자가 있어야 하며, ④ 매도인이 수량부족이나 물건의 하자에 대해서 악의가 아니어야 한다.

> **cf** ① 요건 관련: 상인간의 부대체물 공급계약도 상사매매인가? 전매의 가능성이 거의 없기 때문에 매매가 아니라 도급으로 보는 것이 타당함. 판례도 같은 취지임[87년 판결], 따라서 상법 제69조가 아니라 민법상 수급인의 하자담보책임 조문(제667조~제672조)이 적용됨

3) 효과

- 위 요건이 충족되면, 매수인은 목적물의 검사 및 통지의무를 부담함
- 이 의무를 위반하게 되면 민법상의 대금감액청구권, 계약해제권, 손해배상청구권을 행사할 수 없음
- 예외적으로 매매 목적물에 '즉시' 발견할 수 없는 하자가 있는 경우에는 목적물을 수령한 날로부터 6개월 내에 하자를 통지하면 됨
- '6개월 이내에' 발견할 수 없는 하자가 있는 경우에는?
  [매수인이 검사하려고 해도 6개월 이내에 하자를 찾아낼 수 없다면 법이 불가능한 것을 요구하는 것이라고 볼 여지도 있음]
  (소수설) 하자의 성질상 6개월이 지나도 하자가 드러나지 않는 경우 제69조가 적용되면 매도인이 아예 담보책임 자체를 면하는 결과가 되기 때문에, 하자담보책임을 물을 수 있다.
  (통설, 판례) 6개월이 지난 이후에 하자를 발견한 경우 매수인에게 아무 과실이 없더라도 매도인은 담보책임을 면한다.
  (검토) 제69조를 단기의 제척기간으로 이해하는 것은 법문언에 부합, 상사매매의 전문성과 신속성을 고려할 때 입법재량을 벗어났다고 보기 어려움, 따라서 목적물 수령으로부터 6개월 이후에는 하자담보책임을 물을 수 없다고 보아야 함, 매수인으로서는 이런 사정이 예상되면 협상을 통해 6개월의 기간을 연장하면 됨

(5) 제70조(목적물의 보관 및 공탁의무)

- 민법: 매매계약이 **해제**되면 매수인은 원상회복으로서 목적물을 다시 매도인에게 인도해야

함. 그런데 **원격지 거래**의 경우에는 과중한 운반비와 운송 중의 위험 야기

- 상법은 이런 점을 감안하여 제70조에서 원격지 매매에 있어서는 매수인이 목적물을 보관·공탁·경매할 수 있도록 함
- 비용은 매도인 부담(제1항), 매수인은 통지의무(제2항)
- 제70조 해석 시 주의사항
  ① 매매계약 해제의 원인은 중요하지 않음
    ㉠ 제70조는 원칙적으로 제69조로 인한 해제에 적용됨. ㉡ 예외적으로 인도받은 물건이 계약상의 매매목적물과 다르거나 수량을 초과하는 경우에도 보관·공탁·경매의 필요성은 같으므로 제71조에서 준용규정을 두고 있음. ㉢ 다른 사유로 매매계약이 해제된 경우 예를 들어 제68조의 확정기매매에 의하여 해제된 경우에도 통설은 제70조를 유추적용
  ② 매도인이 악의이더라도 상관없음

3. 대법원 2013다522 판결

상인 간의 매매에서 매수인이 목적물을 수령한 때에는 지체 없이 이를 검사하여 하자 또는 수량의 부족을 발견한 경우에는 즉시, 즉시 발견할 수 없는 하자가 있는 경우에는 6개월 내에 매수인이 매도인에게 그 통지를 발송하지 아니하면, 그로 인한 계약해제·대금감액·손해배상을 청구하지 못하도록 규정하고 있는 상법 제69조 제1항은 민법상 매도인의 담보책임에 대한 특칙으로서, 채무불이행에 해당하는 이른바 불완전이행으로 인한 손해배상책임을 묻는 청구에는 적용되지 않는다.

2021년도 시행

제10회 변호사시험

[민사법]

商法
工夫

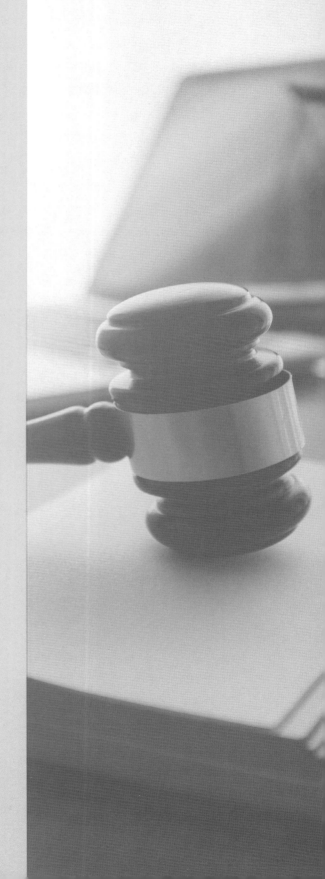

〈제 3 문〉

甲주식회사는 건설업을 목적으로 2010년 설립된 비상장회사이다. 보통주만을 발행한 甲회사의 발행주식총수는 100만 주이고, 자본금은 5백억 원이다. 甲회사의 발행주식총수 중 대표이사 A는 30만 주, 이사 B와 이사 C는 각각 20만 주를 소유하고 있으며 모두 명의개서를 완료한 상태이다(주권 미발행 상태임).

> A는 자신이 소유한 甲회사 주식 30만주에 대하여, 甲회사의 채권자 乙은행에게 근질권을 설정해 줌

A의 노력에도 甲회사의 경영 상태가 호전되지 않자 B와 C는 A를 이사직에서 해임하기로 뜻을 모았다. 이를 알게 된 A는 C를 설득하여 시장가격보다 높게 甲회사 주식 20만 주 전부를 자신의 친구인 D에게 양도하는 매매계약을 체결케 하였고, D명의로 명의개서까지 마쳐 주었다. 그런데 실제 D는 甲회사의 자금으로 C에게 매수대금을 지급하였고, 甲회사 주식을 취득함에 따른 손익 모두를 甲회사에 귀속하기로 甲회사와 합의하였다.

<문제 1. 나. >
C와 D 사이의 주식매매계약은 유효한가? (20점)

 풀이
_____

C → D

자기주식취득, 341조와 341조의2 검토

※ 그 외에, 주권발행 전의 주식양도의 효력에 대해 서술해야 하는가 하는 궁금증에 대하여…
   설문상 '주권 미발행 상태'라는 문구가 있기 때문에, 검토를 해도 되는 논점이기는 하지만, 시험에서 주권 발행 전 주식의 양도에 대해서 묻고 싶으면 디테일한 연도와 월을 제시하기 마련임, 그런데 이 문제에서는 설립시점인 2010년만 제시되어 있을 뿐, 그 외의 타임라인은 제시되어 있지 아니함. 따라서 이 쟁점에 대해서는 쓰지 않아도 무방할 것으로 생각되고, 정 불안하다면 아주 간략히(1줄~3줄) 정도 쓰면 될 것임(교수님들마다 생각이 조금씩 다를 수 있기 때문에 수험생들은 본교 상법 교수님들의 지도에 따라 공부하면 됨)

I. 쟁점

① 甲회사 명의가 아니라 제3자(D) 명의로 甲회사의 주식을 취득한 경우, 자기주식취득에 해당하는가 ‹자기주식취득에 해당되는가?› ② 해당한다면 상법상 허용되는 자기기주식취득(제341조, 제341조의2)인가 ‹허용되는가 금지되는가?› ③ 그렇지 않다면 위법한 자기주식취득의 사법상 효력은? ‹유효인가 무효인가?›

II. 자기주식의 취득에 해당하는가

자기주식취득이란 회사가 당해 회사의 주식을 취득하여 스스로 주주가 되는 것을 말한다. 사안에서는 회사(甲) 명의가 아니라 제3자(D) 명의로 甲회사의 주식을 취득하였으나, 회사자금으로 주식매수대금을 지급하고 손익을 회사에게 귀속시키기로 하였으므로, 자기주식취득에 해당한다.

III. 상법상 허용되는 자기주식취득인가

1. 쟁점

상법은 원칙적으로는 자기주식취득을 금지하면서,[4] 배당가능이익으로 하는 자기주식취득(제341조)과 특정목적에 의한 자기주식취득(제341조의2)만을 허용한다. 사안의 자기주식취득이 상법상 허용되는 자기주식취득에 해당하는지를 검토해 보자.

2. 제341조의2에 해당하는가

설문상 대표이사의 해임을 피하기 위해 주식매매계약이 체결되었다는 점이 나타나 있을 뿐, 제341조의2에서 정하는 특정목적이 있다는 사정은 보이지 아니한다. 제341조의 요건을 충족하는지를 살펴보자.

3. 제341조의 자기주식 취득요건

설문상 회사자금으로 매수대금을 지급하였다는 외에 그 자금이 '배당가능이익'이라거나 금액이 배당가능이익의 범위 내에 있다는 점은 나타나 있지 않다. 따라서 제341조에 의한 자기주식취득에도 해당하지 않는다.

---

4 주식회사에서 출자의 환급을 원칙적으로 금지하는 것이 채권자보호를 위한 요청이라는 점에서. 상법상 명문의 규정은 없지만 여전히 자기주식취득 금지가 원칙이다.

4. 검토

D의 주식취득은 상법상 허용되는 자기주식취득에 해당하지 않으므로, 위법한 자기주식취득이다. 다음으로 위법한 자기주식취득의 사법상 효력을 검토해 보자.

IV. 위법한 자기주식취득의 효과

1. 쟁점

위법한 자기주식취득의 효력에 대해서는 견해가 나뉜다.

2. 학설

무효설은 자기주식취득은 주식회사의 본질적 요청인 자본금충실원칙을 해치기 때문에 절대적 무효라고 본다(다수설, 판례). 유효설은 자기주식취득에 관한 규정을 단속규정으로 보고, 규정에 위반한 거래의 효력에는 아무 영향을 주지 않는다고 본다. 상대적 무효설은 원칙적으로 무효이나 거래의 안전을 고려하여 선의의 상대방에 대해서는 유효로 보아야 한다는 견해이다.

3. 판례

자기주식취득에 관한 상법규정은 강행규정이고, 자기주식취득은 주식회사의 본질적 요청인 자본충실원칙을 해치기 때문에, 위법한 자기주식취득은 상대방의 선악을 불문하고 절대적 무효라고 본다.

판례의 결론뿐 아니라 논거(회사의 자본적 기초, 주주평등원칙)를 1개 이상 쓰는 것이 중요함! 아래 박스 참조!

대법원 2001다44109 판결

【판결요지】

[1] 주식회사가 자기의 계산으로 자기의 주식을 취득하는 것은 회사의 자본적 기초를 위태롭게 하여 회사와 주주 및 채권자의 이익을 해하고 주주평등의 원칙을 해하며 대표이사 등에 의한 불공정한 회사지배를 초래하는 등의 여러 가지 폐해를 생기게 할 우려가 있으므로 상법은 일반 예방적인 목적에서 이를 일률적으로 금지하는 것을 원칙으로 하면서, 예외적으로 자기주식의 취득이 허용되는 경우를 유형적으로 분류하여 명시하고 있으므로 상법 제341조, 제341조의2, 제342조의2 또는 증권거래법 등에서 명시적으로 자기주식의 취득을 허용하는 경우 외에, 회사가 자기주식을 무상으로 취득하는 경우 또는 타인의 계산으로 자기주식을 취득하는 경우 등과 같이, 회사의 자본적 기초를 위태롭게 하거나 주주 등의 이익을 해한다고 할 수 없는 것이 유형적으로 명백한 경우에도 자기주식의 취득이 예외적으로 허용되지만, 그 밖의 경우에 있어서는, 설령 회사 또는 주주나 회사채권자 등에게 생길지도 모르는 중대한 손해를 회피하기 위하여 부득이 한 사정이 있다고 하더라도 자기주식의 취득은 허용되지 아니하는 것이고 위와 같은 금지규정에 위반하여 회사가 자기주식을 취득하는 것은 당연히 무효이다.

[2] 회사 아닌 제3자의 명의로 회사의 주식을 취득하더라도 그 주식취득을 위한 자금이 회사의 출연에 의한 것이고 그

주식취득에 따른 손익이 회사에 귀속되는 경우라면, 상법 기타의 법률에서 규정하는 예외사유에 해당하지 않는 한, 그러한 주식의 취득은 회사의 계산으로 이루어져 회사의 자본적 기초를 위태롭게 할 우려가 있는 것으로서 상법 제341조가 금지하는 자기주식의 취득에 해당한다.

4. 검토

자본금충실의 원칙은 주식회사의 핵심적인 요청이며, 상법이 예외적으로 자기주식취득이 허용되는 경우를 자세하게 열거하고 있다는 점에서, 위법한 자기주식은 절대적으로 무효라고 보는 것이 타당하다.

V. 사안 해결

D는 甲회사 자금으로 甲회사의 주식을 취득하면서 甲회사의 자금으로 주식매수대금을 지급하였고 손익을 甲회사에게 귀속시키기로 하였으므로 '자기주식취득'에 해당한다. 이 사건 주식취득이 배당가능이익에 의한 것이라거나 특정목적에 해당한다는 사정은 설문상 보이지 않는다. 따라서 상법이 금지하는 위법한 자기주식취득에 해당하여, C와 D 사이의 주식매매계약은 주식양도인 C의 선악을 불문하고 무효이다.

NOTE

1. 자기주식 취득

[1] 의의

자기주식취득: 회사가 당해 회사의 주식을 취득하여 스스로 주주가 되는 것

가. 자기주식취득 규제의 변화

- **구 상법**(2011년 개정 전)은 일반 예방적인 목적에서 이를 일률적으로 금지하는 것을 원칙으로 하면서, 예외적으로 자기주식의 취득이 허용되는 경우를 유형적으로 분류하여 명시하였음
- 2011년 상법 개정, 제341조 신설: 특정한 목적이 없더라도, 배당가능이익으로 하는 자기주식취득 허용
- 현행 상법: 여전히 강력하게 제한함, 341조와 341조의2의 요건을 갖춘 자기주식취득만을 허용함. 구법과의 가장 큰 차이는 배당가능이익으로 하는 자기주식취득을 허용(제341조)한다는 점임

상법 제341조(자기주식의 취득) ① 회사는 다음의 방법에 따라 자기의 명의와 계산으로 자기의 주식을 취득할 수 있다.

1. 거래소에서 시세(時勢)가 있는 주식의 경우에는 <u>거래소에서 취득하는 방법</u>
2. 제345조제1항의 주식의 상환에 관한 종류주식의 경우 외에 각 주주가 가진 주식 수에 따라 균등한 조건으로 취득하는 것으로서 대통령령으로 정하는 방법
② 제1항에 따라 자기주식을 취득하려는 회사는 미리 주주총회의 결의로 다음 각 호의 사항을 결정하여야 한다.
1. 취득할 수 있는 주식의 종류 및 수
2. 취득가액의 총액의 한도
③ 회사는 해당 영업연도의 결산기에 대차대조표상의 순자산액이 제462조 제1항 각 호의 금액의 합계액에 미치지 못할 우려가 있는 경우에는 제1항에 따른 주식의 취득을 하여서는 아니 된다.
상법 시행령 제9조(자기주식 취득 방법의 종류 등) ① 법 제341조제1항제2호에서 "대통령령으로 정하는 방법"이란 다음 각 호의 어느 하나에 해당하는 방법을 말한다.
1. 회사가 <u>모든</u> 주주에게 자기주식 취득의 <u>통지 또는 공고</u>를 하여 주식을 취득하는 방법
2. 「자본시장과 금융투자업에 관한 법률」제133조부터 제146조까지의 규정에 따른 <u>공개매수의</u> 방법
제462조(이익의 배당) ① 회사는 대차대조표의 순자산액으로부터 다음의 금액을 공제한 액을 한도로 하여 이익배당을 할 수 있다.
1. 자본금의 액
2. 그 결산기까지 적립된 자본준비금과 이익준비금의 합계액
3. 그 결산기에 적립하여야 할 이익준비금의 액
4. 대통령령으로 정하는 미실현이익

① 배당가능이익으로 하는 자기주식취득(제341조)
　요건과 결정권한은 이익배당의 요건과 결정권한과 같도록 맞춤, **회사가 배당가능이익의 한도 내에서 거래소에서 취득하는 방법 등으로 자기의 명의와 계산으로 자기주식을 취득할 수 있음**
② 특별한 목적에 의한 자기주식취득(제341조의2)
　각호에서 규정한 특정한 목적이 있는 경우에는 구 상법과 마찬가지로 배당가능이익이나 취득 방법 등의 제한 없이 자기주식을 취득할 수 있도록 허용
③ 개정 전에는 취득한 자기주식을 예외적인 현상으로 보고 지체없이 처분하도록 하였음, 개정상법에서는 이를 보유할 수 있도록 하면서 그 처분을 이사회의 재량으로!

나. 허용의 이론적 근거
• 자기주식취득 → 주식수 감소
　그러나 주주의 이해관계에서 중요한 것은 지분비율(O), 주식수(X)
• 자기주식취득의 경제적 실질은 '이익배당'과 동일, 회사의 재산을 주주에게 반환하는 한 방법임

다. 규제의 기본구조
• 금지(X), 규제(O)
• 제341조, 제341조의2는 예외적으로 자기주식취득을 할 수 있는 경우를 한정적으로 열거하는 것임, 이에 해당하지 않는 경우에는 위법한 자기주식취득

- 제341조: 배당가능이익으로 함
- 제341조의2: 배당가능이익과 상관없이 함
  취득단계에서는 이원화, 이후의 보유 및 처분·소각단계에서는 규제 일원화

(2) 배당가능이익으로 하는 자기주식취득

- 배당가능이익은 주주에게 반환이 허용된 부분이므로, 자기주식취득방식으로 주주에게 반환되더라도 채권자의 이익을 해하는 것이 아님
- **취득재원: 배당가능이익**
  ‣ 처음수권단계에서는 배당가능이익이 충분하였더라도 자기주식취득실행단계에서는 배당가능이익이 충분하지 않을 수 있음. 이사회가 경영판단에 의해 정해야 함
  ‣ 회사는 당해 영업연도의 결산기에 배당가능이익이 부족할 우려가 있다면 설사 수권받은 범위라 하더라도 자기주식을 취득할 수 없고, 만약 이사가 주의를 게을리하여 이러한 경영판단에 실패한 경우에는 회사에 대하여 연대하여 그 부족한 금액을 배상할 책임이 있음
  ‣ 회사가 자기주식을 취득한 다음 결산기에 배당가능이익이 없다는 것이 확정되면, 자기주식을 취득한 시점에 이사의 주의의무 위반이 추정됨
- **의사결정**
  ‣ 원칙적으로 주주총회, 정관으로 이익배당을 이사회가 결정하도록 되어 있는 회사는 자기주식취득도 이사회의 권한으로 할 수 있음
  ‣ 주주총회 또는 이사회는 취득할 주식의 종류와 수, 취득가액의 총액의 한도, 취득기간을 정함
  ‣ 취득기간의 상한 1년. 실무에서는 재무제표의 승인이 이루어지는 정기주총 또는 이사회에서 배당가능이익이 확정되면서 그에 따라 1년간 자기주식취득의 수권에 관한 결의도 이루어질 것
- **취득방법: 주주평등원칙에 입각**(상장회사는 증권시장에서의 매수 또는 자본시장법상 공개매수의 방법만 인정. 비상장회사는 모든 주주로부터 균등한 조건으로 취득하는 방법(회사가 이사회 결의로 취득하고자 하는 자기주식의 수량을 정하여 모든 주주에게 통지 또는 공고 등으로 매도의 기회를 부여하는 방법)만 가능)

(3) 배당가능이익과 무관한 자기주식취득

가. 특정목적의 자기주식취득
  1. 회사의 합병 또는 다른 회사의 영업전부의 양수로 인한 경우
  2. 회사의 권리를 실행함에 있어 그 목적을 달성하기 위하여 필요한 경우
  3. 단주(端株)의 처리를 위하여 필요한 경우
  4. 주주가 주식매수청구권을 행사한 경우
- 이외에는 정관이나 내부규정으로도 자기주식취득이 허용되는 경우를 달리 정할 수 없다[2007 판례].
- 제2호 권리 실행: 강제집행이나 담보권 실행 등 회사가 그 권리를 실행함에 있어서 상대방에게 자기주식이 유일한 재산인 경우(채무자의 무자력에 대한 입증책임은 회사가 진다)
- 제4호 주식매수청구권의 행사: 반대주주의 주식매수청구권, 주주의 일방적 매수청구로 주주

와 회사 사이에 자기주식에 관한 매매계약이 체결되므로, 자기주식취득의 예외가 인정됨

- 주식소각 목적의 자기주식취득 폐지, 주식매수청구권 부여를 위한 자기주식취득 폐지

나. 해석상 인정되는 자기주식취득

- 회사의 재산적 기초를 위태롭게 할 우려가 없는 경우
- (예) 무상취득, 타인의 계산으로 취득

[4] 자기주식의 지위

- 주주권을 가지는가? No
- 의결권(X), 소수주주권(X), 소제기권(X), 자익권(X)

[5] 자기주식의 처분

※ 회사는 취득한 자기주식을 바로 처분해야 하는가?

가. 처분의무

- 상법 개정 전: 상법상 특정목적으로 취득한 자기주식은 상당한 시기에 제3자에게 처분할 의무가 있었음
- 상법 개정: 처분의무 삭제, 자기주식의 처분을 이사회의 결정에 위임 ⇒ 회사는 자기주식취득의 유형과 상관없이 어느 경우든 계속 보유할 수 있음

  (ex) 회사가 반대주주의 주식을 취득하면 자기주식취득이 됨(제341조의2 제4호)

  이렇게 예외적으로 취득한 자기주식은 바로 처분하도록 하고 있었으나, 2011년 개정상법 에서는 제342조에서 이 내용을 삭제하고 단순히 이사회결의로 정하도록 하였음. 따라서 회사는 이 자기주식을 장기적으로 보유할 수 있음

  다만, 상장회사는 이 자기주식을 매수한 날로부터 5년 내에 처분할 의무가 있음(자본시장법)

나. 자기주식처분과 주주의 신주인수권

- 신주인수권: 회사가 신주를 발행하는 경우 다른 자에 우선하여 신주를 인수할 수 있는 권리. 회사가 '제3자'에게 신주를 발행하면 지배권의 희석회가 발생하고 발행가액에 따라 부의 희석화도 발생할 우려가 있기 때문에, 제418조 제1항은 원칙적으로 **'주주'**에게 **지분비례에 따른 신주인수권을 부여**하고 있음.
- 회사가 자기주식을 처분함에 있어서 주주의 신주인수권이 적용되는가?

  (예: 경영권분쟁 상황에서 자기주식을 우호적인 제3자에게 처분하는 것이 주주의 신주인수권을 침해?)

  ⇒ 대부분의 하급심은 자기주식의 처분에 신주발행의 법리를 유추적용할 수 없다고 보아 주주의 신주인수권침해는 없다고 함. 삼성물산 합병 사건에서도 우호적 제3자에 대한 자기주식처분을 유효하다고 보았음[서울중앙지법 2015년 판결]

  ⇒ 하급심 판결에 대한 학계의 반대 견해 있음(자기주식의 처분시에도 주주인수권을 인정하는 것이 타당)

[6] 위법한 자기주식취득

가. 효과

- 제341조와 제341조의2의 요건 및 절차에 따르지 않는 자기주식취득은 위법한 자기주식취득

임, 그 취득행위의 효력?

‣ (다수설, 판례) **무효설**, 자기주식취득은 주식회사의 본질적 요청인 자본충실원칙을 해치기 때문에 절대적 무효

‣ 그 외에 유효설, 상대적 무효설이 있음

‣ 검토: 자본금충실의 원칙은 주식회사의 핵심적인 요청, 상법이 예외적으로 허용되는 경우를 자세하게 열거하고 있다는 점에서, 위법한 자기주식은 절대적으로 무효라고 하는 것이 타당함

2. **최신판례**[대법원 2020다208058 판결]

【판시사항】

회사가 **특정** 주주와 사이에 특정한 금액으로 주식을 매수하기로 **약정**함으로써 사실상 매수청구를 할 수 있는 권리를 부여하여 주주가 그 권리를 행사하는 경우, 상법 제341조의2 제4호가 적용되는지 여부(소극)

이 경우 상법 제341조에서 정한 요건하에서만 회사의 자기주식취득이 허용되는지 여부(적극) 및 위 규정에서 정한 요건과 절차에 의하지 않은 자기주식취득 약정의 효력(무효)

> **[참조조문]**
> 제341조의2(특정목적에 의한 자기주식의 취득) 회사는 다음 각 호의 어느 하나에 해당하는 경우에는 제341조에도 불구하고 자기의 주식을 취득할 수 있다.
>   4. 주주가 주식매수청구권을 행사한 경우

【판결요지】

2011. 4. 14. 법률 제10600호로 개정되어 2012. 4. 15.부터 시행된 개정 상법은 종래 자기주식취득을 엄격히 불허하였던 것에서 이를 완화하여, 제341조에서 회사가 배당가능이익의 한도 내에서 거래소에서 취득하는 방법 등으로 자기의 명의와 계산으로 자기주식을 취득할 수 있도록 허용하고, 제341조의2에서는 각호에서 규정한 특정한 목적이 있는 경우에는 구 상법(2011. 4. 14. 법률 제10600호로 개정되기 전의 것)과 마찬가지로 배당가능이익이나 취득 방법 등의 제한 없이 자기주식을 취득할 수 있도록 허용하면서, 제4호에서 주주가 주식매수청구권을 행사한 경우를 들고 있다. 따라서 개정 상법 제360조의5 제1항, 제374조의2 제1항, 제522조의3 제1항 등에 따라 주주가 주식매수청구권을 행사하는 경우에는 개정 상법 제341조의2 제4호에 따라 회사가 제한 없이 자기주식을 취득할 수 있으나, 회사가 특정 주주와 사이에 특정한 금액으로 주식을 매수하기로 약정함으로써 사실상 매수청구를 할 수 있는 권리를 부여하여 주주가 그 권리를 행사하는 경우는 개정 상법 제341조의2 제4호가 적용되지 않으므로, 개정 상법 제341조에서 정한 요건하에서만 회사의 자기주식취득이 허용된다.

다만 이와 같이 개정 상법이 자기주식취득 요건을 완화하였다고 하더라도 여전히 법이 정한 경우에만 자기주식취득이 허용된다는 원칙에는 변함이 없고 따라서 위 규정에서 정한 요건 및 절차에 의하지 않은 자기주식취득 약정은 효력이 없다.

【이 유】

1) 구 상법(2011. 4. 14. 법률 제10600호로 개정되기 전의 것, 이하 '구 상법'이라고만 한다) 제 341조, 제341조의2 등은 주식회사가 자기의 계산으로 자기의 주식을 취득하는 것은 회사의 자본적 기초를 위태롭게 하여 회사와 주주 및 채권자의 이익을 해하고 주주평등의 원칙을 해하며 대표이사 등에 의한 불공정한 회사지배를 초래하는 등의 여러 가지 폐해를 생기게 할 우려가 있으므로 일반 예방적인 목적에서 이를 일률적으로 금지하는 것을 원칙으로 하면서, 예외적으로 자기주식의 취득이 허용되는 경우를 유형적으로 분류하여 명시하였다. 대법원은 구 상법 제341조, 제341조의2 등에서 명시적으로 자기주식의 취득을 허용하는 경우 외에는 회사가 자기주식을 취득하는 것은 허용되지 않고 당연히 무효라고 보았다[대법원 2001다44109 판결, 대법원 2005다75729 판결 등 참조].

2) 2011. 4. 14. 법률 제10600호로 개정되어 2012. 4. 15.부터 시행된 개정 상법은 종래 자기주식 취득을 엄격히 불허하였던 것에서 이를 완화하여, 제341조에서 회사가 배당가능이익의 한도 내에서 거래소에서 취득하는 방법 등으로 자기의 명의와 계산으로 자기주식을 취득할 수 있도록 허용하고, 제341조의2에서는 각호에서 규정한 특정한 목적이 있는 경우에는 구 상법과 마찬가지로 배당가능이익이나 취득 방법 등의 제한 없이 자기주식을 취득할 수 있도록 허용하면서, 제4호에서 주주가 주식매수청구권을 행사한 경우를 들고 있다. 따라서 개정 상법 제360조의5 제1항, 제374조의2 제1항, 제522조의3 제1항 등에 따라 주주가 주식매수청구권을 행사하는 경우에는 개정 상법 제341조의2 제4호에 따라 회사가 제한 없이 자기주식을 취득할 수 있으나, 회사가 특정 주주와 사이에 특정한 금액으로 주식을 매수하기로 약정함으로써 사실상 매수청구를 할 수 있는 권리를 부여하여 주주가 그 권리를 행사하는 경우는 개정 상법 제341조의2 제4호가 적용되지 않으므로, 개정 상법 제341조에서 정한 요건하에서만 회사의 자기주식취득이 허용된다.

3) 다만 이와 같이 개정 상법이 자기주식취득 요건을 완화하였다고 하더라도 여전히 법이 정한 경우에만 자기주식취득이 허용된다는 원칙에는 변함이 없고 따라서 위 규정에서 정한 요건 및 절차에 의하지 않은 자기주식취득 약정은 효력이 없다.

<문제 계속>

　　C의 배신을 알게 된 B가 C에게 강력하게 항의하자, C는 다시 마음을 바꿔 D에게 위 주식매매계약이 무효임을 주장하였다. 또한 C는 甲회사에 자신의 명의로 명의개서를 청구하였으나 甲회사 대표이사 A는 이를 거절하였다.

　　이후 B가 A의 이사 해임을 안건으로 하는 임시주주총회 소집을 요구하자, A는 乙은행이 자신에 대한 이사 해임에 반대하여 해임결의가 부결될 것으로 믿고 이사회결의를 거쳐 주주총회일 2주 전에 각 주주에게 서면으로 임시주주총회 소집을 통지하였다(위 통지절차에서 A는 C 대신 D에게 소집통지서를 발송함).

2020. 12. 개최된 위 임시주주총회에 乙은행, B, D가 참석하였고, D의 반대에도 불구하고 乙은행과 B의 찬성으로 A를 이사에서 해임하는 결의가 성립하였다.

이사 B 주총소집요구

代 A 주총소집총지 C(×) ⎤ 누가 주주?
　　　　　　　　　D(○) ⎦

주총 참석자: 乙 은행(A의 근질권자)
　　　　　　　B (이사, 주주)
　　　　　　　D (무효인 주식매매계약의 매수인, 명의개서○)

<문제 1. 다.>
A에 대한 이사해임결의의 효력은 누가 어떠한 사유와 방법으로 다툴 수 있는가? (25점)

 풀이　　　　　　　　　　　　　　　　　　주주총회결의하자, 주주총회결의취소의 소, 제소권자

Ⅰ. 쟁점

첫째, A에 대한 이사해임결의를 함에 있어서 C에 대한 소집통지를 흠결하고 D가 의결권을 행사한 것과 乙은행이 의결권을 대리 행사한 것이 주주총회의 하자에 해당하는지가 문제된다. 둘째, 이를 다투는 소의 유형과 원고적격이 문제된다.

Ⅱ. 해임결의를 다툴 수 있는 사유

1. C에 대한 소집통지 흠결과 D의 의결권 행사

(1) 쟁점

사안의 C와 D 사이의 주식매매계약은 위법한 자기주식취득에 해당하여 무효이므로, D가 아니라 C가 주주이다. 그러나 D명의로 명의개서가 되어 있는 상황에서, 甲회사는 주주총회의 소집통지를 C에게 하지 않고 D에게 하였고, D가 의결권을 행사하였다.

(2) 명의개서가 위법한 경우 주주권을 행사할 수 있는 자

명의개서를 하지 않은 주주는 회사에 대한 대항력이 없으므로 회사에 대하여 주주의 권리를

행사할 수 없음이 원칙이다(제337조 제1항). 그러나 판례는 제3자에 대한 대항요건을 갖추지 않은 주식의 제2양수인의 청구를 받아들여 제1양수인의 명의개서를 말소하고 제2양수인에게 명의개서를 해 준 것은 위법하므로, 회사에 대한 관계에서 주주의 권리를 행사할 수 있는 자는 제1양수인이라고 판시하였다[대법원 2009다88631 판결]. 또한 상법은 주주명부의 기재를 회사에 대한 대항요건으로 정하고 있을 뿐이므로(제337조 제1항), 명의개서가 이루어졌다고 하여 무권리자가 주주가 되는 것은 아니고 명의개서가 이루어지지 않았다고 해서 주주가 그 권리를 상실하는 것도 아니다[대법원 2017다221501 판결; 대법원 2017다278385, 278392 판결].

(3) 주주명부의 면책력과 그 배제

회사는 주주명부에 기재된 자를 주주로 인정하여 그에게 주주권을 인정하면 설사 그가 진정한 주주가 아니라 하여도 책임을 면한다. 그런데 회사가 주주명부상 주주가 실질주주가 아님을 안 경우에는 면책력이 배제되는지가 문제된다. 판례는 회사는 주주명부상 주주 외에 실제 주식을 인수하거나 양수하고자 하였던 자가 따로 존재한다는 사실을 알았든 몰랐든 간에 주주명부상 주주의 주주권 행사를 부인할 수 없다고 하였다[형식설을 취한 2017년 전원합의체 판결]. 그러나 이 법리는 <u>무권리자가 부적법하게 명의개서를 마친 경우</u>에는 적용되지 않는다. 명의개서를 부당거절한 회사가 주주명부상 주주가 무권리자임을 알고도 주주권 행사를 허용하였으면 회사는 면책되지 않는다.

(4) 사안의 경우

1) C에 대한 소집통지 흠결

- C와 D 사이의 주식매매계약이 무효이므로 해당 주식 20만주의 주주는 C임, D는 무권리자이므로 D 명의로의 명의개서는 부적법, C는 주주명부에 주주로 기재되어 있지 않더라도 주주권을 행사할 수 있음
- 甲회사는 주주 C의 명의개서 청구를 정당한 이유 없이 거절하였는바 이는 명의개서의 부당거절에 해당함
- 따라서 C는 명의개서 없이 해당 주식으로 주주의 권리를 행사할 수 있음
- 甲회사는 C에게 주주총회소집통지를 할 의무가 있었음, C에 대한 소집통지 흠결은 <u>소집절차상의 하자</u>에 해당함(→ 주총 취소사유인가 부존재 사유인가 - 뒤에서 목차 만들어서 서술!!)

2) D의 의결권 행사

- 이 사건 주주총회의 해임결의에서 D의 의결권 행사는, 주주 아닌 자의 의결권 행사로서 위법

• 주주명부의 면책력에 의해 적법하다고 볼 수도 없음(C와 D사이의 주식매매계약은 甲회사의 "대표이사" A의 주도로 체결된 것이므로 A는 D의 주식취득이 자기주식취득으로서 무효임을 알고 있었다고 보여짐, 甲회사가 D의 무권리를 알고도 경료해준 명의개서로서 주주명부의 면책력이 배제되기 때문임)

• D의 의결권 행사는 <u>결의방법상의 하자</u>에 해당함(→ 주총 취소사유인가 부존재 사유인가: 뒤에서 목차 만들어서 서술!)

2. 乙은행의 의결권 대리행사

(1) 쟁점

• 주주 A로부터 의결권을 포괄위임받은 乙은행이 A의 의사에 반하여 의결권을 대리행사하였음, 이러한 의결권의 대리행사가 적법한지, 결의하자에 해당하는지?

(2) 특별이해관계 있는 주주의 의결권 제한

• 주주 A의 의결권이 제한되는지 여부

• 주주총회에 결의에 관하여 특별한 이해관계가 있는 자는 의결권을 행사하지 못함(제368조 제3항), 판례에 의하면 특별이해관계는 특정한 주주가 <u>주주의 입장을 떠나 개인적으로 가지는 이해관계를 의미함(개인법설)</u>, <u>이사·감사의 선임·해임 결의에서 그 당사자인 주주는 특별이해관계인이 아님</u>(★)

(3) 의결권의 대리행사(포괄위임 가부)

• 주주는 대리인으로 하여금 그 의결권을 행사하게 할 수 있음(368 ② 전단)

• 포괄위임 가능? 1회의 수권행위로 수회의 총회에서 유효한 포괄적 대리권을 수여할 수 있는지 문제된다. 통설은 포괄위임을 금지하는 상법규정이 없음을 이유로 긍정, 소수설은 포괄위임을 긍정하면 주주권에서 의결권 행사권만 양도하는 결과가 될 수 있다는 이유로 부정함, 판례는 7년간 타인에게 의결권 행사 권한을 위임하기로 한 약정의 효력을 인정하였음. 포괄위임은 이를 금지하는 규정이 없으므로 허용된다고 보는 것이 타당함

(4) 주주의 의사와 다른 대리권 행사의 효력

• 대리인은 주주로부터 수권받은 대로 의결권을 행사해야 하나 수권내용과 다르게 의결권을 행사하였어도 이는 유효하고 결의하자에 해당하지 않음

• 판례도 수임자는 위임자나 그 회사 재산에 불리한 영향을 미칠 사항에 관하여도 그 주주권

을 행사할 수 있다고 하여 같은 입장에 서 있음

(5) 사안의 경우

- 이 사건 해임결의는 A의 이사직 해임을 목적으로 하는 것이나 이사해임결의의 당사자인 주주는 의결권이 제한되는 특별이해관계인이 아니므로, A는 해임결의에서 의결권을 행사할 수 있음
- A의 乙은행에 대한 의결권 행사 위임은 포괄위임에 해당하나, 포괄위임은 유효하므로 이 사건 乙은행의 의결권 행사는 유효
- 乙은행은 A의 믿음과 달리 A의 해임에 찬성, 대리권은 수권내용과 다르게 의결권을 행사할 수 있으므로 乙은행의 의결권 행사는 유효
- 사안의 해임결의에서 乙은행이 A소유 주식 30만주로 한 <u>의결권 대리행사는 적법함, 결의의 하자 없음</u>

3. 소결

사안의 해임결의에는 주주 C에 대한 소집통지 흠결이라는 소집절차상의 하자와 주주 아닌 D의 의결권 행사라는 결의방법상의 하자가 있다.

III. 해임결의를 다투는 방법

1. 주주총회결의의(소집절차 또는 결의방법의) 하자를 다투는 소

- 결의취소의 소, 결의부존재확인의 소
- 결의취소의 소(376①): 주주총회의 소집절차 또는 결의방법이 법령 또는 정관에 위반하거나 현저하게 불공정
- 결의부존재확인의 소(380): 그 하자가 총회결의가 존재한다고 볼 수 없을 정도로 중대

2. 결의취소사유와 부존재사유의 구별기준

- 명확하지 않음, 판례는 소집통지흠결이 발행주식총수의 41%를 보유한 주주에 대한 것이었을 때는 취소사유, 59%를 보유한 주주에 대한 것이었을 때에는 부존재사유라고 판시한 바 있음

3. 사안의 경우

- 甲회사의 발행주식총수는 100만 주, 사안의 하자는 그 중 20%인 20만 주에 관한 것, 결의 부존재에 해당하는 중대한 하자라고 보기는 어려움, 결의취소의 소

IV. 해임결의를 다툴 수 있는 자

1. 주주, 이사, 감사

- 결의취소의 소의 제소권자: 주주, 이사, 감사에 한정(제376조 제1항)
- 주주는 주주명부에 등재된 주주만!
- 결의에 찬성했던 주주가 주총결의취소의 소를 제기하더라도 신의성실원칙에 반하지 않음, ok(판례)
- 자신이 아닌 다른 주주에 대한 소집절차상의 하자 및 결의방법상의 하자를 이유로 소 제기 가능(하자가 일부 주주에게만 있는 경우 총회에 참석한 주주를 포함하여 다른 주주도 그 하자를 주장 하여 소를 제기할 수 있다[대법원 2001다45584 판결])
- 이사·감사는 제소 당시의 이사·감사일 것이 요구되나, 하자 있는 주주총회결의에 의해 해임당한 이사·감사는 제소 시점에 이사·감사가 아니더라도 제소권이 있음

2. 사안의 경우

- A, B, C 모두 결의취소의 소를 제기하여 이 사건 해임결의의 효력을 다툴 수 있음
- A는 주주의 자격으로 결의취소의 소를 제기할 수 있음, 비록 A의 대리인인 乙은행이 이사 해임에 찬성하였다고 해서 A의 결의취소의 소제기가 신의칙에 반하는 것은 아님/ A는 이사의 자격으로도 소 제기 가능, 제소 당시에는 이사가 아니지만 당해 해임결의에 의해 해임된 이사이므로
- B는 주주의 자격으로 결의취소의 소를 제기할 수 있음(결의에 찬성하였고, 다른 주주에 관한 하자를 다투는 것이지만, 가능)
- C는 주주명부상의 주주는 아니지만 명의개서를 부당하게 거절당하였으므로 주주로서의 지위가 인정되는 자임, 결의취소의 소 제기 가능

NOTE

1. 이사의 해임·선임

- 주주총회의 권한임

cf 상장회사 이사의 선임

> 제542조의5(이사·감사의 선임방법) 상장회사가 주주총회에서 이사 또는 감사를 선임하려는 경우에는 제542조 의4제2항에 따라 통지하거나 공고한 후보자 중에서 선임하여야 한다.
>
> 제542조의4 ② 상장회사가 이사·감사의 선임에 관한 사항을 목적으로 하는 주주총회를 소집통지 또는 공고하 는 경우에는 이사·감사 후보자의 성명, 약력, 추천인, 그 밖에 대통령령으로 정하는 후보자에 관한 사항을 통지하거나 공고하여야 한다.

2. 주주

(1) 개관

- 주식회사의 사원
- 주식을 인수하고 그 납입을 함으로써 사원으로서의 지위를 얻게 됨
- 출자를 하지 않은 상태는 신주의 인수인에 불과, 주주가 아님

(2) 가설인 또는 타인명의에 의한 거래(주식인수)

- 출자가가 가설인 또는 타인명의로 주식을 인수/납입한 경우 누구를 주주로 볼 것인가
  1) 누가 납입의무를 지는가?
     ① 가설인의 명의나 무단히 타인명의의 주식인수의 청약을 한 경우: 실제로 주식을 인수한 자가 납입의무를 짐
     ② 타인의 승낙을 얻어 그 명의로 주식을 인수한 경우: 실제 주식인수인과 명의인이 연대 하여 납입할 책임
     ※ 발기인과 이사의 담보책임은 연대책임을 지는 자가 모두 납입을 하지 않는 경우에만 문 제가 됨
  2) 누가 주주인가? ★
     ① 소유권이 누구에게 귀속되는가?
        판례는 두 경우로 나누어 생각함. (ⅰ) 가설인 또는 무단히 타인명의를 이용한 경우, 실 제 납입을 한 출자자가 주주의 지위를 취득함. (ⅱ) **타인의 승낙을 얻어 차명으로 주식 을 인수**한 경우 **원칙적으로 그 명의자, 다만 실제출자자와 명의자 사이에 실제 출자자 를 주식인수인으로 하기로 약정하고 회사도 승낙한 경우, 실제 출자자가 주주**
     ② 회사에 대해 주주권을 행사할 수 있는 자?
  - 명의개서 기준!
    ⅰ) 가설인 명의나 무단으로 타인명의를 이용한 경우, 사실상 문제가 되지 않음
    ⅱ) 승낙을 얻어 타인명의로 주주명부에 기재되어 있는 경우 ⊙ 실질설은 명의와 상관없이 실질적인 주식인수인이 주주이므로 회사에 대한 관계에서도 주주권을 행사할 수 있다고

봄. ⓛ 형식설은 명의상의 주식인수인을 주주로 보고 회사에 대해서도 명의주주가 주주권을 행사할 수 있다고 봄. ⓒ 종래 판결은 실질설. 최근 전원합의체 판결(2017)은 주주명부의 기재는 주주권을 행사할 수 있는 자를 획일적으로 확정하는 것이라고 하면서, 회사에 대한 관계에서 주주권 행사의 문제는 주식양도든 주식**발행**이든 주주명부 기재를 기준으로 한다고 하여 형식설로 변경함. 따라서 대세적으로 누가 주주인지와 상관없이 회사에 대한 관계에서는 주주명부상 명의자만 주주권을 행사할 수 있음

★ 주의할 점! 특히, 사례형 문제 풀 때!

2017 전원합의체 판결은 누가 주식의 적법한 소유자인가 하는 문제와 회사에 대해서 주주임을 주장할 수 있는 자가 누구인지의 문제를 다른 기준으로 판단함

대세적으로 주주라고 하더라도 회사에 대하여 주주권을 행사하기 위해서는 명의개서가 반드시 요구됨

그러나 이런 법리는 당사자 사이에 명의차용에 관한 합의가 있는 등 명의개서가 적법하게 이루어졌을 것을 전제로 함

전원합의체 판결이 명의개서를 기준으로 주주권 행사를 판단한다고 해서, 주주로서 지위를 갖지 못한 무권리자도 명의개서가 되어 있으면 주주권을 행사할 수 있다고 말할 수는 없음

3. 주주명부, 명의개서

- 주주명부란 회사에 대하여 주주 및 주권에 관한 사항을 획일적으로 정하기 위해서 작성되는 장부
- 명의개서란 주식이 양도된 경우 양수인의 성명과 주소를 이 주주명부에 기재하는 것
  - ‣ 명의개서는 회사와의 관계에서 누가 주주인지를 정하기 위해 마련된 제도이지만, 명의개서가 되었다는 것만으로 주주임이 확정되는 것은 아니고 주주임이 추정되는 것에 불과함

4. 주주총회의 권한

- 상법과 정관이 정하는 사항(제361조)
- 상법상: 영업양도, 정관변경, 자본금감소, 합병
  이사선임, 이사해임, 감사선임, 감사해임
  재무제표 승인, 이익배당 결정, 주식배당 결정, 이사의 책임 면제
  전환사채의 제3자배정
- 정관상: A라는 회사가 신주발행을 주주총회에서 결정하도록 규정하였다면? 이 회사의 신주발행은 주주총회의 권한임

제416조(발행사항의 결정) 회사가 그 성립 후에 주식을 발행하는 경우에는 다음의 사항으로서 정관에 규정이 없는 것은 이사회가 결정한다. 다만, 이 법에 다른 규정이 있거나 정관으로 주주총회에서 결정하기로 정한 경우에는 그러하지 아니하다.

---

5. 주총결의취소의 소 vs 부존재확인의소

	취소의 소(376)	부존재확인의 소(380)
소의 원인	① 절차(소집절차, 결의방법)의 하자 ② 내용이 정관에 위반	절차(소집절차, 결의방법)의 중대한 하자
소의 성질	형성의 소	확인의 소 vs 형성의 소
원고	주주, 이사, 감사	소의 이익이 있는 자
피고	회사	
제소기간	결의일로부터 2월	제한 없음
재량기각	가능	불가능
판결의 효력	대세효, 소급효, 패소원고의 책임 동일	

※ 주총무효확인의 소: (소의 원인) 내용의 법령 위반

(판례) 일부 주주에게 소집통지를 하지 않은 것은 취소사유가 되고, 그 정도가 현저한 경우에는 부존재사유가 된다.

(답안) "발행주식총수의 41%를 보유한 주주에게 소집통지를 하지 않은 경우 취소사유라고 한 판례의 입장에 비추어 보면…"

<추가적 사실관계 1>

丙주식회사는 암반발파 사업을 하는 회사이며 그 발행주식총수는 10만 주이다. 丙회사의 주식 중 甲회사는 9만 주, E는 4천 주를 각 소유하고 있으며, 나머지 6천 주는 丙회사가 자기주식으로 보유 중이다(명의개서 각 완료). 丙회사는 암반발파 사업에 필수적인 특허권을 공정한 평가가액보다 20% 정도 할인된 금액인 8억 원으로 甲회사에 양도하는 매매계약을 체결하려고 한다. 위 매매계약에 대하여 丙회사의 이사들은 甲회사와의 관계, 시장상황 등을 고려하여 전원이 계약 체결을 승인한 후 위 매매계약이 2020. 6. 체결되었고, 이 과정에서 丙회사 주주총회에 의한 승인결의는 이루어지지 않았다.

<문제>

2. 가. 위 특허권 매매계약은 유효한가? (20점)

 풀이
_____

Ⅰ. 쟁점 ※주요주주의 자기거래, 영업양도(간이영업양도)

 丙회사와 甲회사 간 특허권 매매계약이 자기거래에 해당되는지, 자기거래의 유효요건을 갖추었는지, 제374조가 유추적용되어 주주총회의 특별결의가 요구되는지, 간이영업양도에 해당하여 주주총회 특별결의를 이사회 결의로 갈음할 수 있는지.

Ⅱ. 자기거래로서 유효요건을 갖추었는지 여부

(작은 논점임_문제에서 이사 전원이 승인했다고 했으므로)
(주요주주도 자기거래금지의무규정의 적용대상임을 알고 있다는 것을 보여주면 됨)

1. 자기거래의 의의

- 자기거래란 이사, 주요주주 및 그 특수관계인이 자기 또는 제3자의 계산으로 회사와 하는 거래로서 회사의 이익을 해할 염려가 있는 모든 재산적 거래를 말함

2. 자기거래의 적용대상

- 이사, 주요주주 및 그 특수관계인
- 주요주주란 자기의 계산으로 의결권 있는 발행주식총수의 100분의 10 이상을 소유하거나, 이사·감사의 선임·해임 등 회사의 주요 경영사항에 대하여 사실상의 영향력을 행사하는 주주(398조 제1호, 542조의8 제2항 제6호)

3. 회사의 이익을 해할 염려가 있는 재산적 거래

- 회사의 이익을 해할 염려의 존부는 '거래의 객관적 성질'에 의해 판단
- 누구의 계산으로 하는지는 묻지 않음
- 형식적으로 회사와 제3자 사이에 이루어지지만 이사 등에게 실질적인 이익이 귀속됨으로써 이해상충을 가져올 수 있는 거래(간접거래)도 포함됨

4. 자기거래의 적법 요건

- 이사회의 사전 승인 결의

- 거래의 내용과 절차가 공정해야 함, 불공정한 경우 거래의 효력이 문제되는데 승인결의 없는 자기거래의 효력과 같이 무효가 되어야 한다는 견해와 회사에 대한 이사의 손해배상책임이 인정될 뿐 거래 자체는 유효하다는 견해가 대립함, 후자가 타당함

5. 소결

- 甲회사는 丙회사 주식의 90%를 보유한 주요주주이고, 매매계약은 성질상 매매대금 등 거래조건을 어떻게 정하는가에 따라 회사의 이익을 해할 염려가 있는 거래이므로 이 사건 매매계약은 상법 제398조가 정하는 자기거래에 해당함
- 계약 체결 전에 丙회사 이사 전원에 의한 승인이 있었으므로 자기거래의 유효요건을 충족함
- 매매대금이 공정가의 80%에 불과한 금액으로서 공정하지 못했으나 이를 이유로 이 사건 매매계약이 무효가 되지는 않음(거래 자체는 유효함, 이사의 회사에 대한 손해배상책임은 별론)

III. 영업양도 시 요구되는 결의요건 충족 여부 (큰 논점임)

1. 쟁점

- 이 사건 특허권을 양도하는 매매계약에 상법 제374조 제1항 제1호가 적용 또는 유추적용되어 주주총회의 특별결의가 요구되는지 문제됨

2. 영업양도

- 회사가 '영업'의 전부 또는 중요한 일부를 양도 ⇒ 주주총회의 특별결의가 요구됨(제374조 제1항 제1호)
- '개별 재산'의 양도라도 영업양도와 마찬가지로 주주총회 특별결의를 얻어야 하는가
  - 판례는 "주주총회의 특별결의를 요하는 상법 제374조 제1항 제1호의 '영업의 전부 또는 중요한 일부의 양도'라 함은 일정한 영업목적을 위하여 조직되고 유기적 일체로서 기능하는 재산의 전부 또는 중요한 일부를 총체적으로 양도하는 것을 의미한다. 이에는 영업적 활동의 전부 또는 중요한 일부분의 승계가 수반되어야 하므로, 단순한 영업용 재산의 양도는 이에 해당하지 않으나, 영업용 재산의 처분으로 말미암아 회사의 영업의 전부 또는 일부를 양도하거나 폐지하는 것과 같은 결과를 가져오는 경우는 주주총회의 특별결의가 필요하다"고 하였다[대법원 2004다13717 판결].
- 이 사건 매매계약의 대상인 특허권은 암반발파 사업에 필수적인 권리로서 이를 양도하면 丙회사는 암반발파 사업을 중단하거나 폐지해야 한다. 이 특허권의 양도는 회사의 영업의

전부 또는 일부를 양도하거나 폐지하는 것과 같은 결과를 가져오는 것이므로 특허권의 양도에는 주주총회의 특별결의가 필요하다.

그런데 주주총회 결의가 이루어지지 않았음 → 거래상대방이 선의라고 하더라도 거래가 무효일 것임 ⇒ 간이영업양도에 해당하는지 검토

3. 간이영업양도

• 영업 전부 또는 중요한 일부의 양도를 하는 회사의 총주주의 동의가 있거나 그 회사의 발행주식총수의 100분의 90 이상을 해당 행위의 상대방이 소유하고 있는 경우에는 그 회사의 주주총회의 승인은 이를 이사회의 승인으로 갈음할 수 있음(제374조의3 제1항)

• 특허권을 매도(양도)하는 丙회사의 발행주식총수의 90%를 甲회사(매수회사, 양수회사)가 소유하고 있으므로, 이 사건 매매계약은 간이영업양도에 해당함, 특허권 매매계약에 대한 丙회사의 주주총회 특별결의는 이사회결의로 갈음할 수 있음, 이사전원의 승인이 있었으므로 매매계약은 유효함

4. 소결

• 이 사건 특허권 매매계약에는 丙회사의 주주총회 특별결의가 필요하나, 간이영업양도에 해당하므로 주주총회결의를 이사회결의로 갈음할 수 있음

• 丙회사의 이사 전원이 승인하였으므로 이 사건 매매계약은 유효함

IV. 사안 해결

• 이 사건 특허권 매매계약은 주요주주의 자기거래와 간이영업양도에 해당함. 丙회사 이사 전원이 매매계약 체결을 승인하였으므로 이 사건 매매계약은 유효함

NOTE

1. 이사(주요주주)의 자기거래

• 회사를 지배하는 자의 사익추구행위로서 가장 전형적인 경우

• 상법은 자기거래를 완전히 금지하지는 않음(왜? 다른 거래상대방을 찾을 수 없어 자기거래가 불가피. 거래유형에 따라서는 불공정의 우려가 없을 수도 있음)

• 그러면 어떤 방식으로 규제? 이사회의 사전 승인을 받도록 함

• 2011년 상법 개정으로.

① 자기거래의 적용대상이 확대(이사 + 주요주주, 그 특수관계인): 예를 들면? 지배주주

② 이사회의 사**전**승인이 명문화

③ 이사회의 승인요건이 강화(과반수 아님, 이사의 3분의 2 이상)

④ 거래의 내용과 절차가 공정할 것이 명문화(사례형 시험에서 빠뜨리기 쉬운 논점임, 꼭 써주기)

- 간접거래도 포함됨. 간접거래란? 형식적으로는 회사와 **제3자** 사이에 이루어지지만 이사 등에게 실질적인 이익이 귀속됨으로써 이해상충을 가져올 수 있는 거래
- 대표이사 겸임 사례: (판례) 甲이 두 회사의 대표이사를 겸임하는 사안에서, 두 회사 사이에 거래를 하거나 어느 회사가 다른 회사의 채무를 보증하기 위해서는 불리한 입장의 회사의 이사회 승인을 받아야 한다고 보았음[84년 판결]. 이러한 법리는 개정 상법에서도 타당함. 개정상법의 제398조 제1호의 개념을 이사가 대표이사로 있는 회사까지 포함하는 것으로 해석 (사례문제 답안의 검토 부분에 써주면 됨)

2. [패키지학습] 이사의 의무 삼총사

이사의 경업금지의무(12회 변시 출제)

제397조(경업금지) ① 이사는 이사회의 승인이 없으면 자기 또는 제삼자의 계산으로 회사의 영업부류에 속한 거래를 하거나 동종영업을 목적으로 하는 다른 회사의 무한책임사원이나 이사가 되지 못한다.

② 이사가 제1항의 규정에 위반하여 거래를 한 경우에 회사는 이사회의 결의로 그 이사의 거래가 자기의 계산으로 한 것인 때에는 이를 회사의 계산으로 한 것으로 볼 수 있고 제삼자의 계산으로 한 것인 때에는 그 이사에 대하여 이로 인한 이득의 양도를 청구할 수 있다.

이사의 회사기회 유용금지의무

제397조의2(회사의 기회 및 자산의 유용 금지) ① 이사는 이사회의 승인 없이 현재 또는 장래에 회사의 이익이 될 수 있는 다음 각 호의 어느 하나에 해당하는 회사의 사업기회를 자기 또는 제3자의 이익을 위하여 이용하여서는 아니 된다. 이 경우 이사회의 승인은 이사 3분의 2 이상의 수로써 하여야 한다.

1. 직무를 수행하는 과정에서 알게 되거나 회사의 정보를 이용한 사업기회
2. 회사가 수행하고 있거나 수행할 사업과 밀접한 관계가 있는 사업기회

② 제1항을 위반하여 회사에 손해를 발생시킨 이사 및 승인한 이사는 연대하여 손해를 배상할 책임이 있으며 이로 인하여 이사 또는 제3자가 얻은 이익은 손해로 추정한다.

이사의 자기거래금지의무

제398조(이사 등과 회사 간의 거래) 다음 각 호의 어느 하나에 해당하는 자가 자기 또는 제3자의 계산으로 회사와 거래를 하기 위하여는 미리 이사회에서 해당 거래에 관한 중요사실을 밝히고 이사회의 승인을 받아야 한다. 이 경우 이사회의 승인은 이사 3분의 2 이상의 수로써 하여야 하고, 그 거래의 내용과 절차는 공정하여야 한다.

1. 이사 또는 제542조의8 제2항 제6호에 따른 주요주주(누구의 명의로 하든지 자기의 계산으로 의결권 없는 주식을 제외한 발행주식총수의 100분의 10 이상의 주식을 소유하거나 이사·집행임원·감사의 선임과 해임 등 상장회사의 주요 경영사항에 대하여 사실상의 영향력을 행사하는 주주(이하 "주요주주"라 한다) 및 그의 배우자와 직계 존속·비속)
2.~5. 생략
3. 자기거래와 구조가 유사한 상장회사의 신용공여금지

제542조의9(주요주주 등 이해관계자와의 거래)
① 상장회사는 다음 각 호의 어느 하나에 해당하는 자를 상대방으로 하거나 그를 위하여 신용공여(금전 등 경제적 가치가 있는 재산의 대여, 채무이행의 보증, 자금 지원적 성격의 증권 매입, 그 밖에 거래상의 신용위험이 따르는 직접적·간접적 거래로서 대통령령으로 정하는 거래를 말한다. 이하 이 조에서 같다)를 하여서는 아니 된다.
1. 주요주주 및 그의 특수관계인
2. 이사 및 집행임원
3. 감사
② 제1항에도 불구하고 다음 각 호의 어느 하나에 해당하는 경우에는 신용공여를 할 수 있다.
1. 복리후생을 위한 이사·집행임원 또는 감사에 대한 금전대여 등으로서 대통령령으로 정하는 신용공여
2. 다른 법령에서 허용하는 신용공여
3. 그 밖에 상장회사의 경영건전성을 해칠 우려가 없는 금전대여 등으로서 대통령령으로 정하는 신용공여
③ 자산 규모 등을 고려하여 대통령령으로 정하는 상장회사는 최대주주, 그의 특수관계인 및 그 상장회사의 특수관계인으로서 대통령령으로 정하는 자를 상대방으로 하거나 그를 위하여 다음 각 호의 어느 하나에 해당하는 거래(제1항에 따라 금지되는 거래는 제외한다)를 하려는 경우에는 이사회의 승인을 받아야 한다.
1. 단일 거래규모가 대통령령으로 정하는 규모 이상인 거래
2. 해당 사업연도 중에 특정인과의 해당 거래를 포함한 거래총액이 대통령령으로 정하는 규모 이상이 되는 경우의 해당 거래
④ 제3항의 경우 상장회사는 이사회의 승인 결의 후 처음으로 소집되는 정기주주총회에 해당 거래의 목적, 상대방, 그 밖에 대통령령으로 정하는 사항을 보고하여야 한다.
⑤ 제3항에도 불구하고 상장회사가 경영하는 업종에 따른 일상적인 거래로서 다음 각 호의 어느 하나에 해당하는 거래는 이사회의 승인을 받지 아니하고 할 수 있으며, 제2호에 해당하는 거래에 대하여는 그 거래내용을 주주총회에 보고하지 아니할 수 있다.
1. 약관에 따라 정형화된 거래로서 대통령령으로 정하는 거래
2. 이사회에서 승인한 거래총액의 범위 안에서 이행하는 거래

4. 영업양도

제374조(영업양도, 양수, 임대등) ① 회사가 다음 각 호의 어느 하나에 해당하는 행위를 할 때에는 제434조에 따른 결의가 있어야 한다.
1. 영업의 전부 또는 중요한 일부의 양도

5. 간이영업양도

제374조의3(간이영업양도, 양수, 임대 등) ① 제374조제1항 각 호의 어느 하나에 해당하는 행위를 하는 회사의 총주주의 동의가 있거나 그 회사의 발행주식총수의 100분의 90 이상을 해당 행위의 상대방이 소유하고 있는 경우에는 그 회사의 주주총회의 승인은 이를 이사회의 승인으로 갈음할 수 있다.

<문제 2. 나.>

E는 甲회사에 대하여 자기가 소유한 丙회사 주식 4천 주의 매수를 청구할 권리가 있는가? (10점)

 풀이
_____

甲 9   E 0.4   丙 0.6

Ⅰ. 쟁점

- E가 甲회사에 대해 제360조의25 제1항에 의해 자신이 보유한 주식을 매수하여 줄 것을 청구할 수 있는지 여부를 검토

Ⅱ. 소수주주의 주식매수청구권 행사의 요건 및 효과

1. 요건 – 지배주주의 존재

- 주식회사의 발행주식총수의 100분의 95 이상을 자기의 계산으로 보유하고 있는 주주가 있는 경우, 소수주주는 지배주주에게 자신의 보유주식을 매수해 줄 것을 청구할 수 있음(제360조의25 제1항)
- 발행주식총수의 100분의 95를 자기의 계산으로 보유한 자를 말함, 명의가 아니라 계산을 기준으로 함, 설령 주주명부상 타인의 명의 주식이더라도 주식의 취득 및 보유에 관한 손익이 자기에게 귀속되면 지배주주에 해당함
- 100분의 95를 산정할 때는 모회사와 자회사가 보유한 주식을 합산함(제360조의24 제2항)
- 회사가 아닌 주주가 발행주식총수의 100분의 50을 초과하는 주식을 가진 회사가 보유하는 주식도 그 주주가 보유하는 주식과 합산(서술 생략 가능)

2. 효과

- 제360조의25의 요건을 충족하는 지배주주가 존재하는 경우, 소수주주는 언제든지 지배주주에게 자신의 보유주식을 매수해줄 것을 청구할 수 있고, 매수청구를 받은 지배주주는 매수를 청구한 날을 기준으로 2개월 내에 매수를 청구한 주주로부터 그 주식을 매수하여야 함 (제360조의 25 제1항 및 제2항)

III. 사안의 검토

- 어느 회사가 다른 회사의 발행주식총수의 100분의 50을 초과 보유하는 경우 모자회사관계가 성립한다(제342조의2). 사안의 경우 丙회사의 발행주식총수의 90%를 甲회사가 보유하고 있으므로 甲회사 丙회사의 모회사이다. 소수주주의 매수청구권의 행사 요건인 지배주주 요건(100분의 95 이상)을 산정 시, 甲회사가 보유한 9만주와 丙회사가 보유한 6천주를 합산하면 甲회사의 발행주식총수의 100분의 96이 되므로, E는 甲회사에 대하여 매수청구권을 행사할 수 있다.

NOTE

1. 주식의 강제매수제도, 강제매도제도

- 사례에서 100분의 95 이상을 보유하고 있는 주주가 등장하지 않더라도 모회사 및 자회사가 보유하는 주식을 합산해서 95%가 채워지는 경우가 있으니 유의할 것
- 개념: 회사의 발행주식총수의 100분의 95 이상을 보유하고 있는 주주(지배주주)가 다른 주주의 보유주식에 대해 전부의 매도를 청구할 수 있는 제도임 / 소수주주도 지배주주에게 자기 보유주식의 매수를 청구할 수 있는 제도임
- 지배주주: 95% 이상. 주주가 회사이면 그 모회사 또는 자회사의 보유주식을 합산해서 95% 이상이 되면 됨. 주주가 자연인이면 그가 발행주식총수의 50% 초과 주식을 가진 회사가 보유하는 주식도 합산하여 계산
- 지배주주의 매도청구권, 소수주주의 매수청구권

> **상법 제4관 지배주주에 의한 소수주식의 전부 취득 <신설 2011. 4. 14.>**
> 제360조의24(지배주주의 매도청구권) ① 회사의 발행주식총수의 100분의 95 이상을 자기의 계산으로 보유하고 있는 주주(이하 이 관에서 "지배주주"라 한다)는 회사의 경영상 목적을 달성하기 위하여 필요한 경우에는 회사의 다른 주주(이하 이 관에서 "소수주주"라 한다)에게 그 보유하는 주식의 매도를 청구할 수 있다.
> ② 제1항의 보유주식의 수를 산정할 때에는 모회사와 자회사가 보유한 주식을 합산한다. 이 경우 회사가 아닌 주주가 발행주식총수의 100분의 50을 초과하는 주식을 가진 회사가 보유하는 주식도 그 주주가 보유하는 주식과 합산한다.
> ③ 제1항의 매도청구를 할 때에는 미리 주주총회의 승인을 받아야 한다.
> ⑥ 제1항의 매도청구를 받은 소수주주는 매도청구를 받은 날부터 2개월 내에 지배주주에게 그 주식을 매도하여야 한다.
> ⑦ 제6항의 경우 그 매매가액은 매도청구를 받은 소수주주와 매도를 청구한 지배주주 간의 협의로 결정한다.
> ⑧ 제1항의 매도청구를 받은 날부터 30일 내에 제7항의 매매가액에 대한 협의가 이루어지지 아니한 경우에는 매도청구를 받은 소수주주 또는 매도청구를 한 지배주주는 법원에 매매가액의 결정을 청구할 수 있다.
> ⑨ 법원이 제8항에 따라 주식의 매매가액을 결정하는 경우에는 회사의 재산상태와 그 밖의 사정을 고려하여

공정한 가액으로 산정하여야 한다.

제360조의25(소수주주의 매수청구권) ① 지배주주가 있는 회사의 소수주주는 언제든지 지배주주에게 그 보유
주식의 매수를 청구할 수 있다.
② 제1항의 매수청구를 받은 지배주주는 매수를 청구한 날을 기준으로 2개월 내에 매수를 청구한 주주로부
터 그 주식을 매수하여야 한다.
③ 제2항의 경우 그 매매가액은 매수를 청구한 주주와 매수청구를 받은 지배주주 간의 협의로 결정한다.
④ 제2항의 매수청구를 받은 날부터 30일 내에 제3항의 매매가액에 대한 협의가 이루어지지 아니한 경우에
는 매수청구를 받은 지배주주 또는 매수청구를 한 소수주주는 법원에 대하여 매매가액의 결정을 청구할 수
있다.
⑤ 법원이 제4항에 따라 주식의 매매가액을 결정하는 경우에는 회사의 재산상태와 그 밖의 사정을 고려하여
공정한 가액으로 산정하여야 한다.

(혼동주의!)

2. 반대주주의 주식매수청구권

- 주주총회에서 주주의 이해관계에 중대한 영향을 미치는 일정한 사항이 결의된 경우 그 결의
  에 반대하는 주주가 회사에 대하여 자기의 소유주식의 매수를 청구할 수 있는 권리
- 소수파 주주의 이익을 보호, 출자를 회수, 탈퇴권 인정
- 모든 주총결의에 인정되는 것은 아님. 주주의 이해관계에 중대한 영향을 미치는 사항에만 인
  정됨
- '영업양도, 영업양수, 합병, 분할합병, 주식교환, 주식이전'에만 인정(회사 구조적 변화)
- 결의에 반대하는 주주는 주주총회 전에 회사에 대하여 서면으로 결의에 반대한다는 의사를
  통지해야 함. 실무상 주주총회 전일까지 도착할 것을 요구함
- 반대의 통지를 한 주주는 총회 결의일로부터 20일 이내에 서면으로 회사에 대하여 주식의
  매수를 청구해야 함

제374조의2(반대주주의 주식매수청구권) ① 제374조에 따른 결의사항에 반대하는 주주는 주주총회 전에 회사
에 대하여 서면으로 그 결의에 반대하는 의사를 통지한 경우에는 그 총회의 결의일부터 20일 이내에 주식의
종류와 수를 기재한 서면으로 회사에 대하여 자기가 소유하고 있는 주식의 매수를 청구할 수 있다.
② 제1항의 청구를 받으면 해당 회사는 같은 항의 매수 청구 기간(이하 이 조에서 "매수청구기간"이라 한다)
이 종료하는 날부터 2개월 이내에 그 주식을 매수하여야 한다.
③ 제2항의 규정에 의한 주식의 매수가액은 주주와 회사간의 협의에 의하여 결정한다.
④ 매수청구기간이 종료하는 날부터 30일 이내에 제3항의 규정에 의한 협의가 이루어지지 아니한 경우에는
회사 또는 주식의 매수를 청구한 주주는 법원에 대하여 매수가액의 결정을 청구할 수 있다.
⑤ 법원이 제4항의 규정에 의하여 주식의 매수가액을 결정하는 경우에는 회사의 재산상태 그 밖의 사정을
참작하여 공정한 가액으로 이를 산정하여야 한다.

3. 비교문제: 2019년 8회 변시 (3문. 4.)

甲회사의 이사회는 丙주식회사(이하 '丙회사'라 함)와 합병하기로 결의하였다. 이윽고 2017. 11.

30. 개최된 甲회사의 주주총회는 甲회사를 소멸회사, 丙회사를 존속회사로 하는 합병을 승인하였다. 丙회사(자본금 100억 원 규모의 비상장회사)는 의결권 있는 보통주 80,000주와 의결권 없는 우선주 20,000주를 발행하였고, E는 이 중 의결권 있는 보통주 2,800주와 의결권 없는 우선주 1,000주를 소유하고 있다. 丙회사는 2017. 11. 13. 합병승인결의를 위한 주주총회의 소집(주식매수청구권의 내용 및 행사방법 포함)을 통지하였다. E는 재무상황이 열악한 甲회사와의 합병이 오히려 丙회사의 주주에게 손해를 야기할 것으로 판단하였다. 이에 E는 丙회사의 주주총회 전에 서면으로 합병승인결의에 반대한다는 의사를 통지하였다. 丙회사는 2017. 11. 30. 개최된 주주총회에서 합병승인결의를 하였는데, 동 주주총회에 E는 참석하지 않았다. E는 2017. 12. 11. 丙회사에 자신이 소유한 주식 전량을 매수해 줄 것을 서면으로 청구하였고, 동 서면이 같은 날 丙회사에 도달하였다. E와 丙회사는 주식매수가액을 1주당 10만 원으로 하기로 합의하였으나(보통주·우선주를 불문하고 동일한 매수가액을 적용하기로 함), 丙회사는 회사의 자금사정을 이유로 2019. 1. 11. 현재 주식매수가액의 지급을 지연하고 있다. 한편 E는 丙회사의 대표이사 F가 甲회사와의 합병을 추진한 것이 중대한 임무해태행위를 한 것으로 보았다. 이에 E는 임시주주총회일인 2018. 6. 11.의 6주 전에 F를 丙회사의 이사직에서 해임하는 안건을 위 주주총회의 목적사항으로 제안하였다. E가 2019. 1. 11. 현재 丙회사에 청구할 수 있는 금액을 산출하는 과정을 근거와 함께 설명하라. (15점)

<추가적 사실관계 2>

甲회사의 총무부장 F는 甲회사가 丁회사로부터 발행받아 보관 중이던 약속어음(어음금액: 1억 원)을 자신의 개인채무 지급을 위하여 사용하기로 마음먹고, 이를 위해 F는 자신이 업무상 보관 중이던 甲회사 대표이사 인감을 사용하여 甲회사 명의로 배서한 후 G에게 위 약속어음을 교부하였다. G는 그 약속어음을 다시 어음 취득에 선의·무과실인 H에게 배서·교부하였고, H는 만기에 丁회사에게 어음금 1억 원의 지급을 청구하였으나 그 지급을 받지 못하였다(지급거절증서 작성은 면제됨).

F 총무부장
(개인채무 지급)

<문제 3>

H는 甲회사, F, G에 대하여 어음상 권리를 행사할 수 있는가? (15점)

 풀이 _____ 권리취득 여부 → 의무부담 여부 순서로 검토

I. 쟁점 정리

먼저 H가 이 사건 약속어음의 어음상의 권리를 취득하였는지가 문제된다. 특히 선의취득 여부를 검토하여야 한다.

다음으로 甲회사, F, G가 어음상 채무를 부담하는지 여부가 문제된다. 피위조자 甲회사가 위조의 항변을 할 수 있는지 여부, 위조자 F에게는 무권대리인의 책임 규정(어음법 제8조)이 유추적용되는지 여부, 배서가 위조된 어음에 배서를 한 G가 담보책임을 지는지 여부와 관련하여 어음행위독립의 원칙을 검토한다.

II. H의 어음상 권리 취득 여부

1. 문제점

H에게 어음의 배서를 해 준 G는 위조된 배서에 의해 어음을 취득한 자이므로 어음상의 권리를 취득하지 못한다.[5] H는 무권리자인 G로부터 어음을 취득하였으므로 어음상 권리를 승계취득하지 못한다. H가 어음상 권리를 선의취득하였는지 여부를 검토해보아야 한다.

2. 선의취득

어음상 권리를 선의취득하기 위해서는 어음의 취득자(양수인)는 어음법적 양도방법, 즉 배서 및 교부에 의해 어음을 취득하였어야 하고, 배서가 연속되어 있어야 하며, 선의·무중과실[6]일 것이 요구되고 독립된 경제적 이익이 있어야 한다. 한편, 어음의 양도인이 무권리자이거나 양도행위에 하자가 있을 것이 요구된다(제16조 제2항, 제77조 제1항 제1호).

이러한 요건이 충족되면 어음의 취득자는 어음상의 권리를 취득한다. H는 무권리자인 G로

---

5 출제자는 G가 어음상 권리를 선의취득하였는지 여부를 검토할 것까지를 물어보려는 의도는 아니었던 것이라고 생각된다.
참고로, G가 선의·무과실인지 여부가 설문에 적시되어 있지 않으므로 G가 어음상 권리를 선의취득하였는지 여부는 불명확하다. 만약 G가 어음상 권리를 선의취득하였다면 H는 어음상 권리를 승계취득한다. 그러나 만약 G가 어음상 권리를 선의취득하지 못하였다면, H는 무권리자로부터 어음을 취득한 자이므로 어음상권리를 승계취득하지 못한다. 이 경우 선의취득 여부를 검토해야 한다.
6 민법 제249조의 동산의 선의취득과 달리, 경과실 있는 선의자도 보호된다.

부터 어음을 취득했고, 설문상 어음 취득에 선의·무과실인 자이다. 어음을 무상으로 취득하였다거나 추심위임배서를 받았다는 등의 사정이 적시되어 있지 않으므로, 독립된 경제적 이익을 가지는 것으로 볼 수 있다. 따라서 G는 본 약속어음의 어음상 권리를 선의취득한다.

III. 甲회사, F, G의 어음상 채무부담 여부

1. 어음의 위조

어음의 위조란 타인의 허락 없이 타인의 이름으로 어음행위를 하는 것을 의미한다. 사안에서 F는 甲회사의 총무부장으로서 회사채무가 아닌 개인채무의 지급을 위해서 甲회사가 발행받아 보관 중이던 약속어음에 甲회사 명의의 배서를 하였다. 이는 어음의 위조에 해당된다. 어음법은 어음의 위조에 관한 규정을 두고 있지는 아니하나 어음행위의 무권대리에 관한 규정을 두고 있는바(제8조), 어음의 위조에 이 규정을 유추적용할 수 있는지를 검토해보아야 한다.

2. 甲회사의 채무부담 여부

(1) 피위조자의 책임

어음의 피위조자는 어음의 문면에 채무자인 것과 같은 외관이 있지만, 자신이 어음행위를 하지 않았고 타인에게 그러한 권한을 부여하지도 않았으므로 원칙적으로 누구에 대해서도 어음상의 책임을 지지 않는다(판례, 통설). 위조의 항변은 물적항변이기 때문에, 모든 소지인에 대항할 수 있으며 소지인의 선의·악의를 불문한다.

위조 여부에 대해 피위조자가 입증해야 하는지 어음소지인이 입증해야 하는지 견해가 대립하나, 판례는 어음소지인이 기명날인이 진정한 것임을 증명해야 한다고 본다.

예외적으로 피위조자가 위조를 추인하거나 표현책임을 지는 경우 신의칙에 의한 책임을 지는 경우 사용자책임을 지는 경우가 있을 수 있다.

(2) 사안의 경우

사안에서는 피위조자 甲회사가 예외적으로 어음상책임을 질 만한 사정이 보이지 않으므로, 어음상 채무를 부담하지 않는다. H가 甲의 기명날인이 진정한 것임을 증명하지 못하는 이상, H의 청구에 대해 甲회사는 배서의 위조를 주장하여 어음금 지급을 거절할 수 있다. 이는 H가 어음의 위조에 대해 선의였다고 하여도 마찬가지이다.

3. F의 채무부담 여부

(1) 위조자의 책임

F는 甲회사의 허락 없이 甲회사 명의로 약속어음에 배서를 하여 G에게 교부한 자로서 어음의 위조자에 해당한다. 어음의 위조는 무권대행의 일종으로 무권대리와 형식은 다르나 실질이 유사하므로 어음의 무권대리자의 책임에 관한 어음법 제8조가 유추적용될 수 있다. ★

어음법 제77조 제1항 제1호에 의해 약속어음에 준용되는 제8조에 따르면, 어음행위의 무권대리인은 어음상 채무를 부담한다.

(2) 사안의 경우

어음상 권리자인 H가 F에게 상환청구를 하는 경우, F는 배서인으로서 상환의무(제15조 제1항)를 부담한다.

4. G의 채무부담 여부

(1) 위조배서된 어음에 배서를 한 자의 책임

G는 F에 의해 위조배서된 어음에 배서를 한 자이다. 배서인으로서 채무를 부담하는지가 문제된다.

(2) 어음행위독립의 원칙

어음법 제7조에 의하면 위조된 기명날인 또는 서명이 있는 어음에 기명날인하거나 서명한 자는 어음상 채무를 부담한다. 이를 어음채무의 독립성 또는 어음행위독립의 원칙이라고 한다. 어음행위를 한 자는 그 어음행위의 전제가 되는 선행 어음행위가 형식적 흠결 이외의 사유로 무효 또는 취소가 되더라도 이와 독립하여 자신이 한 어음행위의 내용에 따라 채무를 부담한다. 어음의 유통성과 소지인 보호를 위해 인정되는 법리이다.

(3) 사안의 경우

G는 배서인으로서의 채무를 부담한다. 어음상 권리자인 H가 G에게 상환청구를 하는 경우, G는 배서인으로서 상환의무(제15조 제1항)를 부담한다.

IV. 사안 해결

H는 어음상 권리를 선의취득하였음, 甲회사는 어음상 채무를 부담하지 않음, F와 G는 배서인으로서 상환의무를 부담함

NOTE

1. 어음의 선의취득

- 조문
- 민법상 동산의 선의취득과의 공통점 및 차이점
- 요건 암기

> 어음법 제16조(배서의 자격 수여적 효력 및 어음의 선의취득) ① 환어음의 점유자가 배서의 연속에 의하여 그 권리를 증명할 때에는 그를 적법한 소지인으로 추정(推定)한다. 최후의 배서가 백지식인 경우에도 같다.
> ② 어떤 사유로든 환어음의 점유를 잃은 자가 있는 경우에 그 어음의 소지인이 제1항에 따라 그 권리를 증명할 때에는 그 어음을 반환할 의무가 없다. 그러나 소지인이 악의 또는 중대한 과실로 인하여 어음을 취득한 경우에는 그러하지 아니하다. (선의, 무중과실)
>
> 제77조(환어음에 관한 규정의 준용) ① 약속어음에 대하여는 약속어음의 성질에 상반되지 아니하는 한도에서 다음 각 호의 사항에 관한 환어음에 대한 규정을 준용한다.
> 1. 배서(제11조부터 제20조까지)
>
> 민법 제249조(선의취득) 평온, 공연하게 동산을 양수한 자가 선의이며 과실없이 그 동산을 점유한 경우에는 양도인이 정당한 소유자가 아닌 때에도 즉시 그 동산의 소유권을 취득한다. (선의, 무과실)

2. 어음의 위조(어음법 제8조 유추적용)

- 타인의 성명을 모용하여 어음행위를 하는 것, 즉 타인의 허락 없이 타인의 이름으로 어음행위를 하는 것
- 예컨대 乙이 甲의 이름을 허락없이 사용하여 甲의 기명날인(또는 서명)으로 발행·배서 등의 어음행위를 하는 것
  (비교: 타인의 허락을 얻어 그의 이름으로 어음행위를 한다면 이는 기명날인(또는 서명)의 대행(유권대행), 대리와 유사)

2-1. 무권대리(어음법 제8조 적용)

> 어음법 제8조(어음행위의 무권대리) 대리권 없이 타인의 대리인으로 환어음에 기명날인하거나 서명한 자는 그 어음에 의하여 의무를 부담한다.
>
> 제77조(환어음에 관한 규정의 준용) ② 약속어음에 관하여는 … 대리권한 없는 자 또는 대리권한을 초과한 자의 기명날인 또는 서명의 효과에 관한 제8조를 준용한다.

민법 제135조(상대방에 대한 무권대리인의 책임) ① 다른 자의 대리인으로서 계약을 맺은 자가 그 대리권을 증명하지 못하고 또 본인의 추인을 받지 못한 경우에는 그는 상대방의 선택에 따라 계약을 이행할 책임 또는 손해를 배상할 책임이 있다.

3. 어음행위독립의 원칙

제7조(어음채무의 독립성) 환어음에 다음 각 호의 어느 하나에 해당하는 기명날인 또는 서명이 있는 경우에도 다른 기명날인 또는 서명을 한 자의 채무는 그 효력에 영향을 받지 아니한다.
2. 위조된 기명날인 또는 서명

제77조(환어음에 관한 규정의 준용) ② 약속어음에 관하여는 … 어음채무를 부담하게 할 수 없는 기명날인 또는 서명의 효과에 관한 제7조를 준용한다.

4. 배서인의 담보책임

제15조(배서의 담보적 효력) ① 배서인은 반대의 문구가 없으면 인수와 지급을 담보한다.

- 약속어음: 지급만 담보
- 환어음: 인수 담보, 지급 담보

5. 배서인이 담보책임을 지지 않는 경우
- 무담보어음, 배서금지어음
- 배서금지배서(12회 변시 출제)

甲(발행인) ------------ 乙(배서인) ------------ 丙(배서인) ------------ 丁(수취인)
　　　　　　　　　　　　　 배서금지배서　　　　　　　　 양도배서

만기에 丁이 甲으로부터 어음금을 지급받지 못한 경우, 丁은 乙이나 丙에게 상환청구권을 행사함. 丙은 담보책임을 짐, 乙은 담보책임을 지지 아니함

<문제 1. 가.>
A와 乙은행 사이의 근질권설정계약에 포함된 유질약정은 유효한가? (10점)

甲주식회사는 건설업을 목적으로 2010년 설립된 비상장회사이다. 보통주만을 발행한 甲회사의 발행주식총수는 100만 주이고, 자본금은 5백억 원이다. 甲회사의 발행주식총수 중 대표이사 A는 30만 주, 이사 B와 이사 C는 각각 20만 주를 소유하고 있으며 모두 명의개서를 완료한 상태이다(주권 미발행 상태임).

甲회사는 건설경기 불황으로 자금사정이 나빠지자 2020. 초경 乙은행으로부터 30억원의 대출을 받았다. A는 甲회사의 乙은행에 대한 대출채무의 담보로 자신이 소유한 甲회사 주식 30만 주에 대하여 근질권을 설정하는 계약을 체결하였는데, 그 계약의 주요내용은 다음과 같다.

근질권설정계약

1. 향후 甲회사의 모든 정기주주총회 및 임시주주총회에서의 담보주식에 대한 의결권 행사를 乙은행에 위임한다.
2. 乙은행은 적당하다고 인정되는 방법과 시기, 가격으로 <u>담보주식을 임의처분하여 그 취득금을 충당하거나 피담보채무의 변제에 갈음하여 담보주식을 취득</u>할 수 있다.

 풀이 _____ 상사유질계약의 요건에 관한 2017년 판결을 묻는 문제임

1. 쟁점

- A와 乙은행 사이의 유질약정의 유효성

2. 유질계약

(1) 의의

- 채무변제기 전의 계약으로 질권자에게 변제에 갈음하여 질물의 소유권을 취득하게 하거나 법률에 정한 방법에 의하지 아니하고 질물을 처분할 것을 약정한 질권계약

(2) 허용 여부

- 유질계약의 예외적 허용
- 민법상 금지(민법 제339조), 효력은 무효: 궁박한 상태에 있는 채무자가 소액의 채무 때문에 고가의 질물의 소유권을 잃을 우려가 있으므로
- 상사유질계약은 유효(상법 제59조): 거래당사자가 서로 대등한 관계에 있다는 것을 전제로 하므로, 민법에서와 같은 후견적 입장을 버림

3. 상사유질계약의 요건

- 상행위로 인하여 생긴 채권을 담보하기 위하여 설정한 질권일 것(상법 제59조)

(1) 주식회사 대표의 상인성 인정 여부

- 이 사안의 A는 주식회사의 대표이사임, 상인이 아님, 판례도 "회사가 상법에 의해 상인으로 의제된다고 하더라도 회사의 기관인 대표이사 개인은 상인이 아니"라고 판시

(2) 질권설정자가 상인이 아닌 경우 유질계약의 허용 여부

- 질권설정자가 상인이 아닌 경우, 상법 제59조에 의해 허용되는 상사유질계약에 해당하는지 여부
- 판례는 유질약정이 상법 제59조에 따라 유효하기 위해서는 질권설정계약의 피담보채권이 상행위로 인해 생긴 채권이면 충분하고, 질권설정자가 상인이어야 하는 것은 아니라고 하였다[대법원 2017다207499 판결].

4. 사안의 해결

甲회사의 대표이사인 A는 상인이 아니다. 그러나 A가 乙은행을 위하여 자신이 소유하는 甲회사 주식에 설정해 준 질권은 甲회사에 대한 乙은행의 대출금반환채권을 담보하기 위한 것이다. 즉 甲회사와 乙은행 사이의 대출계약체결행위는 甲회사에게는 보조적 상행위, 乙은행에게는 영업적 상행위가 되는 행위이므로, 본 사안의 대출채권은 상행위로 인한 채권이다. 사안의 질권은 상행위로 인한 채권을 담보하기 위한 채권이므로 A와 乙은행 사이의 유질약정은 유효하다.

NOTE

1. 민법상 유질계약(금지됨. 무효)

- 질권(허용됨): 채권자가 채권의 담보로 채무자나 제3자가 제공한 동산을 점유하고 그 동산으로부터 다른 채권자보다 자기 채권의 우선변제를 받을 수 있는 담보물권(제329조 동산질권), 동산 외에 재산권도 질권의 목적이 될 수 있고 이에 관하여는 동산질권에 관한 규정을 준용(제345조)
  - ‣ 유치권과 달리 계약에 의해 성립하는 약정담보물권임
  - ‣ 저당권과 달리 동산(또는 재산권)을 목적으로 함. 점유의 이전이 있음
  - ‣ 우선변제권+유치적 효력
- 유질계약: 금지됨, 제339조(질권설정자는 채무변제기전의 계약으로 질권자에게 변제에 갈음하여 질물의 소유권을 취득하게 하거나 법률에 정한 방법에 의하지 아니하고 질물을 처분할 것을 약정하지 못한다.)

> ‣ 금지하는 이유? 궁박한 상태에 있는 채무자가 소액의 채무 때문에 고가의 질물의 소유권
> 을 잃을 우려
> ‣ 무효

2. 상사유질계약

• 상사유질계약은 유효(상법 제59조)

> 제59조(유질계약의 허용) 민법 제339조의 규정은 상행위로 인하여 생긴 채권을 담보하기 위하여 설정한 질권에
> 는 적용하지 아니한다.

• 거래당사자가 서로 대등한 관계에 있다는 것을 전제로 하므로, 민법에서와 같은 후견적 입장
을 버림
• 채무자는 상인이어야 함. 질권설정자가 상인일 필요는 없음 ★
[2017년 판례]
유질약정이 상법 제59조에 따라 유효하기 위해서는 질권설정계약의 피담보채권이 상행위로
인하여 생긴 채권이면 충분하고, 질권설정자가 상인이어야 하는 것은 아니다.
  → 2020년 제9회 변시 선택형 출제
  → 정답지문 ②번이 2021년 제10회 변시 사례형 10점 문제로 그대로 출제됨

> 문 51. 「상법」상 유질계약에 관한 설명 중 옳은 것은?
> ① 질권설정계약에 포함된 유질약정이 「상법」 제59조에 따라 유효하기 위해서는 질권설정계약의 피담보채권이
>   상행위로 인하여 생긴 채권이어야 하고, 질권설정자는 상인이어야 한다.
> ② A주식회사가 영업을 위하여 주식회사인 B은행으로부터 금전을 차용하면서, A회사의 대표이사 甲이 B은행
>   에 위 대출금채권을 담보하기 위하여 자신이 보유하고 있는 C주식회사 발행 주식에 관하여 유질약정이 포
>   함된 근질권설정계약을 B은행과 체결한 경우, 위 유질약정에 대하여는 「상법」 제59조가 적용된다.
> ③ 주식에 대하여 질권을 설정한 경우 질권설정계약의 피담보채권이 상행위로 인한 채권이더라도 그 주식질권
>   설정계약에 포함된 유질약정에 대하여는 「상법」 제59조가 적용되지 않는다.
> ④ 주식질권설정계약에 포함된 유질약정이 「상법」 제59조에 따라 유효하기 위해서는 질권설정자와 질권자 쌍
>   방이 상인이어야 한다.
> ⑤ 질권설정계약에 있어서 유질계약의 성립을 인정하기 위해서는 그에 관하여 별도의 명시적 또는 묵시적인 약
>   정이 성립되어야 하는 것은 아니다.

3. 상인

(1) 당연상인

① **자기명의로** ② **기본적 상행위를** ③ **영업으로 하는 자**(상법 제4조)
명의: 권리의무의 귀속주체
계산: 손익의 귀속주체
영업: ① 영리를 목적으로 이윤을 추구해야 하며, ② 단순한 1회적인 활동이 아니어야 하고(계
속성), ③ 영리추구목적이 객관적으로 인식될 수 있어야 함

4. 상행위의 종류

(1) 기본적 상행위

- 당연상인이 행하는 상법 제46조 각호의 행위
- 제1호 매매
- 제8호 수신. 여신

(2) 보조적 상행위

- 영업을 위하여

2020년도 시행
제9회 변호사시험

[민사법]

商法
工夫

<제3문>

<공통사실관계>

　삼광 주식회사(이하 '삼광'이라 한다)는 2000년 초에 설립된 비상장회사이며 대표이사는 甲이다. 삼광은 전기배터리사업과 태양광사업을 주된 사업으로 하고 있다.

※ 아래에서 추가된 사실관계는 서로 독립적임

<추가적 사실관계 1>

　삼광은 위에서 언급한 주된 사업과 관련하여 일반인에게 널리 알려져 있으며 성남시에 '삼광 주식회사'라는 상호로 등기되어 있다. 삼광전기 주식회사(이하 '삼광전기'라 한다)는 2018년 초에 성남시에서 설립된 이래 '삼광전기 주식회사'라는 상호를 사용하며 삼광이 생산, 판매하는 전기배터리와 유사한 제품인 전기배터리를 생산, 판매하고 있다. 삼광과 삼광전기의 주 고객층은 대부분 겹친다.

<문제>

1. 삼광은 삼광전기를 상대로 상법상 어떠한 권리를 행사할 수 있는가? (20점)

🔍 풀이 _____

Ⅰ. 쟁점

　상호등기자의 등기배척권, 상호폐지청구권 및 손해배상청구권을 행사할 수 있는지를 검토해 보자.

Ⅱ. 상호등기자의 등기배척권

1. 의의

타인이 등기한 상호는 동일한 특별시·광역시·시·군에서 동종영업의 상호로 등기하지 못한다(상법 제22조). 본조는 동일상호에 대해서만 적용되고 유사상호에 대해서는 적용되지 않는다는 점에서 제23조의 상호폐지청구권과 차이가 있다.

2. 실체적 권리성 인정 여부

등기법설은 제22조는 단순히 등기소의 의무를 정한 규정으로서 등기공무원이 잘못하여 후등기가 된 경우 선등기자는 동조에 근거하여 등기의 말소를 구할 실체적 권리가 없다고 보는 반면, 실체법설은 동조는 먼저 상호를 등기한 자의 사법상의 권리를 인정한 것으로서 선등기자는 후에 등기된 동일상호의 등기말소를 청구할 수 있는 권리가 생긴다고 본다.

판례는 동조의 취지를 "상호를 먼저 등기한 자가 그 상호를 타인의 상호와 구별하고자 하는 이익을 보호하는 데 있다"고 하면서, 동조는 선등기자가 후등기자를 상대로 등기의 말소를 소로써 청구할 수 있는 효력도 인정한 규정이라고 판시하였다. 등기된 상호를 보호하고자 하는 동조의 취지를 고려할 때 판례가 타당하다고 본다.

3. 소결

실체법설에 따르더라도, 삼광전기의 상호인 '삼광전기 주식회사'는 삼광의 상호인 '삼광 주식회사'와 유사할 뿐 동일하지 않으므로 삼광은 삼광전기에게 상호등기자의 등기배척권을 행사하여 상호 등기의 말소를 청구할 수 없다.

Ⅲ. 상호폐지청구권

1. 의의

상호권자는 타인이 부정한 목적으로 자신의 영업으로 오인할 수 있는 상호를 사용하는 경우 그 타인에게 상호를 사용하지 말 것을 청구할 수 있다(제23조 제1항 및 제2항).

2. 요건

상호를 등기하지 않은 상호권자는 타인이 ① 부정한 목적으로 ② 상호권자의 영업으로 오인할 수 있는 상호를 사용하고 ③ 이로 인해 상호권자가 손해를 받을 염려가 있는 경우에, 타인에게 상호의 폐지를 청구할 수 있다(제23조 제1항, 제2항).

상호는 완전히 동일할 필요는 없고 주요부분이 동일하면 충분하다. 오인가능성은 일반인의 관점에서 판단한다. 상호를 등기한 상호권자는 손해를 받을 염려가 없는 경우에도 상호폐지청구권을 행사할 수 있다(동조 제2항). 한편, 동일한 특별시, 광역시, 시, 군에서 동종영업으로 자신의 등기상호를 사용하는 타인에 대해서는 부정한 목적을 입증하지 않아도 상호폐지를 청구할 수 있다(동조 제4항).

동조 제4항의 적용에 있어서 부정한 목적에 의한 사용이 추정되는 상호란 타인이 등기한 상호와 동일한 상호를 뜻하는가 아니면 유사한 상호도 포함되는가라는 의문이 제기된다. 동조 제4항이 등기된 상호에 대해 부여되는 추가적인 보호인 점을 고려하면, 제22조와 균형을 이루는 해석을 해야 할 것이다. 하급심법원도 등기된 상호와 '동일'한 상호를 사용한 경우에 부정한 목적이 추정된다고 판시한 바 있다[대전지법 홍성지원 2010가합1712 판결].

3. 소결

삼광은 성남시에 삼광 주식회사라는 상호를 등기하였으므로 등기한 상호권자이다. 삼광전기는 삼광이 상호를 등기한 성남시에서 삼광과 동종영업인 전기배터리 생산, 판매업을 하고 있다. 삼광은 전기배터리 생산 및 판매업과 관련하여 일반인들에게 널리 알려져 있으므로 삼광전기 주식회사라는 상호는 일반인의 관점에서 삼광 주식회사라는 상호와 오인가능성이 있다. 삼광전기는 삼광과 유사한 상호이고 동일한 상호는 아니기 때문에 삼광전기의 부정한 목적에 의한 사용은 추정되지 않는다. 따라서 삼광은 손해를 받을 염려가 있음을 입증할 필요는 없지만 삼광전기의 부정한 목적을 입증하여야 삼광전기에게 상호사용의 폐지를 청구할 수 있다.

IV. 손해배상청구권

1. 의의

상호의 부정사용으로 인하여 상호권자에게 매출액 감소, 영업상 신용 훼손 등 손해가 발생하면 상호권자는 상호폐지청구권을 행사하는 것과 별도로 상호 부정사용자에 대하여 민법 제750조의 불법행위에 기한 손해배상청구권을 행사할 수 있다(상법 제23조 제3항). 상호권자가 상호부정사용자의 고의 또는 과실, 손해, 인과관계 등 민법상 불법행위 성립요건을 모두 입증해야 한다.

※ 민법 제750조만 쓰면 안 되고, 상법 제23조 제3항도 써야 함.

2. 소결

삼광은 삼광전기의 상호사용에 대하여 삼광전기의 고의·과실 등을 입증하여 손해의 배상을 청구할 수 있다.

NOTE

1. 제22조와 제23조 구별

등기배척권

제22조(상호등기의 효력) 타인이 등기한 상호는 동일한 특별시·광역시·시·군에서 동종영업의 상호로 등기하지 못한다.

상호폐지청구권

제23조(주체를 오인시킬 상호의 사용금지) ① 누구든지 부정한 목적으로 타인의 영업으로 오인할 수 있는 상호를 사용하지 못한다.

② 제1항의 규정에 위반하여 상호를 사용하는 자가 있는 경우에 이로 인하여 손해를 받을 염려가 있는 자 또는 상호를 등기한 자는 그 폐지를 청구할 수 있다.

③ 제2항의 규정은 손해배상의 청구에 영향을 미치지 아니한다.

④ 동일한 특별시·광역시·시·군에서 동종영업으로 타인이 등기한 상호를 사용하는 자는 부정한 목적으로 사용하는 것으로 추정한다.

※ 제22조: 상호가 동일한 경우에 적용됨

제23조: 상호가 유사한 경우에도 적용됨

2. 대전지법 홍성지원 2010가합1712 판결

[1] 상법 제23조 제1항은 "누구든지 부정한 목적으로 타인의 영업으로 오인할 수 있는 상호를 사용하지 못한다"라고 규정하고, 같은 조 제4항은 "동일한 특별시·광역시·시·군에서 동종영업으로 타인이 등기한 상호를 사용하는 자는 부정한 목적으로 사용하는 것으로 추정한다"라고 규정하고 있다. 그런데 2009. 5. 28. 법률 제9749호로 개정된 상업등기법 제30조는 상호에 관한 제한을 완화하여 상호선택의 자유를 보장하고 상호등기 관련 업무의 투명성을 높이기 위하여 "동일한 특별시·광역시·시 또는 군 내에서는 동일한 영업을 위하여 다른 사람이 등기한 것과 확연히 구별할 수 있는 상호가 아니면 등기할 수 없다"는 종전의 규정을 "동일한 특별시·광역시·시 또는 군 내에서는 동일한 영업을 위하여 다른 사람이 등기한 것과 동일한 상호는 등기할 수 없다"고 개정하여 일정한 지역 범위 내에서 등기할 수 없는 상호를 동일한 상호로 한정하기에 이르렀다. (중략) 상법 제23조 제4항에 의하여 부정한 목적이 추정되는 경우는 타인이 등기한 상호와 동일한 상호를 사용하는 것을 말하고, 또한 같은 조 제1항, 제2항에 의하여 먼저 등기되거나 사용되는 상호(이하 '선등기 상호 등'이라 한다)에 대한 관계에서 사용이 금

2020년도 시행 제9회 변호사시험 – 민사법 **99**

지되는 상호는 특별한 사정이 없는 한 선등기 상호 등과 동일한 상호임을 전제하는 것으로 해석함이 타당하다.

[2] "합자회사 우리투어"라는 상호가 선등기 상호인 "합자회사 우리고속"에 대한 관계에서 상법 제23조에 따라 부정한 목적으로 타인의 영업으로 오인할 수 있는 상호에 해당한다는 이유로 상호사용금지를 구한 사안에서, 상호 "합자회사 우리투어"는 선등기 상호인 "합자회사 우리고속"과 외관, 호칭, 관념이 같지 아니하여 서로 동일한 상호라고 할 수 없고, 나아가 부정한 목적으로 타인의 영업으로 오인할 수 있는 상호를 사용한다고 볼 만한 특별한 사정이 없으므로, 상호사용금지 청구를 기각한 사례.

<추가적 사실관계 2>

삼광의 발행주식총수 70%를 소유하고 있는 대표이사 甲은 자녀인 P에게 경영권을 승계시키기 위한 목적으로 P 앞으로 신주인수권부사채를 발행하기로 하였다. 삼광의 정관에는 "회사는 신주인수권부사채를 발행할 수 있다"라고만 규정되어 있다. 삼광은 주주총회를 개최하여 P 앞으로 신주인수권부사채를 발행하는 안건을 甲의 찬성으로 승인하였다. P는 신주인수권부사채를 발행받은 직후에 신주인수권을 행사하여 삼광의 발행주식총수 20%를 확보하게 되었다. 그 후 삼광은 임시주주총회를 개최하여 P를 이사로 선임하였는데, 그 선임결의 시에 P는 자신이 소유한 20%의 주식에 관하여 의결권을 행사하였다.

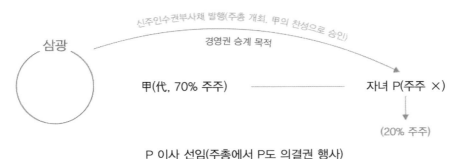

P 이사 선임(주총에서 P도 의결권 행사)

<문제>

2. 가. 위와 같이 신주인수권부사채를 발행함에 있어 무효사유가 존재하는가? (15점)

   나. 삼광의 주주들이 위 신주인수권부사채에 대하여 <u>신주인수권부사채발행무효의 소</u>를 제기하였고, 그에 대한 <u>원고승소판결</u>이 P가 위와 같이 이사로 선임된 후에 확

정되었다고 가정한다. (무효판결의 장래효까지 써 줘야 하는 문제) **이러한 경우 삼광의 주주들은 신주인수권부사채발행이 무효라는 이유를 들어 P를 이사로 선임한 <u>주주총회의 결의</u>에 대하여 다툴 수 있는가? (15점)**

〈문제 비교 제2회 변시 3문의 4.〉

A가 제2차 신주발행의 효력을 다투고자 한다면 그 <u>방법</u>과 <u>이유</u>는 무엇인가?

 스마트폰 부품의 제조와 판매를 업으로 하는 비상장회사인 X주식회사는 <u>자본금이 2억 5천만 원</u>이며 주주명부에는 동 회사의 발행주식총수 중 <u>A가 50%, B가 30%, C가 10%, D가 10%</u>를 각각 보유하는 것으로 기재되어 있다.

 그 후(제1차 신주배정 이후) X주식회사가 스마트폰 부품 제조분야에서 선도적인 지위를 차지함에 따라 X주식회사에 투자하기를 희망하거나 X주식회사의 경영권을 탐내는 기업이 많이 생겨났다.

 이에(경영권 방어 목적) 대표이사 甲은 이사 및 감사 전원에게 이사회 소집을 통지하고, 이에 따라 개최된 이사회에서 신주를 발행하여 甲에게 우호적인 Y주식회사에 그 전부를 배정하기로 결의하였다.

 Y주식회사는 신주인수대금 중 일부는 현금으로 납입하고 나머지는 시가 3천만 원 상당의 공장부지를 X주식회사에 양도하되(현물출자) 검사인의 검사절차는 거치지 않았으며, X주식회사는 자본금을 3억 5천만 원으로 변경하는 등기를 마쳤다(이하 '제2차 신주발행'이라고 함). X주식회사는 제2차 신주발행 당시 공장의 증축과 노후된 시설의 교체를 위하여 자금이 필요하였으나 금융기관으로부터의 차입 등을 통한 자금조달이 불가능한 상태는 아니었다.

⇒ [풀이] 제3자배정 방식의 제2차 신주발행은 X회사의 경영권을 탐내는 기업이 많이 생겨남에 따라 X회사의 대표이사 甲에게 우호적인 Y주식회사에게 발행신주 전부를 배정한 것으로서 경영권 방어를 위한 것임, X회사의 정관 제10조 제2항이 허용하는 제3자배정에 해당하지 아니함, 판례에 의하면 상법 제418조 제2항의 경영상 목적에 해당하지도 않음, 따라서 X회사 주주의 신주인수권을 침해하는 위법한 신주발행임, A는 신주발행무효의 소 제기 가능.

1. 신주발행무효의 소
 • 제429조
 • 신주발행의 하자는 신주발행무효의 소에 의해서만 다툴 수 있다. 신주발행상의 하자를 획일적으로 처리하여 신주와 관련된 법률관계의 안정을 기하기 위함이다.
 • 신주발행무효의 소는 <u>주주·이사·감사</u>에 한하여 신주를 발행한 날로부터 6월 내에 회사를 피고로 하여 제기하여야 한다.
 • 신주를 발행한 날이란 납입기일의 다음날을 의미한다.

2. 소결
 • 주주 A는 납입기일의 다음날로부터 6월 내에 회사를 상대로 신주발행무효의 소를 제기하는 방법으로 제2차 신주발행의 효력을 다툴 수 있다.

🔍 **2. 가. 풀이**
___

1. 쟁점

    신주인수권부사채란 사채권자에게 신주인수권이 부여된 사채를 의미한다. 설문상 P는 주식회사 삼광의 기존 주주가 아니므로, P에 대한 신주인수권부사채 발행이 상법 제516조의2 제4항의 요건을 갖추었는지가 문제된다. 설사 P가 삼광의 기존 주주라고 하더라도 설문의 신주인수권부사채는 주주의 지분비례로 이루어지지 않았으므로 마찬가지로 상법 제516조의2 제4항의 요건을 구비해야 한다.

2. 주주 아닌 자에 대한 신주인수권부사채의 발행

(1) 요건

주주 외의 자에게 신주인수권부사채를 발행하기 위해서는 그것이 신기술의 도입, 재무구조의 개선 등 회사의 경영상 목적을 달성하기 위한 것이어야 하며(제516조의2 제4항 2문, 제418조 제2항 단서), 발행할 수 있는 신주인수권부사채의 액, 신주인수권의 내용과 신주인수권을 행사할 수 있는 기간에 관하여 정관에 규정이 있거나 정관에 규정이 없다면 주주총회 특별결의로써 이를 정해야 한다(제516조의2 제4항 1문).

신주인수권부사채는 사채권자에게 신주인수권이 부여된 사채이므로, 신주발행에서와 유사한 문제점이 발생할 수 있다. 즉, 신주인수권부사채가 기존 주주의 지분에 비례하여 발행되는 경우 외의 경우에는 기존 주주의 지분이 희석되는 문제가 발생하고 불공정한 발행가액으로 발행되는 경우에는 기존 주주의 부가 희석되는 문제가 발생한다. 따라서 상법은 이러한 제3자배정 방식의 신주인수권부사채발행에 대해서 위와 같은 엄격한 요건을 정하고 있는 것이다.

(2) 정관 또는 주주총회특별결의 요건 충족 여부

사안에서 주식회사 삼광의 정관에는 주주외의 자에 대한 신주인수권부사채발행과 관련한 규정이 존재하지 않는다. 그러나 주주총회에서 발행주식총수의 70% 이상을 소유한 甲의 찬성을 얻었으므로 주주총회 특별결의 요건이 충족된다.

3. 회사의 경영상 목적 달성 필요성 요건 충족 여부

(1) 문제점

사안의 사채발행은 대표이사 甲은 자녀인 P에게 경영권을 승계시키기 위한 목적을 달성하기 위한 것이다. 경영권 승계 목적이 제516조의2 제4항 2문의 회사의 경영상 목적에 포함되는지가 문제된다. 포함되지 않는다고 할 때, 그로 인해 신주인수권부사채발행이 무효가 되는지를 검토한다.

(2) 경영권 승계 목적이 경영상 목적에 포함되는지 여부

신주발행에 관한 다음의 판례와 학설을 신주인수권부사채에도 적용할 수 있을 것이다. 판례는 회사가 '경영권을 방어'하기 위해서 우호적인 제3자에게 신주를 배정하는 것은 주주의 신주인수권을 침해한 것으로 보았다. '경영권 승계'를 위한 목적이 있었다고 하여 그것만으로 무효가 될 수 없다는 취지의 언급을 한 적이 있으나, 판례의 입장이 명확한 것은 아니다.

학설 중에서는 우리나라 기업집단에서는 제3자배정이 회사의 경영권을 승계하기 위한 목적으로 이루어지는 경우가 많은데 이러한 목적은 원칙적으로 제516조의2 제4항 2문과 제418조 제2항 단서의 경영상 목적이라고 할 수 없으므로 무효원인이 된다고 보는 견해가 유력하게 제기되고 있다.

경영권 승계 목적은 신기술의 도입, 재무구조의 개선 등 회사의 경영상 목적과는 다르므로, 위 학설이 타당하다고 생각된다. 따라서 이 사건 신주인수권부사채발행에는 무효사유가 존재한다고 본다.

(3) 요건 불충족 시 효과

판례는 경영상 목적이 없다고 하여 그러한 신주발행을 바로 무효라고 판결하지 않고, 그 무효가 거래의 안전에 미치는 영향까지 고려하여 결론을 내린다.

4. 사안의 해결

P에 대한 신주인수권부사채 발행은 주주 외의 자에 대한 신주인수권부사채의 발행에 해당하는바, 주주총회에서 발행주식총수 70% 이상의 찬성이 있었으므로 주주총회특별결의 요건은 충족되었다. 그러나 경영권 승계목적은 제418조 제2항 단서의 경영상 목적이라고 할 수 없으므로 이 사건 신주인수권부사채발행에는 무효사유가 존재한다.

NOTE

1. 신주인수권부사채 발행

제516조의2(신주인수권부사채의 발행) ④ 주주외의 자에 대하여 신주인수권부사채를 발행하는 경우에 그 발행할 수 있는 신주인수권부사채의 액, 신주인수권의 내용과 신주인수권을 행사할 수 있는 기간에 관하여 정관에 규정이 없으면 제434조의 결의로써 이를 정하여야 한다. 이 경우 제418조 제2항 단서의 규정을 준용한다.
⑤ 제513조제4항의 규정은 제4항의 경우에 이를 준용한다.

제418조 제2항 단서
다만, 이 경우에는 신기술의 도입, 재무구조의 개선 등 회사의 경영상 목적을 달성하기 위하여 필요한 경우에 한한다.

2. 전환사채의 발행

> 제513조(전환사채의 발행) ④ 제3항의 결의에 있어서 전환사채의 발행에 관한 의안의 요령은 제363조의 규정
> 에 의한 통지(주주총회 소집 통지)에 기재하여야 한다.

 2. 나. 풀이

1. 쟁점

신주인수권부사채발행의 무효판결에 소급효가 인정되는지 문제된다.

2. 신주인수권부사채발행 무효의 소의 근거

상법에 규정이 없으나. 판례와 통설은 신주발행무효의 소에 관한 제429조 이하를 유추적용한다. 판례는 신주인수권부사채 발행은 주식회사의 물적 기초와 기존 주주들의 이해관계에 영향을 미친다는 점에서 신주발행과 유사하므로 신주발행무효의 소에 관한 상법 제429조가 유추적용된다는 입장이다[대법원 2015다202919 판결].

3. 판결의 소급효 여부

제430조는 제190조 본문만 준용하고 있어 소급효가 있는 것으로 해석될 소지가 있으나 제431조 제1항이 명문으로 '장래에 대하여 효력을 잃는다'고 정하고 있으므로 장래효만 있다고 해석된다.

발행무효의 소는 형성판결이므로 원고승소판결이 확정되기 전까지는 유효한 발행이며, 원고승소확정판결 이전에 P가 의결권을 행사한 것은 적법하다. P는 주주로서 회사에 대한 지배권을 행사한 것이므로 특별이해관계인도 아니다.

4. 사안 해결

신주인수권부사채발행 무효의 소에 유추적용되는 신주발행무효의 소에 관한 상법규정에 따르면 무효판결에는 장래효만 있으므로, 이 사건 무효판결의 효력은 이사선임결의에 영향을 미치지 아니한다. 따라서 이사선임결의는 유효하며 삼광의 주주들은 신주인수권부사채발행이 무효라는 이유를 들어 P를 이사로 선임한 주주총회의 결의에 대하여 다툴 수 없다.

<추가적 사실관계 3>

삼광의 발행주식총수(모두 의결권 있음) 70%는 甲이, 30%는 乙이 각 소유하고 있다. 삼광의 기존 이사는 3명인데 그들의 임기가 조만간 만료될 예정이어서 삼광은 신임이사 3명을 선임하기 위하여 주주총회를 개최할 계획이다. 그런데 삼광은 위 주주총회에서 甲이 신임이사 후보로 추천한 A, B, C만을 이사 후보로 상정하고 乙이 신임이사 후보로 추천한 D는 이사 후보로 상정하지 아니할 태도를 취하고 있다.

<문제>

3. 가. 乙이 위 주주총회에서 D를 신임이사 후보로 상정할 수 있는 상법상 방법이 있는가? (10점)

  나. 乙이 위 주주총회에서 D를 신임이사로 선임할 수 있는 상법상 방법이 있는가? (다만 D도 신임이사 후보로 상정되었다고 전제함) (10점)

 3. 가. 풀이

1. 쟁점

주주제안권 행사

2. 주주의 주주제안권

의결권이 있는 발행주식총수의 100분의 3 이상을 소유한 주주는 이사에게 주주총회일의 6주 전까지 서면 또는 전자문서로 일정한 사항을 주주총회의 목적사항으로 할 것을 제안하거나(의제제안, 제363조의2 제1항), 회의의 목적으로 할 사항에 추가하여 당해 주주가 제출하는 의안의 요령을 총회의 소집통지에 기재할 것을 청구할 수 있다(의안제안, 제363조의2 제2항).

3. 주주제안에 대한 회사의 조치

주식회사의 이사는 주주제안이 있을 경우 이를 이사회에 보고하고, 이사회는 제안 내용이 법령·정관에 위반하는 등의 사유가 없는 한 이를 주주총회의 목적사항으로 상정하여야 한다.

4. 사안 해결

乙은 삼광의 의결권 있는 발행주식총수의 100분의 3 이상을 소유한 주주이므로 이사에게 주주총회일의 6주 전까지 서면 또는 전자문서로 D를 이사로 선출하자는 안을 총회소집통지서에 기재해 줄 것을 청구함으로써 D를 신임이사후보로 상정할 수 있다.

 3. 나. 풀이

1. 쟁점

A, B, C와 D가 이사 후보로 상정되었고 발행주식총수의 70%를 보유한 甲이 D의 이사선임을 원하지 않는 상황에서, 발행주식총수의 30%를 보유한 乙이 D를 이사로 선임하기 위해서는 집중투표를 생각해 볼 수 있다. 사안의 경우 집중투표에 의한 이사 선임이 가능한지를 살펴보자.

2. 집중투표제의 의의

상법은 지배주주가 주식회사의 모든 이사를 선임할 수 없도록 하는 방법으로 집중투표제를 도입하고 있다(제382조의2). 집중투표제는 각 주식은 선임할 이사 수만큼의 의결권을 가지는 점에서는 단순투표제와 같지만, 각 후보에게 투표할 수 있는 의결권이 하나로 제한되지 않는다는 점에서는 단순투표제와 차이가 있다. 즉 집중투표제에 의하면 각 주주는 1주마다 선임할 이사수와 같은 수의 의결권을 가지고, 이 의결권을 이사 후보 1인에게 집중하여 투표할 수 있다(동조 제3항). 투표 결과 투표의 최다수를 얻은 자부터 순차적으로 이사에 선임된다(동조 제4항).

3. 집중투표의 요건

집중투표제는 2인 이상의 이사를 선임할 때에 한해 채택할 수 있고, 정관에서 집중투표제를 배제하는 규정을 두고 있지 않아야 채택할 수 있다. 의결권 없는 주식을 제외한 발행주식총수의 100분의 3 이상에 해당하는 주식을 가진 주주가 집중투표에 의할 것을 청구하여야 한다(동조 제1항). 이 청구는 이사선임을 위한 주주총회의 7일 전까지 서면 또는 전자문서로 해야 한다(동조 제2항).

4. 사안 해결

설문상 삼광의 정관에 집중투표를 배제하는 규정은 존재하지 않는 것으로 보인다. 乙은 의결권 없는 주식을 제외한 삼광의 발행주식총수의 100분의 3 이상을 소유하고 있다. 따라서 乙은 총회일 7일 전까지 서면 또는 전자문서로 이사선임을 집중투표의 방식으로 할 것을 청구할 수 있다. 후보 4인 중 1위부터 3위까지 이사로 선임되는데, 乙이 자신의 의결권을 D에게 몰아주면, 甲은 자신의 의결권을 어떻게 분배해도 D를 3위 바깥으로 밀어낼 방법이 없다. 乙은 D를 이사로 선임할 수 있다.

NOTE

집중투표제

제382조(이사의 선임, 회사와의 관계 및 사외이사) ① 이사는 주주총회에서 선임한다.

제368조(총회의 결의방법과 의결권의 행사) ① 총회의 결의는 이 법 또는 정관에 다른 정함이 있는 경우를 제외하고는 출석한 주주의 의결권의 과반수와 발행주식총수의 4분의 1 이상의 수로써 하여야 한다.

제382조의2(집중투표) ① 2인 이상의 이사의 선임을 목적으로 하는 총회의 소집이 있는 때에는 의결권 없는 주식을 제외한 발행주식총수의 100분의 3 이상에 해당하는 주식을 가진 주주는 정관에서 달리 정하는 경우를 제외하고는 회사에 대하여 집중투표의 방법으로 이사를 선임할 것을 청구할 수 있다.
② 제1항의 청구는 주주총회일의 7일 전까지 서면 또는 전자문서로 하여야 한다.
③ 제1항의 청구가 있는 경우에 이사의 선임결의에 관하여 각 주주는 1주마다 선임할 이사의 수와 동일한 수의 의결권을 가지며, 그 의결권은 이사 후보자 1인 또는 수인에게 집중하여 투표하는 방법으로 행사할 수 있다.
④ 제3항의 규정에 의한 투표의 방법으로 이사를 선임하는 경우에는 투표의 최다수를 얻은 자부터 순차적으로 이사에 선임되는 것으로 한다.
⑤ 제1항의 청구가 있는 경우에는 의장은 의결에 앞서 그러한 청구가 있다는 취지를 알려야 한다.
⑥ 제2항의 서면은 총회가 종결될 때까지 이를 본점에 비치하고 주주로 하여금 영업시간내에 열람할 수 있게 하여야 한다.

집중투표제 응용문제

발행주식총수가 100주라고 가정할 경우, 甲과 乙이 주주총회에서 합리적인 의결권을 행사할 경우 신임이사 후보 A, B, C, D에 대하여 어떻게 의결권을 행사할 것으로 예측되는가?

- 제384조의2 제3항, 제4항에 의하면, 각 주주는 선임할 이사의 수(후보인 이사의 수(×))와 동일한 수의 의결권을 가지며 당선자는 투표의 최다수를 얻는 자부터(보통결의 방법에 따라(×)) 순차적으로 선임된다(찬성투표를 할 수 있음).
- 甲은 총 210주(선임할 이사의 수 3인×70주)의, 乙은 총 90주(선임 이사의 수 3인×30주)의 의결권을 가지게 되고 발행주식총수는 300주(선임할 이사의 수 3인×실제 발행주식총수 100주)로 된다.
- 乙은 D에게 90주 모두를 투표할 것이 명백하므로 甲이 D의 이사 선임을 막기 위하여는 A, B, C에게 최소한 91표 이상씩을 투표해야 하며 총 273표가 필요하나 甲에게는 210표 밖에 없다. 따라서 甲은 A, B, C 모두를 이사로 선임시킬 방법은 없으며 이들 중 2인만 이사로 선임될 것이다.
- D는 이사로 선임됨.

<추가적 사실관계 4>

삼광의 대표이사 甲은 **분식회계**를 한 다음 이를 주주들에게 제시하면서 주주들이 신주인수를 하도록 유도하였다. 주주들은 분식회계를 진정한 것으로 신뢰하고 신주인수를 하였는데 그 후 분식회계를 한 사실이 밝혀져 주식가치가 크게 하락하였다.

<문제>

4. 주주들이 신주인수로 인하여 입은 손해를 배상받기 위하여 상법상 어떠한 권리를 행사할 수 있는가? (20점)

 풀이

I. 쟁점

- 대표이사에 대한 주주들의 손해배상청구권 행사 가부
- 회사에 대한 주주들의 손해배상청구권 행사 가부

II. 대표이사에 대한 손해배상청구권

1. (대표)이사의 제3자에 대한 책임

이사가 고의 또는 중대한 과실로 그 임무를 게을리 한 때에는 그 이사는 제3자에 대하여 연대하여 손해를 배상할 책임이 있다(제401조 제1항). 판례는 이사가 분식회계에 가담한 경우 제401조의 책임을 인정한다[대법원 2005다65579 판결]. 동조의 제3자에는 주주가 포함된다(통설). 주주의 간접손해가 동조의 제3자의 손해에 포함되는지에 대해서는 견해가 대립하나 주주의 직접손해가 제3자의 손해에 포함된다는 점에는 이견이 없다. 동조의 이사에는 대표이사가 포함된다.

2. 사안의 경우

대표이사가 분식회계를 통하여 신주발행을 한 사실은 고의로 임무를 게을리한 것에 해당하며, 그 후 분식회계가 밝혀져 주식가치가 크게 하락하여 주주들이 (직접)손해를 입었다. 제401조의 요건이 모두 충족되었으므로 주주들은 대표이사 甲에게 상법 제401조에 의한 손해배상책임을 물을 수 있다.

III. 회사에 대한 손해배상청구권

대표이사가 업무집행과 관련하여 불법행위를 하여 타인에게 손해를 입은 경우에는 회사는 대표이사와 연대하여 손해배상책임을 진다(제389조 제3항, 제210조). 신주발행은 대표이사의 직무 집행에 해당하며, 분식회계를 통한 신주발행은 대표이사가 고의를 가지고 행한 행위이고, 나중에 주가가 크게 하락하여 주주들이 손해를 입은 사실도 인정된다. 회사와 대표이사는 주주들에 대해서 부진정연대책임을 부담한다.

IV. 사안 해결

주주들은 甲에게 손해배상책임을 물을 수 있고, 삼광에게도 손해배상책임을 물을 수 있다. 甲의 책임과 삼광의 책임은 부진정연대책임이다.

NOTE

1. 제401조 Case: 주주의 직접손해와 간접손해를 구별할 줄 알아야 함

- 대표이사가 분식회계, 분식회계가 밝혀져 주가 하락: 주주의 직접손해
- 회사재산을 횡령한 이사의 **부실공시**로 회사의 재무구조 악화를 모르고 주식을 정상가보다 높은 가격에 매수한 주주가 이후 주가 하락으로 입은 손해: 주주의 직접손해
- 회사의 유상증자대금을 대표이사가 횡령, 회사재산이 감소한 결과 발생한 주가하락으로 주주가 입은 손해: 주주의 간접손해

2. 분식회계

분식회계는 회사의 영업실적이나 재무상태가 실제로는 나쁜데 장부상으로는 우량한 것으로 허위로 조작하는 것이다. 이로 인하여 적정한 신주발행가는 500원이어야 하는데 이를 5,000원으로 정하는 것이다. 이것은 대표이사 甲이 주주들을 기망하여 1주 당 4,500원을 편취하는 것이나 다름없다. 이로 인하여 주주들은 1주당 4,500원의 손해를 입게 되었으며 이는 주주의 직접손해로 제401조에 의하여 구제될 수 있다.

3. 대법원 91다36093 판결

【판시사항】

주주가 대표이사의 임무해태행위로 입은 간접손해에 대하여 상법 제401조 제1항에 의한 손해배상을 청구할 수 있는지 여부(소극)

【판결요지】

주식회사의 주주가 대표이사의 악의 또는 중대한 과실로 인한 임무해태행위로 직접 손해를 입은 경우에는 이사와 회사에 대하여 상법 제401조, 제389조 제3항, 제210조에 의하여 손해배상을 청구할 수 있으나, 대표이사가 회사재산을 횡령하여 회사재산이 감소함으로써 회사가 손해를 입고 결과적으로 주주의 경제적 이익이 침해되는 손해와 같은 간접적인 손해는 상법 제401조 제1항에서 말하는 손해의 개념에 포함되지 아니하므로 이에 대하여는 위 법조항에 의한 손해배상을 청구할 수 없고, 이와 같은 법리는 주주가 중소기업창업지원법상의 중소기업창업투자회사라고 하여도

다를 바 없다.

4. 대법원 2010다77743 판결

【판결요지】

[1] 주식회사의 주주가 이사의 악의 또는 중대한 과실로 인한 임무해태행위로 직접 손해를 입은 경우에는 이사에 대하여 구 상법(2011. 4. 14. 법률 제10600호로 개정되기 전의 것. 이하 '상법'이라 한다) 제401조에 의하여 손해배상을 청구할 수 있으나, 이사가 회사의 재산을 횡령하여 회사의 재산이 감소함으로써 회사가 손해를 입고 결과적으로 주주의 경제적 이익이 침해되는 손해와 같은 간접적인 손해는 상법 제401조 제1항에서 말하는 손해의 개념에 포함되지 아니하므로 이에 대하여는 위 법조항에 의한 손해배상을 청구할 수 없다. 그러나 회사의 재산을 횡령한 이사가 악의 또는 중대한 과실로 부실공시를 하여 재무구조의 악화 사실이 증권시장에 알려지지 아니함으로써 회사 발행주식의 주가가 정상주가보다 높게 형성되고, 주식매수인이 그러한 사실을 알지 못한 채 주식을 취득하였다가 그 후 그 사실이 증권시장에 공표되어 주가가 하락한 경우에는, 주주는 이사의 부실공시로 인하여 정상주가보다 높은 가격에 주식을 매수하였다가 주가가 하락함으로써 직접 손해를 입은 것이므로, 이사에 대하여 상법 제401조 제1항에 의하여 손해배상을 청구할 수 있다.

[2] 甲 주식회사 주주인 乙 등이 이사 丙을 상대로, 丙의 횡령, 주가조작, 부실공시 등 임무해태행위로 인한 주가 하락으로 손해를 입었음을 이유로 구 상법(2011. 4. 14. 법률 제10600호로 개정되기 전의 것. 이하 '상법'이라 한다) 제401조 제1항에 기한 손해배상을 구한 사안에서, 丙이 주가 형성에 영향을 미칠 수 있는 사정들에 관하여 언제 어떠한 내용의 부실공시를 하거나 주가조작을 하였는지, 을 등이 어느 부실공시 또는 주가조작으로 인하여 주식 평가를 그르쳐 몇 주의 주식을 정상주가보다 얼마나 높은 가격에 취득하였는지 등에 관하여 심리하여 을 등이 주장하는 손해가 상법 제401조 제1항에 정한 손해에 해당하는지 및 상당인과관계를 인정할 수 있는지를 가려본 후 손해액 산정에 나아가야 하는데도, 이에 관하여 제대로 심리하지 아니한 채 을 등의 청구를 인용한 원심판결에 상법 제401조 제1항의 해석 및 상당인과관계에 관한 법리오해의 위법이 있다고 한 사례.

【이 유】

1. **주식회사의 주주가 이사의 악의 또는 중대한 과실로 인한 임무해태행위로 직접 손해를 입은 경우에는 이사에 대하여 구 상법**(2011. 4. 14. 법률 제10600호로 개정되기 전의 것, 이하 '상법'이라 한다) **제401조에 의하여 손해배상을 청구할 수 있으나, 이사가 회사의 재산을 횡령하여 회사의 재산이 감소함으로써 회사가 손해를 입고 결과적으로 주주의 경제적 이익이 침해되는 손해와 같은 간접적인 손해는 상법 제401조 제1항에서 말하는 손해의 개념에 포함되지 아니하므로 이에 대하여는 위 법조항에 의한 손해배상을 청구할 수 없다**(대법원 2003다29661 판결 등 참조).

그러나 회사의 재산을 횡령한 이사가 악의 또는 중대한 과실로 부실공시를 하여 재무구조의 악화 사실이 증권시장에 알려지지 아니함으로써 회사 발행주식의 주가가 정상주가보다 높게 형성되고, 주식매수인이 그러한 사실을 알지 못한 채 그 주식을 취득하였다가 그 후 그 사실이 증권시장에 공표되어 주가가 하락한 경우에는, 그 주주는 이사의 부실공시로 인하여 정상주가보다 높은 가격에 주식을 매수하였다가 그 주가가 하락함으로써 직접 손해를 입은 것이므로, 그 이사에 대하여 상법 제401조 제1항에 의하여 손해배상을 청구할 수 있다고 할 것이다.

2. 원심판결 이유에 의하면, 원심은 그 판시와 같은 사실을 인정한 다음, 코스닥등록법인인 주식회사 옵셔널캐피탈(이하 '소외 회사라 한다)을 실질적으로 경영하던 피고가 2001. 7. 30.경부터 2001. 10. 26.경까지 약 21회에 걸쳐 소외 회사 자본금 규모의 약 160%에 달하는 31,910,638,421원을 횡령하고, 그 과정에서 취할 수 있는 이익을 극대화하기 위하여 각종 주가조작, 허위공시를 행하였으며, 그로 인한 자본잠식 등이 결정적인 원인이 되어 2002. 7.말경 소외 회사의 코스닥등록이 취소되기에 이르렀으므로, 피고의 위와 같은 위법한 임무해태행위와 그로 말미암은 코스닥등록 취소로 인하여 소외 회사 주식의 가치가 하락하여 그 당시 소외 회사 주식을 보유하고 있던 원고들이 입은 손해 사이에는 상당인과관계가 있다고 보아야 하고, 위와 같은 손해는 피고가 정당한 사유 없이 코스닥등록을 취소시켜 생긴 손해와 동일시할 수 있어 직접 손해를 입은 것으로 볼 수 있으므로 상법 제401조 제1항에서 규정하는 손해에 해당하며, 그 손해액은 매매거래정지 직전 시점의 주가 중 가장 낮은 종가인 990원에서 코스닥등록 취소를 전제로 정리매매기간에 형성된 가장 높은 종가인 340원을 공제한 금액에 원고들의 각 보유주식 수를 곱한 금액으로 보아야 한다는 취지로 판단하였다.

3. 그러나 앞에서 본 법리에 비추어 보면, 이러한 원심의 판단은 수긍하기 어렵다.
원심이 확정한 사실에 의하면, 원고 1이 2001. 2. 28.부터 2002. 2. 27.까지, 원고 2가 2001. 11. 7.부터 2002. 2. 26.까지 각기 소외 회사 주식을 취득하고, 2002. 3.경 현재 원고 1이 70,000주, 원고 2가 141,500주를 각 보유하고 있던 사실 등을 알 수 있으나, 나아가 피고가 소외 회사 주식의 주가 형성에 영향을 미칠 수 있는 사정들에 대하여 언제 어떠한 내용의 부실공시나 주가조작을 하였는지, 원고들이 어느 부실공시 또는 주가조작으로 인하여 진상(眞相)을 알지 못한 채 주식 평가를 그르쳐 몇 주의 주식을 정상주가보다 얼마나 높은 가격에 취득하였는지 등은 알 수 없다.
만일 피고가 거액의 소외 회사 재산을 횡령하고 악의 또는 중대한 과실로 부실공시를 함으로써 원고들이 그로 인한 재무구조의 악화 사실을 알지 못한 채 정상주가보다 높은 가격에 주식을 취득하였다가 그 후 그 진상이 공표되면서 자본잠식 등이 결정적인 원인이 되어 소외 회사의 코스닥등록이 취소되고 그 과정에서 주가가 하락하게 되었다면, 원고들은 피고의 부실공시로 인하여 **직접 손해**를 입었다고 볼 수 있으므로, 피고를 상대로 상법 제401조 제1항에 의하여 손해배상을 청구할 수 있을 것이다.
그러나 원고들이 주식을 취득한 후 피고의 횡령과 그에 관한 부실공시가 이루어지고 그로 인한 소외 회사의 재무구조의 악화 사실이 나중에 공표되면서 자본잠식 등이 결정적인 원인이 되어 소외 회사의 코스닥등록이 취소되고 그 과정에서 주가가 하락하게 되었다면, 그 주가하락분 상당의 손해는 결국 피고의 횡령으로 소외 회사의 재무구조가 악화되어 생긴 **간접적인 손해에 불과**하고, 그 횡령이 계획적이고 그 규모가 소외 회사의 자본금에 비추어 거액이며 횡령 과정에 주가조작이나 부실공시 등의 행위가 수반되었다는 사정만으로 달리 볼 것은 아니므로, 이러한 경우라면 원고들은 피고를 상대로 상법 제401조 제1항에 의하여 손해배상을 청구할 수 없을 것이다.

또한 피고의 주가조작으로 소외 회사 주식의 주가가 정상주가보다 높게 형성되고, 원고들이 그러한 사실을 알지 못한 채 주식을 취득함으로써 손해를 입었다면, 원고들은 피고를 상대로 상법 제401조 제1항에 의하여 손해배상을 청구할 수 있을 것이지만, 원고들이 피고의 주가조작 이전에 주식을 취득하거나 주가조작으로 인한 주가 부양의 효과가 사라진 후 주식을 취득하였다면, 피고의 주가조작과 원고들의 주식취득 후 생긴 주가하락으로 인한 손해 사이에 상당인과관계가 있다고 볼 수 없으므로, 그와 같은 경우에는 원고들은 피고를 상대로 상법 제401조 제1항에 의하여 손해배상을 청구할 수 있다고 보기 어려울 것이다.

<추가적 사실관계 5>

丙은 삼광으로부터 태양광사업 부문을 인수하고자 한다. 다만 丙은 인수방식과 관련하여 삼광이 장차 가지게 될 주식을 매수하는 방식을 원하고 있다.

<문제>

5. 丙의 위와 같은 요구에 부합하기 위하여 삼광은 회사를 어떻게 분할해야 하는가? (10점)

 풀이

1. 쟁점

회사분할은 회사의 영업을 분리하여 그 주체인 법인격을 달리하는 동시에 분할되는 영업에 상응하여 회사의 주식소유관계를 분리하는 단체법적 법률사실이다. 상법상 주식회사의 분할은 인적분할과 물적분할로 나눌 수 있다. 어떠한 방식의 분할이 丙의 요구에 부합할지를 살펴보자.

2. 인적분할과 물적분할

인적분할과 물적분할의 구분은 분할에 의해 승계된 재산에 대한 대가로 발행되는 주식이 어느 쪽에 귀속되는지에 따른 분류이다. 그 주식이 분할회사에 귀속되는 경우는 물적분할(제530조의12)이고, 분할회사의 주주에게 귀속되는 경우는 인적분할이다.

3. 사안 검토

丙은 '삼광의 주주'가 아니라 '삼광'으로부터 주식을 매수하는 방식을 원하므로, 일단 분할신주가 삼광에게 귀속되어야 한다. 그러한 분할방법은 물적분할이다. 따라서 삼광은 물적분할을 하여야 한다.

NOTE

1. 단순분할과 분할합병

회사분할은 분할된 영업이 독립성을 유지하는지에 따라서 단순분할과 분할합병으로 나뉜다. 단순분할은 회사(분할회사)가 그 일부를 신설되는 회사(단순분할신설회사)에 포괄적으로 승계시키고 단순분할신설회사는 그에 대한 대가로 주식을 발행하여 분할회사 주주에게 교부하는 조직법적 행위이다(제530조의2 제1항). 분할된 영업은 신설회사에 남아 독립성을 유지한다.

분할합병은 회사의 영업을 수개로 분할하여 분할된 영업 중 일부를 다른 존립 중의 회사에 흡수합병시키거나, 다른 존립 중의 회사와 더불어 새로운 회사를 설립하는 조직법적 행위이다(동조 제2항). 분할된 영업은 다른 회사에 승계되어 독립성을 상실한다.

2. 존속분할과 소멸분할

• 기준: 분할회사가 분할 후 존속하는지 여부

3. 인적분할과 물적분할

상법은 인적분할을 원칙적인 형태로 상정하고 있다. 그러나 실제로는 물적분할이 더 많이 이루어진다.

> 제530조의12(물적 분할) 이 절의 규정은 분할되는 회사가 분할 또는 분할합병으로 인하여 설립되는 회사의 주식의 총수를 취득하는 경우에 이를 준용한다.

2019년도 시행
제8회 변호사시험

[민사법]

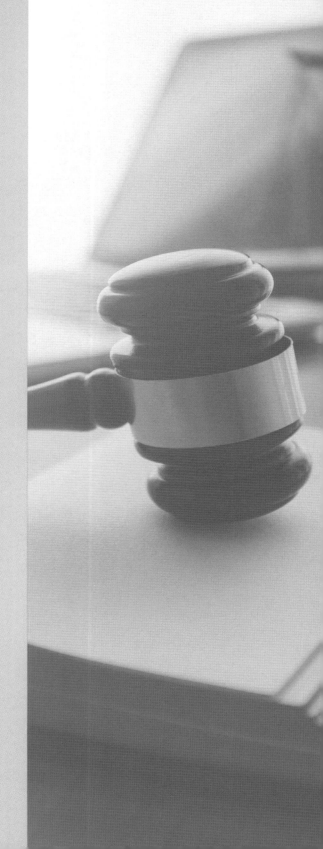

商法工夫

<제 3 문>

<기초적 사실관계>

甲주식회사(자본금 20억 원 규모의 비상장회사, 이하 '甲회사'라 함)에는 대표이사 A, 전무이사 B, 이른바 명목상의 이사인 C가 있는데, 이들 모두 등기이사이다. 다음은 甲회사 정관의 일부이다.

> **甲회사 정관(일부)**
>
> 제40조(이사의 보수와 퇴직금) ① 주주총회는 이사 보수의 총액을 정하고 개인별 지급규모에 대한 결정을 이사회에 위임한다.
> ② 이사의 퇴직금의 지급은 주주총회의 결의를 거쳐야 한다.

甲회사의 정기주주총회는 이사의 연간 보수 총액과 각 이사가 퇴직할 경우에 지급할 퇴직금의 액수를 정하였으며, 이사회는 주주총회가 정한 이사 보수의 총액 범위 내에서 각 이사에게 지급할 구체적 액수를 정하였다. 甲회사는 이사가 해임될 경우 퇴직금과는 별도로 회사가 일정한 금액을 해직보상금으로 지급하기로 하는 약정을 이사회의 승인만을 얻어 각 이사와 체결하였다. 甲회사의 적자가 계속 누적되자 소수주주의 소집청구에 의하여 개최된 임시주주총회는 A를 이사직에서 해임하는 결의를 하였으며, 아울러 당시에 임기가 종료된 B에게 지급하기로 한 퇴직금을 박탈하는 결의를 하였다.

<문제>

1. 甲회사에 A가 해직보상금을, B가 퇴직금을, C가 보수를 청구할 수 있는가? (35점)

 풀이

I. 쟁점

- 대표이사 A의 해직보상금 청구와 관련해서는 정관이나 주주총회 결의 없이도 해직보상금을 청구할 수 있는지
- 임기가 종료된 이사 B의 퇴직금 청구와 관련해서는 이사 임기 종료 후 주주총회결의로 이사의 퇴직금청구권을 박탈할 수 있는지

- 명목상 이사 C의 보수 청구와 관련해서는 명목상 이사도 회사에 대하여 보수청구권을 갖는 지가 문제됨

II. 이사의 보수

1. 의의

이사의 보수란 월급, 상여금, 연봉 등 명칭을 불문하고 이사의 직무수행에 대한 보상으로 지급되는 일체의 대가를 의미함

2. 이사의 보수의 결정

- 이사의 보수는 정관에서 정하지 않은 때에는 주주총회에서 정함(제388조)
- 정관 또는 주주총회결의로는 이사 전원에 대한 보수의 총액 또는 한도액만을 정하고 각 이사에 대한 배분의 결정은 이사회에 위임하는 것도 가능함

III. A의 해직보상금 청구

1. 쟁점

- 해직보상금은 회사와 이사 간의 약정에 의하여 이사가 그 의사에 반하여 해임될 경우 퇴직위로금과 별도로 회사로부터 지급받는 금원
- 이사의 직무수행에 대한 보상이라기보다는, 상법 제385조 제1항 단서에 따라 지급해야 할 손해배상액의 약정이라 할 수 있음
- 이사의 보수의 경우와 마찬가지로 정관 규정 또는 주주총회 결의가 반드시 필요한지가 문제됨

2. 판례

판례는 "해직보상금은 형식상으로 보수에 해당하지 않는다 하여도, 보수에 해당하지 않는다는 이유로 주주총회 결의를 요하지 않는다고 한다면, 이사들이 과다한 해직보상금을 약정하는 것을 막을 수 없게 되어 이사들의 고용계약과 관련하여 그 사익 도모의 폐해를 방지하여 회사와 주주의 이익을 보호하고자 하는 상법 제388조의 입법 취지가 잠탈되고, 해직보상금액이 거액일 경우 회사의 자유로운 이사해임권 행사를 저해하므로, 이사의 보수에 관한 상법 제388조를 준용 내지 유추적용하여 이사는 해직보상금에 관하여도 정관에서 그 액을 정하지 않는 한 주주총회

결의가 있어야만 회사에 대하여 이를 청구할 수 있다"고 판시하였다[대법원 2004다49570 판결].

IV. B의 퇴직금 청구

1. 의의

퇴직위로금은 이사 또는 감사직에서 퇴임한 자에 대하여 그 재직 중 직무집행의 대가로 지급되는 보수의 일종으로서, 판례에 의하면 상법 제388조에 규정된 보수에 포함되기 때문에, 정관 또는 주주총회결의가 있어야 지급 가능하다.

2. 주주총회결의에 의한 퇴직금 박탈가능성

판례는 "이사의 퇴직위로금은 제388조에 근거하여 정관이나 주주총회결의로 그 액이 결정되었다면, 주주총회에서 퇴임한 특정이사에 대하여 그 퇴직위로금을 박탈하거나 감액하는 결의를 하여도 효력이 없다"고 판시하였다.

V. C의 보수청구권

1. 의의

명목상 이사란 법적으로는 주식회사 이사의 지위를 갖지만 회사와의 명시적 또는 묵시적 약정에 따라 이사로서의 실질적인 직무를 수행하지 않는 자를 의미한다[대법원 2014다236311 판결].

2. 명목상 이사의 보수청구권

판례는 "명목상 이사·감사도 법인인 회사의 기관으로서 회사가 사회적 실체로서 성립하고 활동하는 데 필요한 기초를 제공함과 아울러 상법이 정한 권한과 의무를 갖고 의무 위반에 따른 책임을 부담하는 것은 일반적인 이사·감사와 다를 바 없으므로, 과다한 보수에 대한 사법적 통제의 문제는 별론으로 하더라도, 오로지 보수의 지급이라는 형식으로 회사의 자금을 개인에게 지급하기 위한 방편으로 이사·감사로 선임한 것이라는 등의 특별한 사정이 없는 한, 회사에 대하여 상법 제388조, 제415조에 따라 정관의 규정 또는 주주총회의 결의에 의하여 결정된 보수의 청구권을 갖는다"고 판시하였다[대법원 2014다236311 판결].

VI. 사안 해결

• 대표이사 A는 甲회사에게 해직보상금을 청구할 수 없다. 해직보상금 지급약정에 대해서는

이사회의 승인만 있었을 뿐 정관 규정이나 주주총회결의가 없었으므로

- 임기가 종료된 이사 B는 甲회사에게 퇴직금을 청구할 수 있다. 甲회사가 정기주주총회에서 퇴직금의 액수를 정했기 때문에 그 후 甲회사 임시주주총회에서 B에게 지급하기로 한 퇴직금을 박탈하는 결의를 하였으나 이는 효력이 없으므로

- 명목상 이사 C는 甲회사에게 보수를 청구할 수 있다. 설문상 甲회사가 오로지 보수의 지급이라는 형식으로 회사의 자금을 개인에게 지급하기 위한 방편으로 C를 이사로 선임하였다는 사정은 보이지 않으므로

NOTE

1. 보수의 결정
- 이사회가 결정하지 않음
- 정관이나 주주총회 결의로 정함

> 제388조(이사의 보수) 이사의 보수는 정관에 그 액을 정하지 아니한 때에는 주주총회의 결의로 이를 정한다.

- 정관 규정이나 주주총회 결의에 근거하지 않은 보수약정은 무효이므로 해당 이사는 보수청구권을 갖지 못함. 보수에 관한 내부 규정이 있더라도 그것이 정관이나 주주총회결의에 근거한 것이 아니라면 보수청구권을 발생시키지 못한다.

2. 보수의 의의
- 과다한 보수지급을 막는다는 점에서 보수를 가급적 폭넓게 해석할 필요가 있음
- [판례] 보수란 명칭을 불문하고 이사의 직무집행에 대한 보상으로 지급되는 대가를 모두 포함한다.

<추가적 사실관계 1>

甲회사는 관계회사인 乙주식회사(이하 '乙회사'라 함)의 자금을 융통하기 위하여 약속어음(어음금액: 5,000만 원, 만기: 2018. 3. 31.)을 발행하여 乙회사에 교부하였으며, 乙회사는 동 어음이 자금융통의 목적으로 발행된 것임을 알고 있는 D에게 이 어음을 배서양도하였다. 그 후 甲회사의 이사회는 丙주식회사(이하 '丙회사'라 함)와 합병하기로 결의하였다. 이윽고 2017. 11. 30. 개최된 甲회사의 주주총회는 甲회사를 소멸회사, 丙회사를 존속회사로 하는 합병을 승인하였다.

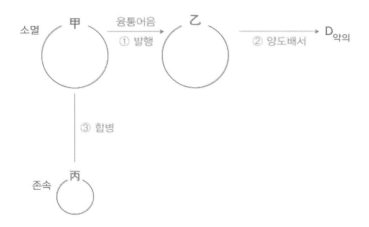

<문제>

2. 甲회사는 D에 대하여 합병절차상 어떠한 조치를 취하여야 하는가? (15점)

 풀이

Ⅰ. 쟁점

- 융통어음을 배서양도받은 자(D)가 융통자(甲회사)에 대한 어음금지급청구권자(채권자)인지 여부
- 정관이나 주주총회 결의로 정함 그렇다고 한다면, 甲회사는 합병 절차상 채권자인 D를 위하여 어떠한 보호 조치를 취해야 하는지 여부

Ⅱ. 융통어음의 항변

1. 의의

융통어음이란 타인으로 하여금 어음에 의하여 제3자로부터 금융을 얻게 할 목적으로 수수되는 어음을 말함, 융통어음을 발행하는 자를 융통자, 그 상대방을 피융통자라고 지칭함.

2. 융통어음의 항변

융통어음의 발행자는 피융통자에 대하여는 어음상의 책임을 부담하지 아니하나, 피융통자로부터 그 어음을 양수한 제3자에 대하여는 선의이거나 악의이거나, 대가 없이 발행된 융통어음이라는 항변으로 대항할 수 없다[대법원 2012다60015 판결].

III. 주식회사 합병 시 채권자보호절차

1. 쟁점

주식회사가 합병을 할 때에는 존속회사 및 소멸회사는 채권자보호절차를 거쳐야 한다.

2. 이의제출의 공고 · 최고

회사는 주주총회의 합병승인결의가 있은 날로부터 2주 내에 채권자에 대하여 합병에 이의가 있으면 1월 이상의 기간 내에 이를 제출할 것을 '공고'하고, 알고 있는 채권자에 대해서는 따로따로 '최고'하여야 한다(제527조의5 제1항).

3. 이의제출의 효과

이의를 제출한 채권자가 있는 때에는 회사는 그 채권자에 대하여 변제 또는 상당한 담보를 제공하거나 이를 목적으로 하여 상당한 재산을 신탁회사에 신탁하여야 한다(제527조의5 제3항, 제232조 제3항).

IV. 사안 해결

甲회사가 乙회사에게 발행한 약속어음은 융통어음이나, 판례에 따르면 발행인 甲회사는 악의의 피배서인 D에게 융통어음의 항변을 할 수 없다. 따라서 D는 甲회사에 대한 어음금지급청구권자(채권자)이다. 甲회사와 丙회사의 합병 시 甲회사는 채권자 D에 대해 채권자보호조치를 취해야 한다. 즉 甲회사는 합병결의 시로부터 2주 내에 D를 포함한 회사채권자들에 대해 합병에 이의가 있으면 1월 이상의 기간 내에 이의를 제출할 것을 공고하여야 한다. 만약 甲회사가 乙회사가 D에게 어음을 배서양도하였다는 사실을 알고 있다면, 합병이의를 1월 이상의 기간 내에 제출할 것을 D에게 최고하여야 한다.

D가 이의를 제출한 경우 甲회사는 D에게 어음금을 지급하거나 상당한 담보를 제공하거나 이를 목적으로 상당한 재산을 신탁회사에 신탁하여야 한다.

NOTE

1. 약속어음

- 지급약속증권
- 즉, 어음의 발행인 자신이 수취인에게 어음금의 지급을 약속하는 유가증권
- 발행인이 수취인 또는 그로부터 어음상 권리를 이전받은 자에게 어음금을 지급하겠다!

甲 ·· 乙
(상인)   (상인)

(물건 매수인)   (물건 매도인)

(현금 없음)

(반복적 거래에서 매번 현금 준비하는 것은 성가심)

(어음 발행인)   (어음 수취인)

2. 융통어음

- 상거래가 원인이 아니라 타인의 자금융통을 목적으로 발행된 어음
  즉, 乙이 자금을 조달하는데 협조하기 위해서 甲이 자신 명의의 어음을 대가 없이 발행
- 乙은 이 어음을 (i) 은행 또는 대부업체에 어음할인을 하여 현금을 조달하거나 (ii) 제3자에 대한 채무의 변제조로 사용하는 식으로, 자금을 융통함

甲 ·························· 乙 ·························· 丙

- 乙이 자금을 융통한 후에는?
  (일반적으로는) 乙이 어음의 만기 전에 변제하고 어음을 회수하여 甲에게 반환 or 甲에게 어음금액을 제공하여 甲이 어음소지인에게 어음금을 지급함
  (이렇게 원만하게 해결되지 못한 경우에) 甲이 어음상의 채무를 부담하는가?
- 乙이 甲에게 어음금 청구하면? 甲은 이 어음이 융통어음이라는 항변을 제출하여 어음금 지급 거절 가능
- 丙이 甲에게 어음금 청구하면? (통설/판례) 丙의 주관적 요건에 상관없이 甲은 융통어음이라는 항변을 제출할 수 없다. 이는 어음의 취득이 기한후 배서에 의해 이루어진 경우에도 마찬가지다.

3. 유가증권

- 재산권을 표창하는 증권으로서, 그 권리의 발생·이전·행사의 전부 또는 일부를 위해서 증권의 소지를 요하는 것
- 상법상의 유가증권
  ‣ 화물상환증, 선하증권, 창고증권(운송 등과 관련된 증권)
  ‣ 주권, 사채권, 신주인수권증서(회사법상 자본조달을 위해서 발행하는 증권)

▸ 어음, 수표(지급, 신용)

4. 합병 시 채권자보호절차 ★

제527조의5(채권자보호절차) ① 회사는 제522조의 주주총회의 승인결의가 있은 날부터 2주내에 채권자에 대하여 합병에 이의가 있으면 1월 이상의 기간 내에 이를 제출할 것을 공고하고 알고 있는 채권자에 대하여는 따로따로 이를 최고하여야 한다.

③ 제232조 제2항 및 제3항의 규정은 제1항 및 제2항의 경우에 이를 준용한다.

제232조(채권자의 이의) ② 채권자가 제1항의 기간내에 이의를 제출하지 아니한 때에는 합병을 승인한 것으로 본다.

③ 이의를 제출한 채권자가 있는 때에는 회사는 그 채권자에 대하여 변제 또는 상당한 담보를 제공하거나 이를 목적으로 하여 상당한 재산을 신탁회사에 신탁하여야 한다.

※ (i) 이의를 제출한 채권자가 있는 때에는, 회사는 그 채권자에 대하여 변제 또는 상당한 담보를 제공하거나 이를 목적으로 하여 상당한 재산을 신탁회사에 신탁하여야 한다(제527조의5 제3항, 제232조 제3항).

(ii) 채권자가 이의를 제출하지 아니한 때에는, 합병을 승인한 것으로 본다(제527조의5 제3항, 제232조 제2항).

5. 합병 개관

(1) 개념

- 상법이 예정하고 있는 전형적인 기업결합의 방식, 두 회사가 청산절차를 거치지 않고 합쳐지면서 소멸하는 회사의 모든 권리 의무가 포괄적으로 승계되는 회사법상의 법률사실
- 흡수합병: 하나의 회사가 존속하면서 소멸하는 회사의 권리의무를 승계하는 것
  존속합병: 모든 회사가 소멸하고 새로 회사를 설립
- 우리나라에서 이루어지는 대부분의 합병은 흡수합병
  A회사(존속회사)가 B회사(소멸회사)를 합병한다는 것은 A회사가 B회사의 모든 자산과 부채를 포괄적으로 승계하여 합쳐지면서 A회사가 B주주에게 A회사의 신주를 발행하거나(합병신주) 구주(자기주식)을 이전하는 것 → 합병 전의 A주주와 B주주가 모두 A회사의 주주가 됨
- 인격합일설(통설), 현물출자설

(2) 합병비율

- 기업인수의 대가
- 소멸회사 주식 1주를 가지고 있는 주주: 존속회사의 주식을 몇 주 받을 수 있느냐
- 소멸회사와 존속회사의 기업가치에 기초하여 합병 당사자 사이의 협상에 의해 결정됨
  (i) 상장회사와 상장회사의 합병, 상장회사와 비상장회사의 합병
      상장회사는 최근 1개월의 평균 종가, 최근 1주일의 평균종가, 최근일의 종가를 산술평균하여 평가함(자본시장법 시행령)
      비상장회사는 자산가치와 수익가치의 가중평균
  (ii) 비상장회사간 합병: 법령에 규정 없음
- 판례: 자본시장법에 따라 합병비율을 결정하였다면, 그 산정이 허위자료나 터무니없는 추정

에 근거하는 등의 사유가 없는 한 합병비율을 불공정하다고 보지 않음

[3] **합병비율의 불공정에 대한 구제수단** ※ 모고 2016년 2차
• 주주
1) 합병무효의 소
  ‣ 손해를 입은 존속회사 또는 소멸회사의 주주가 합병무효의 소를 제기할 수 있는가?
  ‣ (통설) 제기할 수 있다. 합병대가의 공정(즉 주주의 지분가치의 공정)은 합병의 본질적 요청이며 조직법적 당위성의 문제이므로, 합병대가의 불공정은 합병의 법적 이념에 반하는 것으로서 합병의 무효 원인이라고 보아야 한다.
  ‣ (소수설) 제기할 수 없다. 합병무효는 법적 안정성을 중대하게 해친다. 합병비율의 불공정은 주식매수청구권이나 손해배상책임으로 해결하는 것이 바람직하다.
  ‣ (판례) '합병비율의 **현저히 불공정**'을 합병무효사유로 본다[합병 비율을 정하는 것은 합병계약의 가장 중요한 내용이고, 그 합병비율은 합병할 각 회사의 재산 상태와 그에 따른 주식의 실제적 가치에 비추어 공정하게 정함이 원칙이며, 만일 그 비율이 합병할 각 회사의 일방에게 불리하게 정해진 경우에는 그 회사의 주주가 합병 전 회사의 재산에 대하여 가지고 있던 지분비율을 합병 후에 유지할 수 없게 됨으로써 실질적으로 주식의 일부를 상실케 되는 결과를 초래하므로, 현저하게 불공정한 합병비율을 정한 합병계약은 사법관계를 지배하는 신의성실의 원칙이나 공평의 원칙 등에 비추어 무효이고, 따라서 합병비율이 현저하게 불공정한 경우 합병할 각 회사의 주주 등은 상법 제529조에 의하여 소로써 합병의 무효를 구할 수 있다(대법원 2007다64136 판결)].
2) 이사의 책임
  ① 존속회사의 이사
    • 존속회사에 불리한 합병조건을 추진하여 합병을 성사시킨 경우, 존속회사에 손해를 입힌 것으로 볼 것임. 합병신주를 염가에 발행한 경우 제3에 염가로 신주를 발행한 것과 동일하게 취급되어야 하기 때문.
    • 존속회사의 이사는 존속회사에 대해 손해배상책임을 짐.
    • 합병과정에서 주주총회의 특별결의에 의한 승인을 받았다고 하여 존속회사 이사가 면책되지 않음.
  ② 소멸회사의 이사
    • 소멸회사에 불리한 합병조건을 추진하여 합병을 성사시킨 경우, 소멸회사에 손해를 입힌 것으로 보는 것이 존속회사의 이사의 회사에 대한 손해배상책임과 형평에 맞음. (소멸회사가 없어지기는 했지만^^;)

(4) 합병절차

합병계약	┈┈▶	합병결의	┈┈▶	채권자보호절차	┈┈▶	합병등기
• (523 합병계약서 기재 사항) • (523 6호 합병을 할 날: 합병등기일 아님. 소멸회사 주주에게 주권을 발행하고 소멸회사의 재산 및 주주에 관한 서류를 인도하며 이사회를 개최하여 합병을 공고하는등 실무적인 절차를 완료하는 날) • (523 7호 정관변경, 합병에 따라존속회사의 사업목적, 상호 등정관을 변경해야 할 경우에는 합병계약서에 이를 기재)		• (존속/소멸회사의 주총특별결의) • (합병반대주주의 주매청)		• (존속/소멸회사 모두) • (주총승인결의 이후 2주 이내)		• (존속:변경등기) • (소멸:해산등기)

  • 합병등기는 합병의 효력발생요건임

(5) 합병의 효과

  • 소멸회사는 소멸하고 그 권리의무는 존속회사에 포괄승계됨
  • 소멸회사는 해산됨. 다른 해산사유와는 달리 청산절차를 거치지 않고 바로 소멸
  • 소멸회사의 주주는 합병신주를 취득함으로써 존속회사의 주주가 됨. 신주의 효력발생시기는 합병등기를 한 때

(6) 합병의 무효

  • 무효원인: 합병계약의 하자, 채권자보호절차 불이행, 주총승인결의의 하자, 합병비율의 불공정
  • 주총승인결의의 하자? 주총결의 무효확인의 소(x), 합병무효의 소(O)
  • 합병무효의 소(제529조)

<추가적 사실관계 2>

丙회사(자본금 100억 원 규모의 비상장회사)는 의결권 있는 보통주 80,000주와 의결권 없는 우선주 20,000주를 발행하였고, E는 이 중 의결권 있는 보통주 2,800주와 의결권 없는 우선주 1,000주를 소유하고 있다. 丙회사는 2017. 11. 13. 합병승인결의를 위한 주주총회의 소집(주식매수청구권의 내용 및 행사방법 포함)을 통지하였다. E는 재무상황이 열악한 甲회사와의 합병이 오히려 丙회사의 주주에게 손해를 야기할 것으로 판단하였다. 이에 E는 丙회사의 주주총회 전에 서면으로 합병승인결의에 반대한다는 의사를 통지하였다. 丙회사는 2017. 11. 30. 개최된 주주총회에서 합병승인결의를 하였는데, 동

주주총회에 E는 참석하지 않았다. E는 2017. 12. 11. 丙회사에 자신이 소유한 주식 전량을 매수해 줄 것을 서면으로 청구하였고, 동 서면이 같은 날 丙회사에 도달하였다. E와 丙회사는 주식매수가액을 1주당 10만 원으로 하기로 합의하였으나(보통주·우선주를 불문하고 동일한 매수가액을 적용하기로 함), 丙회사는 회사의 자금사정을 이유로 2019. 1. 11. 현재 주식매수가액의 지급을 지연하고 있다. 한편 E는 丙회사의 대표이사 F가 甲회사와의 합병을 추진한 것이 중대한 임무해태행위를 한 것으로 보았다. 이에 E는 임시주주총회일인 2018. 6. 11.의 6주 전에 F를 丙회사의 이사직에서 해임하는 안건을 위 주주총회의 목적사항으로 제안하였다.

<문제>

3. 丙회사의 이사회는 위 '이사 F를 해임하는 건'을 주주총회의 목적사항으로 하여야 하는가? (35점)

 풀이

Ⅰ. 쟁점

　　첫째, E의 주주제안권 행사가 적법한지 문제됨. E가 보유한 丙회사 주식수가 주주제안권 행사 자격요건을 충족하는지, E가 주주제안 전에 주식매수청구권을 행사하였는바, 이로 인해 E가 주주제안권을 상실하여 주주제안권을 행사할 수 없는 것은 아닌지 문제됨

　　둘째, E의 제안에 대해 丙회사(비상장회사)가 취해야 할 조치가 문제됨, 특히 제안내용이 회사가 주주제안을 거부할 수 있는 사유에 해당하는지가 문제됨

Ⅱ. E의 주주제안권 행사 요건 충족 여부

1. 주식보유요건 충족 여부

- 의결권 있는 발행주식수의 100분의 3 이상을 보유한 주주(제363조의2 제1항)
- E는 의결권 있는 보통주 80,000주 중에서 2,800주를 보유, 이는 丙회사의 의결권 있는 발행주식 중 3.5%
- 주주제안을 하기 위한 주식보유요건을 충족함

2. 주식매수청구권을 행사한 주주의 주주제안권 행사 가부

(1) E의 주식매수청구권 행사의 적법 여부

1) 주식매수청구권 행사 요건

- E는 甲회사와의 합병에 반대하여 주식매수청구권을 행사하였음

> 제522조의3(합병반대주주의 주식매수청구권) ① 제522조제1항에 따른 결의사항에 관하여 이사회의 결의가 있는 때에 그 결의에 반대하는 주주(의결권이 없거나 제한되는 주주를 포함한다. 이하 이 조에서 같다)는 주주총회 전에 회사에 대하여 서면으로 그 결의에 반대하는 의사를 통지한 경우에는 그 총회의 결의일부터 20일 이내에 주식의 종류와 수를 기재한 서면으로 회사에 대하여 자기가 소유하고 있는 주식의 매수를 청구할 수 있다.

2) 주식매수청구권 행사 절차

- 제523조의3 제1항: 주주총회 전에 회사에 대하여 서면으로 그 결의에 반대하는 의사를 통지한 경우에는 그 총회의 결의일부터 20일 이내에 주식의 종류와 수를 기재한 서면으로 회사에 대하여 자기가 소유하고 있는 주식의 매수를 청구할 수 있다.
- 주주총회 전에 서면으로 반대통지를 한 주주는 '주주총회에 참석하여 반대의 투표를 하지 않아도' 주식매수청구권을 행사할 수 있다.
- 반대의 통지를 한 주주는 그 총회의 결의일부터 20일 이내에 주식의 종류와 수를 기재한 서면으로 회사에 대하여 자기가 소유하고 있는 주식의 매수를 청구할 수 있다.

3) 사안의 경우

- E는 주식매수청구권 행사 가능(지분요건 충족, 반대의사 서면통지)
- 의결권 없는 우선주 1,000주에 대해서도 주식매수청구권 인정
- 합병승인결의일로부터 20일 이내인 2017. 12. 11. 丙회사에 대해 자신이 소유한 주식 전량을 매수해 줄 것을 서면으로 청구하였음
- E는 적법하게 주식매수청구권을 행사하였음

(2) E가 주주지위를 상실하였는지 여부

1) 회사의 주식매수의무

- [조문을 찾아 적절히 쓰고] 제530조(준용규정), 제374조의2(반대주주의 주식매수청구권) ② 제1항의 청구를 받으면 해당 회사는 매수 청구 기간이 종료하는 날부터 2개월 이내에 그 주식을 매수하여야 한다.

- [판례를 기억해 내서 쓰기] 그 기간 내에 매수대금을 지급하여야 한다! "합병 반대주주의 주식 매수청구권은 이른바 형성권으로서 그 행사로 회사의 승낙 여부와 관계없이 주식에 관한 매매계약이 성립하고, 상법 제374조의2 제2항의 '회사가 주식매수청구를 받은 날로부터 2월'은 주식매매대금 지급의무의 이행기를 정한 것이라고 해석된다."[대법원 2009다72667 판결]

2) 매수청구한 주식이 회사로 이전하는 시기

- 명문 규정 없음, 다수설은 상법 제360조의26 제1항을 유추적용하여 회사가 반대주주에게 매매대금을 지급하는 때에 이전한다고 본다.

3) 사안의 경우

- E가 매수청구한 주식은 丙회사가 E에게 매수대금을 지급하는 때에 丙회사로 이전하고 이때 E가 丙회사 주주지위를 상실함
- 丙회사는 2019년 1. 11. 현재까지 매수대금을 지급하지 않음. 주주제안권 행사 시점에 E는 丙회사 주주 지위를 상실하지 않았음

(3) 소결

- E는 丙회사의 의결권 있는 발행주식수의 100분의 3 이상을 보유한 주주, 주주매수청구권을 행사하기는 했지만 丙회사가 주식매수대금 지급 지체, 따라서 주주제안 시점에 E는 丙회사 주주지위를 유지함
- E의 주주제안권 행사는 적법함

III. E의 주주제안에 대한 회사의 조치

1. 주주총회의 목적사항으로 상정

주주제안이 있을 경우 주식회사의 이사는 이를 이사회에 보고하여야 한다. 이사회는 상법 제363조의2 제3항이 정하는 거부사유가 있는 경우를 제외하고는 이를 주주총회의 목적사항으로 하여야 한다.

2. 거부사유

주주제안의 내용이 법령 또는 정관을 위반하는 경우와 그 밖에 대통령령으로 정하는 경우에는 이사회는 주주제안을 거부할 수 있다(제363조의2 제3항). 대통령령인 상법 시행령은 주주제안의 내용이 상장회사의 임기 중에 있는 임원의 해임에 관한 사항을 주주제안거부사유로 규정하고 있다(상법 시행령 제12조 제4호).

3. 사안의 경우

E는 주주제안의 요건을 갖추고 절차에 따라 주주제안을 하였다. 제안내용이 '임기 중에 있는 이사를 해임하는 건'이기는 하지만, 丙회사는 비상장회사이므로 丙회사 이사회는 E의 주주제안을 거부할 수 없고, 주주총회의 목적사항으로 상정하여야 한다.

NOTE

1. 주주총회 의제와 의안
- 주주총회에서 다룰 사항은 의제와 의안으로 나눌 수 있음

<의제>
- 주주총회의 목적으로 삼을 사항, 제목
  (재무제표의 승인, 이익배당, 이사의 선임)
- 제363조 제2항 통지할 '회의의 목적사항'
- 주주총회를 구속함(예: 재무제표 승인이 의제인 주주총회에서 이사를 선임하면? 주총취소사유, 설사 당해 주주총회에 참석한 모든 주주가 의제변경에 동의했더라도 총주주가 참석한 것이 아닌 한 취소사유가 됨(79년 판례))

<의안>
- 그 구체적인 내용
- (구체적인 이익배당액, 선임될 이사의 후보)
- 제433조 제2항과 제363조의2 제2항에서 말하는 '의안의 요령'(의안의 요령=의안)

> 제433조(정관변경의 방법) ① 정관의 변경은 주주총회의 결의에 의하여야 한다. ② 정관의 변경에 관한 의안의 요령은 제363조에 따른 통지에 기재하여야 한다.
>
> 제363조의2(주주제안권) ② 제1항의 주주는 이사에게 주주총회일의 6주 전에 서면 또는 전자문서로 회의의 목적으로 할 사항에 추가하여 당해 주주가 제출하는 <u>의안의 요령</u>을 제363조에서 정하는 통지에 기재할 것을 청구할 수 있다.

- 주주총회를 구속하지 않음, 당해 주총에서 바로 의안을 변경하거나 제안하는 것도 가능, 비상장회사의 경우에는 甲을 이사로 선임하는 의안에도 불구하고 주총에서 乙을 이사로 선임하는 의안을 추가하여 결의할 수 있음
- 예외: 상장회사의 이사 · 감사의 선임시에는 통지된 후보자 중에서만 선임할 수 있음(제542조의5)

2. 주주제안권

> 제363조의2(주주제안권) ① 의결권 없는 주식을 제외한 발행주식총수의 100분의 3 이상에 해당하는 주식을 가진 주주는 이사에게 주주총회일(정기주주총회의 경우 직전 연도의 정기주주총회일에 해당하는 그 해의 해당일. 이하 이 조에서 같다)의 6주 전에 서면 또는 전자문서로 일정한 사항을 주주총회의 목적사항으로 할 것을 제안(이하 '株主提案'이라 한다)할 수 있다.
> ② 제1항의 주주는 이사에게 주주총회일의 6주 전에 서면 또는 전자문서로 회의의 목적으로 할 사항에 추가하여 당해 주주가 제출하는 의안의 요령을 제363조에서 정하는 통지에 기재할 것을 청구할 수 있다.
> ③ 이사는 제1항에 의한 주주제안이 있는 경우에는 이를 이사회에 보고하고, 이사회는 주주제안의 내용이 법령 또는 정관을 위반하는 경우와 그 밖에 대통령령으로 정하는 경우를 제외하고는 이를 주주총회의 목적사항으로 하여야 한다. 이 경우 주주제안을 한 자의 청구가 있는 때에는 주주총회에서 당해 의안을 설명할 기회를 주어야 한다.

- 주주총회 소집결의는 이사회가 하기 때문에 의제와 의안도 이사회가 정하게 된다. 그 결과 주주총회는 이사회의 제안을 거부할 수는 있지만, 적극적으로 주주가 원하는 제안은 논의할 기회조차 주어지지 않을 수 있다. 이러한 문제를 해결하기 위해서 제363조의2는 주주에게 **주주총회에서 심의될 의제 또는 의안을 제안할 수 있는 권리**를 인정하고 있는데, 이를 주주제안권이라고 한다.
- 소수주주권(비상장회사는 3% 주주, 상장회사는 6개월 이상 보유를 조건으로 하여 회사의 규모에 따라 1% 또는 0.5% 주주)
- 의제제안, 의안제안
- 주주총회일 6주 전까지 서면 또는 전자문서의 형태로, 이사에게!
- ★ 제안 거부 가능?
  - **이사회는 주주제안의 내용이 법령 또는 정관을 위반하는 경우와 그 밖에 대통령령으로 정하는 경우를 제외하고는 이를 주주총회의 목적사항으로 하여야 한다.**
  - 대통령령(상법시행령) 제12조는 구체적인 사유를 열거, 그 거부사유는 ① 주총에서의 의결권의 10% 미만의 찬성밖에 얻지 못하여 부결된 내용과 동일한 의안을 부결된 날로부터 3년 내에 다시 제안하는 경우, ② 주주 개인의 고충, ③ 소수주주권에 관한 사항, ④ **상장**회사의 경우 **임기 중에 있는 임원의 해임**에 관한 사항, ⑤회사가 실현할 수 없는 사항 또는 제안이유가 명백히 거짓이거나 특정인의 명예를 훼손하는 사항 등
- 주주제안을 무시한 결의의 효력:
  - (ⅰ) 아직 총회가 열리기 전이라면 그 제안을 의제 또는 의안으로 상정할 것을 명하는 가처분이 가능한가?
    - 하급심 판례 중에는 "주주제안을 거부당한 주주가 임시주주총회 소집청구를 하지 아니한 채 거부당한 의안을 주주총회의 목적사항으로 상정시키는 형태의 가처분을 신청할 수 있다"고 판시한 것이 있음
  - (ⅱ) 주총이 종료된 이후라면, 이미 이루어진 결의의 효력은 어떻게 되는가?
    - 의안제안을 무시한 경우, 예컨대 이사선임의 건이 의제였는데 주주가 제안한 후보를 의

안으로 올리지 않고 통지에도 기재하지 않은 경우라면, 그 결의는 소집절차 또는 결의방법에 하자가 있어 취소할 수 있다는 것이 통설

3. 반대주주의 주식매수청구권
- 회사의 중요결정에 반대하는 주주가 회사에 대해서 자신의 보유주식을 매수할 것을 청구할 수 있는 권리
- 주주의 퇴사가 인정되지 않는 주식회사에서 반대주주의 주식매수청구권은 퇴사가 허용되는 예외적인 경우임
- 주식매수청구권을 발생시키는 회사의 결정
  (1) 주주총회 특별결의를 요하는 영업에 관한 주요거래
  (2) 합병
  (3) 분할합병
  (4) 주식교환, 주식이전

> 제374조의2(반대주주의 주식매수청구권) ③ 제2항의 규정에 의한 주식의 매수가액은 주주와 회사간의 협의에 의하여 결정한다.
> ④ 매수청구기간이 종료하는 날부터 30일 이내에 제3항의 규정에 의한 협의가 이루어지지 아니한 경우에는 회사 또는 주식의 매수를 청구한 주주는 법원에 대하여 매수가액의 결정을 청구할 수 있다.
> ⑤ 법원이 제4항의 규정에 의하여 주식의 매수가액을 결정하는 경우에는 회사의 재산상태 그 밖의 사정을 참작하여 공정한 가액으로 이를 산정하여야 한다.

<문제>

4. E가 2019. 1. 11. 현재 丙회사에 청구할 수 있는 금액을 산출하는 과정을 근거와 함께 설명하라. (15점)

배점이 낮은 문제이므로 구분만에 핵심만을 쓰는 것이 중요함(15점 = 구분)

근거와 과정을 물었음

⇒ 근거: 합병반대주주의 주매청(제522조의3 제1항, 제530조 제2항)

   과정: 주식매수가액, 이행지체시기(지연이자)

 풀이

1. 주식매수청구권(or 합병반대주주의 주식매수청구권)

(배점 낮은 문제의 목차는 로마자 대신 아라비아 숫자를 쓰는 것이 시간상 유리함)

(① 제522조의3 제1항 한 단락, ② 제530조 제2항 및 제374조의2 제2항 한 단락 쓰기)

합병결의에 반대하는 주주는 주주총회 전에 회사에 대하여 서면으로 그 결의에 반대하는 의사를 통지한 경우에는 그 총회의 결의일(2017. 11. 30.)부터 20일 이내(12. 20.)에 주식의 종류와 수를 기재한 서면으로 회사에 대하여 자기가 소유하고 있는 주식의 매수를 청구할 수 있다(제522조의3 제1항). 12.11.에 서면으로 매수청구를 하였다. ※시간이 없으므로, 따로 목차를 잡지 않고 조문을 제시하면서 바로 포섭하는 것도 한 방법임

E는 합병승인결의를 한 주주총회에 참석하지 않았지만, 반대의 통지를 미리 한 이상 주매청을 행사할 수 있다. 의결권이 없는 주식 1,000주에 대해서도 행사할 수 있다.

E가 주식의 매수를 청구하면 회사에게는 매수의무가 발생한다. 丙회사는 매수 청구 기간이 종료하는 날부터 2개월 이내에 주식을 매수하여야 한다(제530조, 제374조의2 제2항). 판례에 따르면, 주식매매대금 지급의무의 이행기이므로, 경과하면 지체책임이 발생한다.

2. 주식매수가액 및 이행지체시기

E와 丙회사 간에 주식매수가액을 1주당 10만원으로 합의하였으니 주식매수가액은 10만원이다. 丙회사는 매수청구기간 종료일인 2017. 12. 20.부터 2개월이 경과한 시점(2018. 2. 21.)부터 지체책임을 부담한다. 따라서 E는 丙회사에 3억 8천만 원(3,800주×10만원)과 2018. 2. 21.부터 회사가 주식매수대금을 지급하는 날(설문의 2019. 1. 11. 은 아닐 것임)까지 법정상사이율(제54조)인 연6%의 지연이자를 청구할 수 있다.

> **NOTE**
>
> 제522조의3(합병반대주주의 주식매수청구권) ① 제522조제1항에 따른 결의사항에 관하여 이사회의 결의가 있는 때에 그 결의에 반대하는 주주(의결권이 없거나 제한되는 주주를 포함한다.)는 주주총회 전에 회사에 대하여 서면으로 그 결의에 반대하는 의사를 통지한 경우에는 그 총회의 결의일부터 20일 이내에 주식의 종류와 수를 기재한 서면으로 회사에 대하여 자기가 소유하고 있는 주식의 매수를 청구할 수 있다.
> ② 제527조의2제2항의 공고 또는 통지를 한 날부터 2주내에 회사에 대하여 서면으로 합병에 반대하는 의사를 통지한 주주는 그 기간이 경과한 날부터 20일 이내에 주식의 종류와 수를 기재한 서면으로 회사에 대하여 자기가 소유하고 있는 주식의 매수를 청구할 수 있다.
> 제530조(준용규정) ② 제374조의2 제2항의 규정은 주식회사의 합병에 관하여 이를 준용한다.
> 제374조의2(반대주주의 주식매수청구권) ② 제1항의 청구를 받으면 해당 회사는 같은 항의 매수 청구기간이 종료하는 날부터 2개월 이내에 그 주식을 매수하여야 한다.

2018년도 시행

제7회 변호사시험

[민사법]

商法

工夫

〈제 3 문〉

<기초적 사실관계>

甲주식회사(이하 '甲회사')는 자동차부품과 건설기계부품의 제조·판매업을 목적으로 하고 있다. 甲회사 발행주식총수의 40%를 A(甲회사 대표이사), 35%를 B, 25%를 C가 각각 소유하고 있다. 甲회사의 정관에는 "이사회는 새로운 기술의 도입이나 긴급한 경영 자금의 조달이라는 경영목적을 위해서는 주주가 아닌 제3자에게 신주를 배정할 수 있다"라고 규정되어 있다.

A는 기존 사업의 규모를 축소하고 새로운 사업인 휴대전화부품 제조업에 투자하려는 사업계획을 마련하였다. B와 C는 이에 반대하고 A를 대표이사에서 해임하고자 논의하였다. 이에 대응하기 위하여 A는 이사회의 신주발행결의를 거쳐 A의 고교동창인 D에게 신주를 발행하였다. (대표이사의 고교동창 - 여러 논점이 떠올라야 함, 제3자이지만 진정한 제3자가 아님, 대표이사가 무언가를 한 것과 비슷함)

한편 A(甲회사의 대표이사임)는 컴퓨터부품을 제조·판매하는 乙주식회사(이하 '乙회사')의 대표이사를 겸임하고 있다. (대표이사 겸임- 여러 논점이 떠올라야 함) 甲회사는 X주식회사(이하 'X회사')와 차세대 브레이크 납품계약을 체결하면서 납품계약을 이행하지 못할 경우 50억 원을 지급하기로 약정하였다. 동시에 A는 乙회사를 대표하여 위 납품계약으로 甲회사가 X회사에 부담하게 될 수 있는 납품계약불이행 위약금채무에 관한 연대보증계약을 체결하였다. 이후 甲회사는 위 납품계약을 이행하지 못하였다. (연대보증 - 甲회사에게 불리한지 乙회사에게 불리한지 생각해 보기)

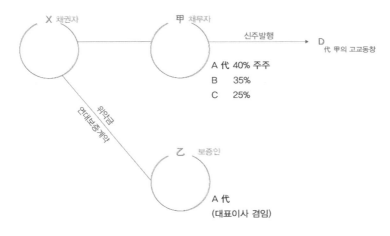

<문제>

1. 주주 B가 위 신주발행의 효력을 다툴 수 있는 <u>사유</u>와 <u>방법</u>은 무엇인가? (35점)

2. 乙회사의 위 연대보증계약은 유효한가? (30점)

 1. 풀이

Ⅰ. 쟁점

주주 B가 D에 대한 신주발행의 효력을 다툴 수 있는 사유로서 이 사건 신주발행이 제3자배정 방식의 신주발행의 요건을 흠결하였다는 점을 제시할 수 있는지를 살펴보고, 그 효력을 다투는 방법으로 신주발행무효의 소를 검토하기로 한다.

※ 묻는 말에 대답을 하는 방식으로 문제를 풀어나가는 것이 중요함

Ⅱ. 신주발행의 효력을 다툴 수 있는 사유

1. 제3자배정의 요건

신주발행 시 회사는 원칙적으로 주주에게 그가 가진 주식 수에 비례하여 신주를 배정하여야 한다(상법 제418조 제1항). 그러나 예외적으로 정관에 근거 규정이 있고, 신기술의 도입이나 재무구조의 개선 등 회사의 경영상 목적을 달성하기 위하여 필요한 경우에는 주주 외의 제3자에게 신주를 배정할 수 있다(동조 제2항).

2. 경영권 방어 목적의 제3자배정

판례는 경영권 방어를 목적으로 제3자에게 신주를 배정하는 것은 상법 제418조 제2항을 위반하여 주주의 신주인수권을 침해한다고 본다. 다만 경영권 방어 목적의 제3자배정 방식 신주발행이 모두 무효라고는 판시하지 않는다. 신주발행 무효원인은 거래의 안전을 고려하여 가급적 엄격하게 해석해야 한다고 하면서, 신주발행에 법령이나 정관 위반이 있고 그것이 기존 주주들의 이익과 회사의 지배권에 중대한 영향을 미치는 경우로서 거래의 안전 등을 고려하더라도 도저히 묵과할 수 없는 정도이면 신주발행을 무효로 본다고 판시하였다[대법원 2008다50776 판결].

3. 사안의 경우

이 사건 신주발행은 주주 아닌 D에게 한 것으로서 제3자배정방식의 신주발행이다. 甲회사 정관에 제3자배정을 위한 근거규정은 마련되어 있다. 그러나 대표이사의 해임에 대응하기 위해 대표이사의 고교동창에게 발행된 것이므로 대표이사 A의 경영권 방어를 위한 것이다. 이는 경영

2018년도 시행 제7회 변호사시험 - 민사법 **137**

목적에 해당하지 않아서 주주의 신주인수권을 침해한다. 주주 B는 이 사건 신주발행이 제3자배정 요건을 흠결하여 주주의 신주인수권을 침해하였음을 이유로 하여 그 무효를 주장할 수 있다.

III. 신주발행의 효력을 다투는 방법

1. 신주발행무효의 소

- 신주발행의 하자는 신주발행무효의 소에 의해서만 다툴 수 있다. 거래안전보호 취지
- 신주발행무효의 소는 주주·이사·감사에 한하여 신주를 발행한 날부터 6개월 내에 회사를 피고로 하여 제기해야 한다(제429조). 신주를 발행한 날이란 납입기일의 다음날

2. 사안의 경우

주주 B는 납입기일의 다음날로부터 6개월 내에 회사를 상대로 신주발행무효의 소를 제기하여 신주발행의 효력을 다툴 수 있다.

IV. 사안 해결

주주 B는 이 사건 신주발행이 제3자배정 방식임에도 불구하고 그 요건을 흠결하였음을 사유로 하여 신주발행무효의 소의 방법으로 신주발행이 무효임을 다툴 수 있다.

NOTE

1. 대법원 2008다50776 판결

[1] 상법 제418조 제1항, 제2항의 규정은 주식회사가 신주를 발행하면서 주주 아닌 제3자에게 신주를 배정할 경우 기존 주주에게 보유 주식의 가치 하락이나 회사에 대한 지배권 상실 등 불이익을 끼칠 우려가 있다는 점을 감안하여, 신주를 발행할 경우 원칙적으로 기존 주주에게 이를 배정하고 제3자에 대한 신주배정은 정관이 정한 바에 따라서만 가능하도록 하면서, 그 사유도 신기술의 도입이나 재무구조 개선 등 기업 경영의 필요상 부득이한 예외적인 경우로 제한함으로써 기존 주주의 신주인수권에 대한 보호를 강화하고자 하는 데 그 취지가 있다. 따라서 주식회사가 신주를 발행함에 있어 신기술의 도입, 재무구조의 개선 등 회사의 경영상 목적을 달성하기 위하여 필요한 범위 안에서 정관이 정한 사유가 없는데도, 회사의 경영권 분쟁이 현실화된 상황에서 경영진의 경영권이나 지배권 방어라는 목적을 달성하기 위하여 제3자에게 신주를 배정하는 것은 상법 제418조 제2항을 <u>위반</u>하여 주주의 신주인수권을 <u>침해</u>하는 것이다.

[2] 신주발행을 사후에 무효로 하는 경우 거래의 안전과 법적 안정성을 해할 우려가 큰 점을 고려할 때 신주발행무효의 소에서 그 <u>무효원인은 가급적 엄격하게 해석</u>하여야 한다. 그러나 신주

발행에 법령이나 정관의 위반이 있고 그것이 주식회사의 본질 또는 회사법의 기본원칙에 반하 거나 기존 주주들의 이익과 회사의 경영권 내지 지배권에 중대한 영향을 미치는 경우로서 주 식에 관련된 거래의 안전, 주주 기타 이해관계인의 이익 등을 고려하더라도 도저히 묵과할 수 없는 정도라고 평가되는 경우에는 그 신주의 발행을 무효라고 보지 않을 수 없다.

 2. 풀이

Ⅰ. 쟁점

X회사와 乙회사 간의 연대보증계약과 관련하여, ① 乙회사의 정관상 목적 범위 외의 행위로 서 권리능력 없는 자의 행위가 되어 무효인지 여부, ② 자기거래 해당 여부 및 자기거래의 효력, ③ 대표권 남용으로서 무효인지 여부가 문제된다.

Ⅱ. 정관의 목적 범위 내인지 여부

1. 문제점

乙회사는 컴퓨터 부품의 제조, 판매를 주된 영업으로 하는 회사인바, 甲회사의 채무에 대한 연대보증이 乙의 정관 목적 범위 내의 행위인지를 검토한다. 이를 위해, 민법에 의하면 법인의 권리능력은 정관상 목적범위 내로 제한되는데(민법 제34조), 상법상 회사의 권리능력에도 이와 같 은 제한이 있는지를 살펴보자.

2. 학설 및 판례

학설은 제한설과 무제한설이 있다. 다수설은 상법에 민법 제34조를 준용하는 명문 규정이 없 다는 점과 회사 거래에는 거래안전보호 필요성이 큰 점을 들어서 제한을 부정한다.

판례는 회사의 권리능력은 정관상 목적 범위 내로 제한되나, 그 목적범위 내의 행위에는 정 관에 명시된 목적 자체뿐 아니라 그 목적 수행에 직접·간접으로 필요한 행위도 포함되며, 목적 수행에 필요한지 여부는 행위의 객관적 성질에 따라 판단하고 행위자의 주관적·구체적 의사는 고려하지 않는다고 본다. 즉, 판례는 제한을 긍정하지만 목적범위를 넓게 해석하기 때문에 무제 한설과 큰 차이가 없다.

3. 소결

회사 거래에서는 거래안전을 보호할 필요성이 크기 때문에 무제한설이 타당하다. 무제한설에 따르면 회사의 권리능력은 정관의 목적에 의해 제한되지 않으므로, 이 사건 연대보증계약은 乙회사의 정관 목적범위를 벗어나 권리능력 없는 자의 행위로서 무효가 되지 않는다. 즉, 유효하다.

III. 위법한 자기거래로서 무효인지 여부 ※이 문제의 주인공: 乙회사임, 乙회사의 이사회의 승인이 필요

1. 쟁점

A가 대표이사로 재직하는 乙회사가 A가 대표이사로 재직하는 甲회사의 채무에 대해서 연대보증한 것이 상법 제398조의 자기거래에 해당하는지 여부 및 이사회의 사전 승인 없는 자기거래의 효력이 문제된다.

2. 자기거래 해당 여부

(1) 의의

이사 등의 자기거래란 이사, 주요주주 및 그 특수관계인이 자기 또는 제3자의 계산으로 회사와 하는 거래로서 회사의 이익을 해할 염려가 있는 모든 재산적 거래를 말한다. 상법은 사전에 이사회의 승인을 받을 것을 요하는 등 자기거래에 대해 엄격하게 규제한다(제398조).

(2) 자기거래의 유형

① 형식적으로 이사 등과 회사 간의 거래인 직접거래뿐만 아니라 ② 형식적으로는 제3자와 회사 간의 거래이나 실질적으로는 이사 등에게 유리하고 회사에 불리한 거래인 간접거래도 제398조의 자기거래에 해당한다.

(3) 자기거래의 적용대상

회사의 이사가 거래상대방 회사의 대표이사인 경우, 그 거래상대방인 회사가 제398조 제1항의 이사에 포함되는지를 살펴보자.

자기거래의 적용대상을 이사에 한정하고 있던 개정 전 상법 하에서 판례는 "별개 두 회사의 대표이사를 겸하고 있는 자가 어느 일방 회사의 채무에 관하여 나머지 회사를 대표하여 연대보증을 한 경우에도 상법 제398조가 적용되는 것으로 보아야 한다"고 판시한 바 있다[대법원 84다카 1591 판결].

자기거래의 범위를 확대하려는 것이 현행 상법의 개정 취지임을 고려할 때 종래 판례는 그대로 유지되는 것으로 보아야 할 것이다. 따라서 '이사가 대표이사로 있는 회사(甲회사)'도 제398조 제1호의 '이사'에 포함된다고 해석하는 것이 타당하다.

(4) 검토

사안의 연대보증계약은 간접거래 형식의 자기거래로서 제398조 제1호의 자기거래에 해당하므로 乙회사의 이사회의 승인이 필요하다.

3. 이사회의 사전 승인 없는 자기거래의 효력

(1) 문제점

이사 등은 이사회의 事前승인을 얻어서 자기거래를 하여야 한다. 설문상 이 사건 연대보증계약을 체결하기 전에 乙회사의 이사회의 승인을 얻은 정황이 없는바, 이 경우 자기거래의 효력이 문제된다.

(2) 학설 및 판례

무효설과 유효설, 상대적 무효설(이사와 회사 간에는 무효, 선의·무중과실인 제3자에 대해서는 무효를 주장할 수 없음, 통설·판례)이 대립한다. 상대적 무효설에 따르면 이사회의 승인이 없었다는 사실 및 그 사실에 대해서 제3자가 악의이거나 선의라도 중과실이 있었다는 점에 대한 입증책임은 무효를 주장하는 회사가 부담한다.

(3) 검토

상대적 무효설이 타당, 사안에서 연대보증계약 체결 전에 乙회사의 이사회의 승인이 있었다면 연대보증계약은 유효함, 乙회사의 이사회 승인이 없었다면 그 사실에 대해서 X회사(채권자, 연대보증계약의 상대방)가 선의·무중과실인 경우에 한하여 유효하다.

[X회사의 선의 여부 및 중과실 유무의 입증책임은 乙회사가 지는데, 사안에서 X회사가 악의였다거나 중과실이 있었다는 사정은 보이지 않는다. 따라서 乙회사의 이사회의 승인이 없었더라도 이 사건 연대보증계약은 유효하다.]

4. 소결

이 사건 연대보증계약은 간접거래 형식의 자기거래인데, 이에 대하여 乙회사의 이사회의 승인이 없었을 경우라도 乙회사가 그에 대한 X회사의 악의·중과실을 입증하지 못하는 한 유효하다.

IV. 대표권 남용 여부

1. 의의

대표이사의 대표권 남용은 형식적으로는 대표이사의 권한 내의 행위이지만 실질적으로는 대표이사 자신이나 제3자의 이익을 도모하는 행위를 의미한다.

2. 대표권 남용의 효력(이 부분 정리하는 방법 2가지 중 1가지)

(1) 학설

1) 비진의의사표시설

대표권남용행위도 원칙적으로 유효하나 상대방이 대표권남용 사실을 알았거나 알 수 있었을 때에는 민법 제107조 제1항 규정을 유추적용하여 무효라는 견해이다.

2) 권리남용설

대표권남용행위도 원칙적으로는 유효하나 거래상대방이 대표이사의 주관적 의도를 알았거나 중과실로 몰랐던 경우에는 거래의 유효를 주장하는 것은 권리남용에 해당하여 허용할 수 없다는 견해이다.

3) 상대적 무효설

대표자가 개인을 위해 대표권을 행사하면 이는 무효이나 선의의 상대방에게는 그 무효를 주장할 수 없다는 견해이다.

4) 대표권제한설

대표자의 대표권에는 선관주의의무에 의한 제한이 내재되어 있는데 그 제한을 선의의 제3자에게 주장할 수 없다는 견해이다.

(2) 판례

비진의의사표시설을 취한 판례가 다수이지만 드물게는 권리남용설을 취한다.

(3) 검토

회사의 이익과 거래안전의 조화를 도모하는 판례입장(비진의의사표시설)이 타당하다.

2. 대표권 남용의 효력(이 부분 정리하는 방법 2가지 중 다른 1가지)

대표권남용행위는 형식적으로 대표권의 범위 내에서 이루어진 행위이므로 원칙적으로 유효하다. 그러나 자기 또는 제3자를 위한다는 대표이사의 주관적인 의도를 거래상대방이 알았거나 알 수 있었다면 회사는 무효를 주장할 수 있다. 판례는 그 근거에 관해 주로 비진의의사표시설을 취한다. 회사의 이익과 거래안전의 조화를 도모하는 판례입장(비진의의사설)이 타당하다고 본다.

판례에 따를 때 대표권남용행위의 무효를 주장하는 자가 당해 행위가 대표권 남용에 해당한다는 점과 상대방의 악의 또는 과실을 입증하여야 한다.

3. 소결

사안의 연대보증계약은 乙회사의 이익을 위한 것이 아니라 자기가 대표이사로 있는 甲회사의 이익을 위한 것이므로 대표권남용행위에 해당한다. 그러나 그 경우 乙회사가 대표이사 A의 대표권 남용에 대한 X회사의 악의 또는 과실을 입증하지 못하는 한 연대보증계약은 유효하다.

V. 사안 해결

이 사건 연대보증계약은 乙회사의 정관 목적 범위를 벗어나지 않는 권리능력 범위 내의 행위이다. 자기거래에 해당하며 이사회의 사전 승인이 없었던 것으로 보이지만 X회사가 이를 알았거나 중과실로 알지 못했다는 사정이 보이지 않으므로 연대보증계약은 유효하다. 또한 대표권 남용행위에 해당하지만 X회사가 대표권 남용 의사를 알았거나 알 수 있었다는 사정이 보이지 않으므로 연대보증계약은 유효하다.

<추가적 사실관계>

甲회사는 자동차부품 제조·판매업을 새로이 신설되는 '금강자동차부품 주식회사'로 분할하였다. 甲회사는 분할계획서에 "분할에 의하여 설립되는 회사는 분할회사의 채무 중에서 [첨부: 승계채무목록]에 기재된 채무만을 승계한다. 분할 후 존속하는 분할회사는 신설회사가 부담하지 아니하는 채무에 대한 책임만을 부담한다"라는 내용을 기재하였다. 이 분할계획서는 주주총회에서 특별결의요건을 갖추어 승인되었고 甲회사는 채권자보호절차를 이행하였다. 위 차세대 브레이크 납품계약불이행 위약금채무는 [첨부: 승계채무목록]에 기재되어 있지 않았다.

<문제>

3. X회사가 위 납품계약불이행 <u>위약금채무</u>가 자동차부품 제조·판매업과 직접 관련되는 채무라고 주장하면서 '금강자동차부품 주식회사'에 이를 이행하도록 청구하는 소를 제기하는 경우 인용될 수 있는가? (15점)

 풀이

Ⅰ. 쟁점

회사 분할 시 분할 전 채무에 대해서 분할회사와 신설회사는 원칙적으로 연대책임을 지는데, 연대책임을 배제하고 분할채무를 부담하기로 정한 경우에 각 회사가 부담하는 채무의 범위를 검토한다.

Ⅱ. 회사분할 전 분할회사 채무에 대한 각 회사의 책임

1. 단순분할

회사 분할 중에서 단순분할은 회사의 영업을 수개로 분할하고 분할된 영업 중의 1개 또는 수개를 각각 출자하여 1개 또는 수개의 회사를 신설하는 것을 의미한다(제530조의2 제1항). 사안의 甲회사는 회사의 영업을 분할하고 그 중에서 자동차부품 제조·판매업을 출자하여 금강자동차부품 주식회사를 신설하였으므로, 이는 회사 분할 중에서 단순분할에 해당한다.

2. 연대책임 원칙

분할회사와 신설회사는 분할 전의 분할회사 채무에 대하여 연대하여 변제할 책임이 있다(제530조의9 제1항).

3. 연대책임의 배제

(1) 의의

분할회사는 주주총회의 특별결의로 '신설회사는 분할 전 분할회사의 채무 중에서 분할계획서에 승계하기로 정한 채무에 대한 책임만을 부담하는 것'으로 정할 수 있다. 이 경우 존속하는 분할회사는 신설회사가 부담하지 않는 채무에 대한 책임만을 부담한다(제530조의9 제2항).

(2) 요건

1) 분할회사의 주주총회 특별결의

연대책임을 배제하고 분할채무만을 부담한다는 취지가 기재된 분할계획서를 작성하여 분할회사의 주주총회의 특별결의에 의한 승인을 얻어야 한다(제530조의9 제2항).

2) 분할회사의 채권자보호절차

분할회사는 주주총회 결의일로부터 2주 내에 채권자에 대하여 1월 이상의 기간 내에 이의를 제출할 것을 공고하고, 알고 있는 채권자에 대하여는 따로 최고하여야 한다. 회사는 이의제출기간 내에 이의를 제출한 채권자에 대하여 변제 또는 상당한 담보를 제공하거나 상당한 재산을 신탁회사에 신탁하여야 한다. 이의제출기간 내에 이의를 제출하지 않은 채권자는 분할을 승인한 것으로 본다(제530조의9 제1항, 제527조의5).

(3) 효과

분할 전 분할회사의 채무에 대하여 분할회사와 신설회사는 연대책임을 지지 않는다. 분할 전 분할계획서에서 정한 채무는 신설회사가 부담하고 나머지 채무는 존속하는 분할회사가 부담한다.

III. 사안 해결

이 사안의 회사분할은 단순분할에 해당한다. 甲회사의 X회사에 대한 납품계약불이행 위약금채무는 분할 전 분할회사의 채무이나, 甲회사의 분할계획서에는 신설회사는 분할 전 甲회사의 채무에 대하여 승계채무목록에 기재된 채무만을 부담하는 것으로 기재되어 있으며, 이 분할계획서는 주주총회의 특별결의로 승인되었고 채권자보호절차도 이행되었으므로, 금강자동차 부품 주식회사는 甲회사의 분할 전 채무에 대하여 연대책임을 지지 않고, 승계채무목록에 기재된 채무에 대해서만 책임을 진다. 승계목록채무에는 위약금채무는 기재되어 있지 않았으므로 금강자동차 부품 주식회사는 위약금채무를 부담하지 않는다.

따라서 X회사의 금강자동차 부품 주식회사에 대한 소는 인용될 수 없다.

NOTE

1. 9회 변시 5번: 단순분할 중 물적분할과 인적분할까지 답변

7회 문제: 단순분할까지만 답변

2. 회사분할

(1) 개념

하나의 회사의 영업이 둘 이상의 회사로 분리되면서 그 영업에 관하여 발생한 권리의무를 신설회사 또는 승계회사에 승계시키는 것을 목적으로 하는 회사의 행위

(2) 유형

- 단순분할, 분할합병
  - ‣ 단순분할이란 A회사가 영업의 일부를 분리하여 B회사를 신설하는 것처럼, 분할된 영업이 독립하여 신설회사로 남는 것(제530조의2 제1항)
  - ‣ A회사로부터 분리된 영업을 다른 C회사가 승계하는 것처럼, 분할된 영업이 독립성을 잃고 다른 회사에 흡수되는 것(제530조의2 제2항)

3. 분할계획서

- 분할계획서에 회사별로 채무와 책임을 어떻게 부담할 것인지를 정하는데 있어 제한 없음. 분할계획서에 신설회사가 부담하기로 정한 채무가 분할되는 회사로부터 승계한 영업과 전혀 관련이 없는 채무여도 무방함
- 개정 전 상법은 신설회사는 출자한 재산에 관한 채무만을 부담하는 것으로 규정(구 상법 제530조의9 제2항, 제3항)하였으나, 출자한 재산에 관한 채무의 의미가 불명확하다는 비판이 제기되자, 2015년 상법 개정으로 분할계획서에서 신설회사가 승계할 채무를 자유롭게 정할 수 있도록 하였음

4. 해당 조문

> 제530조의9(분할 및 분할합병 후의 회사의 책임) ① 분할회사, 단순분할신설회사, 분할승계회사 또는 분할합병신설회사는 분할 또는 분할합병 전의 분할회사 채무에 관하여 연대하여 변제할 책임이 있다.
> ② 제1항에도 불구하고 분할회사가 제530조의3제2항에 따른 결의로 분할에 의하여 회사를 설립하는 경우에는 단순분할신설회사는 분할회사의 채무 중에서 분할계획서에 승계하기로 정한 채무에 대한 책임만을 부담하는 것으로 정할 수 있다. 이 경우 분할회사가 분할 후에 존속하는 경우에는 단순분할신설회사가 부담하지 아니하는 채무에 대한 책임만을 부담한다.
> ④ 제2항의 경우에는 제439조제3항 및 제527조의5를 준용한다.
>
> 제527조의5(채권자보호절차) ① 회사는 제522조의 주주총회의 승인결의가 있은 날부터 2주내에 채권자에 대하여 합병에 이의가 있으면 1월 이상의 기간 내에 이를 제출할 것을 공고하고 알고 있는 채권자에 대하여는 따로따로 이를 최고하여야 한다.
> ② 제1항의 규정을 적용함에 있어서 제527조의2 및 제527조의3의 경우에는 이사회의 승인결의를 주주총회의 승인결의로 본다.
> ③ 제232조제2항 및 제3항의 규정은 제1항 및 제2항의 경우에 이를 준용한다.
>
> 제232조(채권자의 이의) ② 채권자가 제1항의 기간 내에 이의를 제출하지 아니한 때에는 합병을 승인한 것으로 본다.
> ③ 이의를 제출한 채권자가 있는 때에는 회사는 그 채권자에 대하여 변제 또는 상당한 담보를 제공하거나 이를 목적으로 하여 상당한 재산을 신탁회사에 신탁하여야 한다.

<추가적 사실관계>

경영상 어려움을 겪게 된 '금강자동차부품 주식회사'는 대표이사 등 임원진을 제외한 모든 회사의 인적·물적 자원을 丙주식회사(이하 '丙회사')에 양도하였다. 丙회사는 자동차부품 제조·판매업을 집중적으로 성장시키기 위하여 위 영업을 양수한 직후 회사 상호를 '금강오토부품 주식회사'로 변경하였다. Y는 '금강자동차부품 주식회사'에 부품제조에 필요한 원자재를 공급하였는데, '금강자동차부품 주식회사'로부터 원자재 공급에 대한 대금을 지금까지 받지 못하였다.

<문제>

4. Y는 '금강오토부품 주식회사'에 위 원자재 대금의 지급을 청구할 수 있는가? (20점)

 풀이

I. 쟁점

금강자동차부품 주식회사가 대표이사 등 임원진을 제외한 모든 회사의 인적·물적 자원을 丙회사에게 양도한 것이 상법상의 영업양도에 해당하는지 및 丙회사가 영업양수 후에 상호를 변경한 것에 대해 상호속용책임을 지는지가 문제된다.

II. 상법상 영업양도 해당 여부

1. 영업양도의 의의

영업양도란 '객관적 의미의 영업'을 그 '동일성을 유지'하면서 일체로서 이전하는 계약을 의미한다. 객관적 의미의 영업이란 상인의 영업재산 전체를 의미한다. 영업재산은 자산과 권리와 같은 적극재산뿐만 아니라 채무와 같은 소극재산도 포함한다.

2. 동일성 유무의 판단기준

동일성 유무의 판단은 종래의 영업조직의 전부 또는 중요한 일부가 유지되면서 같은 기능을 할 수 있는가에 의하여 판단한다. 판례는 인적 조직의 승계를 매우 중요하게 생각하는데, 물적 시설을 전부 양수하면서도 종업원의 상당수를 해고한 경우에는 영업양도가 아니라고 본다.

사안의 금강자동차부품 주식회사가 대표이사 등 임원진을 제외한 모든 회사의 인적·물적 자원을 丙회사에 양도한 것이므로 상법 제41조 이하의 영업양도에 해당한다.

III. 상호속용 양수인의 책임

1. 의의

영업상의 채무는 채무인수의 합의가 없는 한 양수인에게 승계되지 않지만, 양수인이 양도인의 상호를 계속 사용하는 경우에는 채권자가 영업이 양도된 사실을 알지 못하기 쉽고 이를 알더라도 양수인이 채무를 인수하는 것으로 오인시킬 경우에는 양도인으로부터 채권을 회수할 적기를 놓치기 쉽다. 이에 상법은 양수인이 상호를 속용할 경우에는 양도인의 영업이 지속되는 듯한 외관을 만든데 대한 책임을 물어 양수인도 양도인의 채무에 대해 책임지도록 한다(제42조 제1항).

2. 요건

(1) 영업양도

사안의 경우 위에서 살펴본 바와 같이 '금강자동차부품 주식회사'와 '丙회사'간에 영업양도 있었다.

(2) 양도인의 영업상 채무의 존재

양도인의 영업활동으로 인하여 채무가 존재해야 하는바, 판례는 거래상의 채무, 채무불이행에 기한 손해배상채무뿐 아니라 영업과 관련된 부당이득채무 및 불법행위로 인한 손해배상채무도 여기에 포함된다고 본다.

사안의 경우 자동차 부품 제조에 필요한 원자재 대금지급채무이므로 영업으로 인한 거래상의 채무이다.

(3) 채무를 인수하지 않았을 것

제42조는 양수인이 양도인의 채무를 인수하지 않은 경우에만 적용된다. 사안의 경우 영업양도인과 양수인 간에 채무를 인수한 사정은 보이지 않으므로, 이 요건은 충족된다.

(4) 양수인의 양도인 상호속용

대법원은 "상호의 속용은 형식상 양도인과 양수인의 상호가 동일한 것임을 요하지 않고, 양도인의 상호 중 그 기업주체를 상징하는 부분을 양수인이 사용하는 경우를 포함한다"고 판시했다.

사안의 경우 '금강자동차부품 주식회사'와 '금강오토부품 주식회사'가 완전히 동일한 상호는 아니지만 영업주체를 상징하는 부분이 공통되므로 상호속용이 인정된다.

(5) 채권자의 선의

사안에서는 채권자가 악의라고 볼 만한 사정이 없다.

IV. 사안 해결

금강자동차부품 주식회사가 대표이사 등 임원진을 제외한 모든 회사의 인적·물적 자원을 丙회사에게 양도한 것은 상법상 영업양도에 해당한다. 설문상 丙회사와 금강자동차부품 주식회사 간에는 Y에 대한 채무를 인수하기로 하는 약정이 체결되지 않았지만, 제42조의 상호속용의 요건을 모두 충족하고 있으므로 Y가 선의라면 금강오토부품 주식회사에 원자재 대금 지급을 청구할수 있다. 금강오토부품 주식회사는 금강자동차부품 주식회사와 연대하여 Y에 대하여 책임을 부담한다(부진정연대채무).

NOTE

- **배점이 몇 점인지를 살펴서 서술할 것**
- 배점이 10~15점이라면 목차 Ⅱ 생략 가능. 설문 사안이 상법상 영업양도에 해당함을 2~3줄만 적고 넘어가도 됨

2017 년도 시행

제6회 변호사시험

[민사법]

〈제 3 문〉

호텔업을 목적으로 설립된 비상장회사 甲주식회사(자본금 250억 원, 이하 '甲회사')는 2016. 3. 2. 건축 내장재를 제조·판매하는 乙주식회사(이하 '乙회사')로부터 제주도 호텔 신축에 필요한 전동 블라인드 470개를 구매하고 그 즉시 수령하였다. 甲회사는 전동 블라인드를 설치한 후 2016. 10. 12. 전동배터리가 고장난 블라인드 120개를 발견하고(이하자는 성질상 점유이전일로부터 6개월 내에 도저히 발견할 수 없었던 것임), 乙회사에게 "불량품이 인도되었으니 회수하여 가시기 바랍니다"라고 통지하였다.

甲회사 대표이사 A는 이사회를 소집하여 이사들의 논의를 거친 후 아래 의사록의 안건을 적법하게 결의하고, A와 B를 공동대표이사, D를 지배인으로 등기하였다.

이사회 의사록

甲주식회사는 2016. 1. 13. 서울 강남구 대치동 사옥 대회의실에서 이사회를 열고 아래의 안건을 결의하다.

안건 1: A와 B를 공동대표이사로 선임한다.
　　　　　　　　　[참석 이사가 전원 찬성함]

안건 2: D를 甲주식회사 동수원사무소 영업소장으로 임명한다.
　　　　단, 5천만 원 이상의 구매행위는 이사회의 결의를 얻은 후에 할 수 있도록 한다.
　　　　　　　　　[참석 이사가 전원 찬성함]

　　　　　　　　　2016. 1. 13.

　　　　　　　　　　　甲주식회사　대표이사 A
　　　　　　　　　　　　　　　　　이　　사 B
　　　　　　　　　　　　　　　　　이　　사 H
　　　　　　　　　　　　　　　　　이　　사 I
　　　　　　　　　　　　　　　　　이　　사 J
　　　　　　　　　　　　　　　　　감　　사 K

B는 회사 경영에 전혀 관여하지 아니한 채 그의 인감 및 명판을 A에게 보관시켜 둔 상태에서 A에게 대표이사로서의 권한 일체를 위임하였다. 甲회사가 乙회사로부터 블라인드의 대금독촉을 받자 A는 '발행인 甲회사 공동대표이사 A, B, 발행일 2016. 10. 5.,

지급기일 2016. 12. 10., 액면금 5,000만 원'으로 된 약속어음을 작성한 후 乙회사에게 교부하였다(어음의 형식요건은 모두 갖춘 것으로 함).

C는 甲회사 대주주인 회장의 아들인데 스스로 '甲회사 사장'이라는 명칭으로 甲회사의 인감을 수시로 사용하고, 공동대표이사 A와 B의 서명까지 대행하기도 하였다. 甲회사는 회장의 명에 따라 C가 한 행위를 별다른 이의 없이 이행하여 왔다. C는 '甲회사 사장'으로서 甲회사 명의로 丙주식회사(이하 '丙회사')로부터 금 2억 원을 차용하여 개인적으로 유용하였다. 丙회사는 차용금채권의 변제기가 도래하였음에도 불구하고 이를 변제받지 못하고 있다.

D는 이사회의 승인을 얻지 아니하고 甲회사의 영업소장 명의로 거래처 사장인 E로부터 동수원 모델하우스 주차장에 필요한 쇄석 등 건축자재를 9,000만 원에 구매하였다.

F와 G는 甲회사의 발행주식 각 2%를 보유한 주주들이고 丁주식회사(이하 '丁회사')를 운영하고 있다. 丁회사는 제주도에서 새로이 호텔 및 워터파크를 개장하였으나, 이미 제주도에서 고객점유율 및 인지도를 확보하고 있는 甲회사와의 경쟁이 불가피한 상황이었다. F와 G는 甲회사가 제주도에 또 다른 호텔을 신축하고 분양하느라 자금부족을 겪고 있는 점을 기화로 고객과 구매 등에 관한 경영정보를 입수할 목적으로 甲회사에 회계장부의 열람을 청구하였으나 甲회사는 이를 거부하였다.

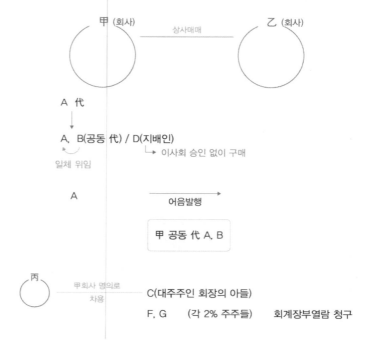

<문제>

1. 甲회사는 乙회사에게 전동 블라인드의 하자로 인한 손해배상청구를 할 수 있는가? **(15점)**

2. 乙회사는 甲회사에게 약속어음금 5,000만 원을 청구할 수 있는가? **(15점)**

3. 丙회사는 甲회사에게 차용금의 변제를 청구할 수 있는가? **(40점)**

4. E는 甲회사에게 물품대금 9,000만 원을 청구할 수 있는가? **(15점)**

5. 甲회사가 F와 G의 회계장부열람청구를 거부한 것은 정당한가? **(15점)**

※ 회계장부열람청구 쟁점: 2024년 13회 변시에 배점 큰 문제로 출제됨

　2. B의 재판상 회계장부 열람 · 등사 청구는 인용될 것인가? (30점)

※ 하나의 긴 사실관계 지문에 관해 설문이 많은 문제 유형

　▸ 설문을 먼저 읽고 지문을 읽기(논점에 대한 힌트를 얻은 후에 지문을 읽으면 시간을 절약할 수 있기 때문)

　▸ 대략 1~2단락은 1번 설문, 3~4 단락은 2번 설문에 해당한다고 생각하고 차례대로 문제를 풀면 됨.

 1. 풀이

Ⅰ. 쟁점

　첫째, 성질상 6월 내에 발견이 불가능한 하자가 있는 경우에도 상법 제69조에 따라 매수인 甲회사가 목적물의 검사의무와 통지의무를 이행하여야만 매도인에게 하자담보책임을 물을 수 있는지가 문제된다. 둘째, 매수인 甲회사가 민법상 불완전이행으로 인한 손해배상청구를 하는 경우에도 상법 제69조가 적용되는지를 검토해볼 필요가 있다.

Ⅱ. 상법상 매도인의 하자담보책임

1. 매수인의 목적물 검사 · 통지의무

　상인 간의 매매에 있어서 매수인은 목적물을 수령하면 지체 없이 이를 검사하여야 하며, 물건의 하자 또는 수량부족을 발견한 때에는 즉시 매도인에게 그 통지를 발송해야 한다. 그렇지 않으면 이로 인한 계약해제, 대금감액 또는 손해배상을 청구하지 못한다(제69조 제1항). 다만, 매도인이 악의인 경우에는 적용하지 아니한다(동조 제2항). 이것은 민법상 매도인의 담보책임에 대한 특칙으로 이해된다.

2. 성질상 6월 내에 발견할 수 없는 하자가 있는 경우

　판례는 설령 매매의 목적물에 상인에게 통상 요구되는 객관적인 주의의무를 다하여도 즉시

발견할 수 없는 하자가 있는 경우에도 6월 내에 그 하자를 발견하여 지체 없이 이를 통지하지 아니하면 매수인은 과실의 유무를 불문하고 매도인에게 하자담보책임을 물을 수 없다고 판시하였다.

III. 불완전이행으로 인한 손해배상책임 ※ 아래의 서술보다 줄여서 써도 됨

1. 의의

채무자가 이행을 하였으나 그것이 채무의 내용에 따른 것이 아닌 불완전한 경우를 불완전이행이라고 한다. 이행지체나 이행불능에서는 전혀 이행이 이루어지지 않은 점에서 소극적 채권침해라고 한다면, 불완전이행에서는 이행은 있었으나 그것이 완전하지 않은 점에서 적극적 채권침해라고도 부른다. 민법은 채무불이행의 유형으로 이행지체와 이행불능을 예정하였지만, 통설은 민법 제390조를 근거로 불완전이행을 채무불이행의 독립된 유형으로 인정한다.

2. 상법 제69조 적용 여부

판례는 상법 제69조 제1항은 민법상 매도인의 담보책임에 대한 특칙이라는 점에서, 채무불이행에 해당하는 불완전이행으로 인한 손해배상책임을 묻는 청구에는 적용되지 않는다고 본다.[7]

IV. 사안 해결

甲회사와 乙회사는 모두 상인이므로 사안의 전동블라인드 구매계약은 상사매매여서 상법 제69조가 적용된다. 따라서 설사 블라인드 120개에 있는 물건의 하자가 6월 내에 발견이 불가능한 하자라고 하더라도, 매수인인 甲회사는 블라인드를 수령한 2016년 3월 2일로부터 6월이 경과하기 전에 그 하자를 발견하여 乙회사에 통지하였어야 담보책임을 물을 수 있다. 그런데 甲회사는 6월이 경과한 후에 하자를 통지하였으므로 하자담보책임에 기해 손해배상청구를 할 수는 없다.

그러나 민법상 불완전이행책임을 물어 손해배상을 청구할 수는 있다.

---

[7] 민법상 하자담보책임과 채무불이행책임의 경합이 인정된다는 점에서 보면 자연스러운 판단이나, 현실적으로 물건의 하자와 불완전이행의 경계가 명확한 것은 아니어서 사실상 제69조의 취지가 몰각될 우려도 있다. 제69조의 취지는 <노트>에 정리되어 있음.

NOTE

1. 조문

> 제69조(매수인의 목적물의 검사와 하자통지의무) ① 상인간의 매매에 있어서 매수인이 목적물을 수령한 때에는 지체없이 이를 검사하여야 하며 하자 또는 수량의 부족을 발견한 경우에는 즉시 매도인에게 그 통지를 발송하지 아니하면 이로 인한 계약해제, 대금감액 또는 손해배상을 청구하지 못한다. 매매의 목적물에 즉시 발견할 수 없는 하자가 있는 경우에 매수인이 6월내에 이를 발견한 때에도 같다.
> ② 전항의 규정은 매도인이 악의인 경우에는 적용하지 아니한다.

- 이 규정은 민법상 매도인의 담보책임에 대한 특칙임

  상법은 민법 제574조의 수량부족 및 민법 제580조부터 제582조의 물건의 하자에 관하여 특칙을 마련하고 있다. 수량부족이나 물건의 하자에 대해서만 그러하고, 권리의 하자가 있거나, 채권이나 경매에서의 담보책임에 대해서는 원래대로 민법 규정이 적용된다.

  특별히 수량부족이나 물건의 하자에 대해서만 특칙을 둔 이유는, 이러한 하자는 물건을 검사해보면 바로 알 수 있기 때문이다. 목적물을 수령하고 나서 상당기간이 지나게 되면 하자를 조사하는 것이 쉽지 않아 그 분쟁의 해결이 곤란해지고, 또 그 하자가 인정되는 경우 매도인으로서는 이미 전매의 기회를 상실하였을 가능성이 크다는 점도 고려되었다.

  설사 즉시 발견할 수 없는 하자가 있는 경우에도 최소한 6개월 내에는 이를 검사하여 통지하여야 한다.
- 매도인의 지위가 장기간 불안정해지는 것을 막음으로써 거래의 신속을 도모
- 임의규정이므로 당사자가 달리 정할 수 있다는 것이 판례임[2008다3671]

2. 대법원 2013다522 판결

상인 간의 매매에서 매수인이 목적물을 수령한 때에는 지체 없이 이를 검사하여 하자 또는 수량의 부족을 발견한 경우에는 즉시, 즉시 발견할 수 없는 하자가 있는 경우에는 6개월 내에, 매수인이 매도인에게 그 통지를 발송하지 아니하면 그로 인한 계약해제, 대금감액 또는 손해배상을 청구하지 못하도록 규정하고 있는 상법 제69조 제1항은 민법상 매도인의 담보책임에 대한 특칙으로서, 채무불이행에 해당하는 이른바 불완전이행으로 인한 손해배상책임을 묻는 청구에는 적용되지 않는다.

🔍 2. 풀이

※ 이 문제는 어음행위(발행행위)와 공동대표이사 쟁점이 결합된 문제이다.

배점이 15점에 불과함을 고려하면 공동대표이사 간에 대표권의 포괄적 위임이 불가능하다는 점까지만 논의해도 무방할 것으로 생각된다. 불안하다면, 표현대표이사 요건을 충족하였다면 약속어음 발행행위는 유효하며 乙회사가 甲회사에게 약속어음금을 청구할 수 있다는 점을 1~2줄 쓰면 될 것이다.

그러나 만약 이 문제가 배점 30점으로 출제되었다면, 표현대표이사법리까지 서술하는 것이 바람직하다.

변시 상법 사례형 문제를 풀다보면, 문제별로 논점을 몇 개를 써야 하는지가 고민되는 경우가 많을텐데, 그럴 때마다 배점을 잘 살펴보고 수험전략적으로 판단하면 꽤 도움이 될 것이다.

1. 쟁점

甲회사의 공동대표이사 A와 B중에서 A가 B의 포괄적 위임을 받아서 A와 B 명의로 한 약속어음의 발행행위의 효력이 문제된다. 공동대표이사 1인이 다른 공동대표이사에게 대표권을 포괄적으로 위임하는 것이 가능한지 검토한다.

2. 대표권의 포괄적 위임 가부

(1) 문제점

이 사안에서 B는 A에게 이 사건 약속어음 발행행위에 대하여 개별적·구체적 위임을 한 바 없다. 그러나 A에게 인감 등을 보관시켜둔 상태에서 대표이사로서의 권한 일체를 위임한 바, 공동대표이사의 대표권의 포괄적 위임이 허용된다면, 乙회사의 어음금청구는 허용될 것이다.

(2) 학설 및 판례

통설은 대표권의 포괄적 위임은 실질적으로 단독대표를 가능하게 하여 공동대표제도를 둔 취지를 잠탈할 우려가 있으므로 부정한다. 판례도 공동대표제도를 인정한 것은 대외관계에서 수인의 대표이사가 공동으로만 대표권을 행사할 수 있게 하여 업무집행의 통일성을 확보하고, 대표권 행사의 신중을 기함과 아울러 대표이사 상호간의 견제에 의하여 대표권의 남용 내지는 오용을 방지하여 회사의 이익을 도모하려는데 그 취지가 있다 할 것이므로 공동대표이사의 1인이 특정사항에 관하여 개별적으로 대표권의 행사를 다른 공동대표이사에게 위임함은 별론으로 하고, 일반적 포괄적으로 그 대표권의 행사를 위임함은 허용되지 아니한다고 판시하였다[대법원 89 다카3677 판결].

3. 사안 해결

이 사건 어음발행은 甲회사에 대해 유효하지 않으므로, 乙회사는 甲회사에게 약속어음금 5,000만원을 청구할 수 없다.

---

cf 표현대표이사법리를 쓰고 싶다면, 아래의 내용을 참고하여 쓰면 되겠다.

• 甲회사의 공동대표이사 A와 B중에서 A가 B의 포괄적 위임을 받아서 A와 B 명의로 한 약속어음의 발행 행위의 효력이 문제된다. 이를 해결하기 위하여 먼저 공동대표이사 중의 1인이 다른 공동대표이사에게 대표권을 포괄적으로 위임할 수 있는지를 살펴본 후, 인감 및 명판을 다른 공동대표이사에게 맡겨둔 것과 관련하여 표현대표이사의 책임이 성립하는지 여부를 검토하고, 표현대표이사의 다른 요건을 모두 갖춘 자가 대표행위를 자신의 명의로 하지 않고 진정한 대표이사의 명의로 한

경우에도 표현대표이사규정이 적용되는지를 검토한다.

- 표현대표이사는 대표이사라는 명칭을 사용한 경우는 물론이고, 진정한 대표이사의 성명을 사용한 경우에도 성립한다. 따라서 A가 대표이사 B명의를 사용한 경우에도 표현대표이사가 성립한다.
- A의 어음에 대한 기명날인은 적법한 대표행위로서 유효하고, B의 기명날인은 표현대표이사의 법리에 따라 유효하다. 따라서 乙회사는 甲회사에게 약속어음금을 청구할 수 있다.

 3. 풀이

I. 쟁점

대표이사 아닌 C가 甲회사 명의로 한 차금행위에 대한 甲회사의 책임 유무와 관련해서 첫째, 상법 제395조 표현대표이사책임 성립 여부가 문제된다. 표현대표이사와 상업등기와의 관계도 문제된다. 둘째, 대표권남용법리 적용 여부가 문제된다.

II. 표현대표이사

1. 문제점

사안의 C의 행위는 대표이사 아닌 C가 권한 없이 진정한 대표이사인 A와 B의 명의로 행위를 한 경우, 즉 무권대행에 해당한다. 대행의 경우에도 제395조의 표현대표이사책임이 성립할 수 있는지가 문제된다.

2. 표현대표이사제도의 의의

사장, 부사장, 전무, 상무 기타 회사를 대표할 권한이 있는 것으로 인정될 만한 명칭을 사용한 이사의 행위에 대하여는 그 이사가 회사를 대표할 권한이 없는 경우에도 회사는 선의의 제삼자에 대하여 그 책임을 진다(제395조). 대표이사 아닌 자가 회사를 대표할 권한이 있는 것으로 인정될 만한 명칭을 사용한 경우에, 회사로 하여금 선의의 제3자에 대해 책임을 지도록 하는 법리이다. 외관주의 법리에 근거한다.

3. 대행의 경우 표현대표이사법리 적용 여부

제395조의 문언상 일반적으로 표현대표이사법리는 대표이사가 아닌 자가 자신의 명의는 그대로 표시하되 대표이사 등의 명칭(직함)을 표시하는 경우에 적용된다. 대표이사 등의 직함뿐만 아니라 대표이사 등의 명의를 사용하는 대행 방식의 행위에 대해서도 표현대표이사에 관한 규정인 제395조를 적용할 수 있는지에 대해서는 다음과 같이 견해가 대립한다.

(1) 학설

거래의 안전을 근거로 제395조가 적용된다는 적용긍정설과, 적용을 긍정한다면 제3자의 '2단의 오인'을 보호하는 결과가 되므로 이 규정을 적용할 수 없다는 적용부정설이 대립한다.

(2) 판례

전무이사가 '대표이사 명의'로 계약을 체결한 사안에서 대행의 경우에도 표현대표이사법리를 적용하였다.

(3) 검토

거래의 안전을 고려할 때 적용긍정설이 타당하다고 본다.

4. 표현대표이사 성립요건 충족 여부

(1) 외관의 존재

1) 표현적 명칭의 사용

대표권이 존재하는 것처럼 보이는 명칭을 사용하여야 한다. 제395조가 열거하는 명칭에 국한되지 않고 회장 등 일반적인 거래통념에 비추어 회사를 대표할 권한이 있는 것으로 보이는 명칭은 모두 포함된다.

2) 이사자격 요부

제395조의 문언은 표현적 명칭을 사용한 자가 이사일 것을 요하는 것처럼 되어 있으나, 통설은 표현대표이사의 성립에 이사의 자격을 요하지 않는다. 상대방의 신뢰는 표현적 명칭을 사용하는 자가 대표권을 가진다는 것에 있고, 그 자가 실제로 이사인지 여부는 이러한 신뢰의 형성에 아무 영향이 없기 때문이다. 판례도 같은 입장에서 회사를 실질적으로 지배할 뿐 이사로 선임되지 않은 주주 등의 행위에 대하여 제395조를 유추적용하고 있다.

3) 대표이사의 권한 내의 행위

외관이 존재하기 위해서는 대표이사의 권한 내의 행위이어야 한다.

(2) 외관에 대한 귀책사유

1) 명칭사용의 허락

회사가 명칭사용을 명시적 또는 묵시적으로 허락하였어야 한다.

2) 명의사용 허락의 주체

회사의 허락이 되기 위해서는 이사회 결의 또는 진정한 대표이사가 그 명칭의 사용을 허락하는 것이 필요하다.

(3) 외관에 대한 제3자의 신뢰

제3자는 표현대표이사에게 대표권이 없다는 점에 대하여 선의여야 한다. 판례는 제3자의 무과실은 요하지 않으나 중과실이 있는 제3자는 보호하지 않는다. 중과실이란 제3자가 조금만 주의를 기울였더라도 대표권이 없었음을 알 수 있었다는 의미이다. 제3자의 악의·중과실에 대한 입증책임은 회사에 있다.

5. 소결

C가 '甲회사 사장'으로서 甲회사 명의로 丙회사로부터 2억원을 차용한 행위는 타인인 대표이사의 직함과 명의를 참칭한 것으로서 무권대행에 해당한다. 거래의 안전을 고려할 때 대행의 경우에도 표현대표이사 법리를 적용하는 것이 타당하다. C는 이사 자격이 없지만 사장이라는 명칭을 사용하였는바 외관의 존재 요건이 충족된다. 甲회사 대주주의 아들인 C가 사장 명칭을 사용하고 甲회사의 인감을 수시로 사용하고 공동대표이사의 서명까지 대행한 행위에 대해 甲회사가 별다른 이의 없이 이행해 온 것으로 보아 표현적 명칭 사용에 대한 甲회사의 묵시적 허락이 인정된다. 丙회사가 C의 대표권 없음을 거래당시에 알았거나 중과실로 알지 못했다고 볼 만한 사정은 보이지 않는다. 표현대표이사 성립요건을 모두 충족하므로 丙회사는 甲회사에 대해 차용금의 변제를 청구할 수 있다.

III. 표현대표이사책임과 상업등기의 관계

1. 문제점

丙회사의 甲회사에 대한 차용금 변제 청구에 대하여 甲회사가 상업등기의 공시력(제37조)을 주장하여 면책을 주장할 수 있는지 검토해 보자. 상업등기의 측면에서 본다면 甲회사는 대표이사를 등기한 이상 선의의 제3자에게도 대항할 수 있기 때문이다. 제395조가 상업등기의 취지와 모순된다는 점에서 두 제도의 관계를 어떻게 이해할 것인지 문제가 된다.

2. 학설 및 판례

이에 대하여는 제395조와 제37조는 서로 차원 또는 법익을 달리한다는 이차원설과, 제395조는 제37조의 예외규정이라는 예외규정설이 대립한다. 판례는 이차원설을 취한다.

3. 검토 및 사안의 경우

제395조 표현대표이사는 외관법리에 기초하고 있으나 제37조 상업등기는 외관법리가 아니라 공시의 효력에 기초하고 있다는 점에서 서로 다른 제도라고 이해하는 것이 타당하다. 이차원설이 타당하다고 본다. 따라서 丙회사가 甲회사의 법인등기부를 보지 않고 거래하였어도 악의 또는 중과실은 없는 것으로 평가된다. 甲회사는 丙회사의 청구에 대하여 제37조를 근거로 면책을 주장할 수 없다.

IV. 대표권 남용 or 甲회사의 대표권 남용법리에 의한 대항 가능성

1. 쟁점

甲회사가 표현대표이사 C의 대표권 남용을 주장하여 丙회사에 대하여 차용금변제를 거절할 수 있는지를 살펴보자.

2. 표현대표이사의 행위에 대한 대표권 남용법리

표현대표이사가 자신 또는 제3자의 이익을 위하여 거래한 경우 대표권 남용의 법리에 따라 회사가 책임을 면할 수 있는지에 대해서, 판례는 긍정한다. 생각건대 표현대표이사는 남용할 권한 자체를 가지고 있지 아니하므로 이론적으로는 대표권의 남용을 적용하기 어렵지만, 대표권을 남용한 경우에는 거래상대방의 악의 또는 과실을 입증하여 회사가 책임을 면할 수 있는데. 대표권이 없는 경우에는 오히려 회사가 책임을 부담할 수밖에 없다는 것은 균형에 맞지 않는다. 따라서 대표권 남용의 법리는 표현대표이사에 대해서도 적용된다.

3. 대표권 남용의 의의 및 효력

대표이사의 대표권 남용은 형식적으로는 대표이사의 권한 내의 행위이지만 실질적으로는 대표이사 자신이나 제3자의 이익을 도모하는 행위를 의미한다.

대표권남용행위는 형식적으로 대표권의 범위 내에서 이루어진 행위이므로 원칙적으로 유효하다. 그러나 자가 또는 제3자를 위한다는 대표이사의 주관적인 의도를 거래상대방이 알았거나 알 수 있었다면 회사는 무효를 주장할 수 있다. 판례는 그 근거에 관해 주로 비진의의사표시설을 취한다. 회사의 이익과 거래안전의 조화를 도모하는 판례입장(비진의의사설)이 타당하다고 본다.

판례에 따를 때 대표권남용행위의 무효를 주장하는 자가 당해 행위가 대표권 남용에 해당한다는 점과 상대방의 악의 또는 과실을 입증하여야 한다.

4. 소결

C에게 개인적 유용 목적이 있었기 때문에 대표권 남용에 해당한다. 그러나 丙회사가 이를 알았거나 알 수 있었다는 사정이 없으므로 甲회사는 丙회사에게 대표권 남용을 이유로 금전차용이 무효라는 주장을 할 수 없다.

V. 사안 해결

丙회사는 甲회사에게 C의 금전차용행위가 표현대표이사의 행위에 해당함을 주장하여 차용금 변제를 청구할 수 있다. 丙회사가 C의 대표권 남용을 알았거나 알 수 있었다는 사정이 없으므로, 丙회사의 차용금 변제청구에 대해서 甲회사는 대표권 남용의 항변을 할 수 없다. 차용금을 변제하여야 한다.

 4. 풀이

1. 쟁점

D는 甲주식회사의 지배인(동수원사무소 영업소장)인데, 甲회사 이사회는 지배인의 5천만 원 이상의 구매행위에 이사회의 사전 결의를 요구하는 결의를 하였다. 이는 지배권의 내부적 제한에 해당한다. 지배권의 내부적 제한을 벗어난 이 사건 건축자재 구매 행위의 효력을 검토해보자.

2. 지배인의 의의 및 선임의 적법성

지배인이란 영업주에 갈음하여 그 영업에 관하여 재판상 또는 재판외의 모든 행위를 할 수 있는 대리권을 가진 상업사용인을 말한다(제11조 제1항). 주식회사의 지배인의 선임은 이사회의 결의로 한다(제393조 제1항). 또한, 동수원사무소의 영업소장은 특정 영업소인 동수원사무소의 영업을 책임지는 자이므로 지배인의 개념에 부합하는 직책이다.[8] D는 甲회사 '이사회의 결의'로 甲회사의 동수원사무소 '영업소장'에 선임되었으므로, 적법하게 선임된 지배인이다.

---

8 표현지배인의 성부를 따진 판례 중에서 보험회사 영업소장을 표현적 명칭으로 보지 않은 사례가 있으나(83다107), 이 판례는 특수한 사례로 이해하는 편이 수험적으로 바람직하겠다.

3. 지배권 제한의 효력

(1) 지배인의 권한

지배인은 그 영업에 관하여 재판상 또는 재판 외의 모든 행위를 할 수 있다(제11조 제1항). 지배인으로 선임되면 이처럼 법이 정하는 대리권을 가지게 된다.

(2) 지배권 제한의 효력

영업주는 대리권의 범위를 구체적으로 제한할 수 있지만, 영업주가 대리권의 범위를 제한하더라도 그 제한은 대내적인 관계에서만 효력을 가질 뿐 이를 가지고 선의의 제3자에게 대항할 수 없다(제11조 제3항). 판례는 선의의 제3자의 범위에 경과실 있는 제3자를 포함하고 중과실 있는 제3자를 제외하면서, 영업주가 제3자의 악의·중과실을 주장·입증할 책임이 있다고 판시하였다.

4. 사안 해결

D는 甲회사 동수원사무소의 지배인이고, 甲회사 이사회의 결의로 5천만 원 이상의 구매행위에 대해 사전적으로 이사회의 결의를 얻도록 한 것은 지배권의 내부적 제한에 해당한다. D가 E로부터 건축자재를 9,000만원에 구매한 것은 지배권의의 내부적 제한을 위반한 것이므로 제11조 제3항에 따라 선의의 E에게 대항할 수 없다. 설문상 E가 악의이거나 중과실이 있었다는 특별한 사정은 보이지 않는다. 따라서 E는 甲회사에게 물품대금 9,000만원의 지급을 청구할 수 있다.

NOTE

1. 지배권의 내부적 제한 사례와 지배권 남용 사례를 혼동하지 말 것!

2. 지배인
- 상업사용인의 일종임
  - 상업사용인: 특정한 상인에 종속되어 그 상인의 영업에 관한 대외적 거래를 대리하는 자
  - 규모가 확대되면 상인은 그 영업을 보조하는 자를 찾기 마련임. 그 보조하는 자에게 영업상의 대리권 수여. 상법은 이렇게 대리권이 부여되는 경우를 상업사용인이라고 하여 제10조 이하에서 규정을 마련함(민법상 대리제도로는 불충분하기 때문)
  - 외관주의에 의하여 거래의 상대방을 보호함으로써 거래의 신속과 안전을 도모
- 영업주에 갈음하여 그 영업에 관하여 재판상 또는 재판 외의 모든 행위를 할 수 있는 대리권

을 가진 상업사용인(제11조 제1항)
- 대리권 수여가 있었는지가 핵심
  직함의 명칭은 중요하지 않음(지점장, 영업부장 ok, 지배인이라는 명칭을 사용하는 경우는 거의 없음)
- [권한의 획일성] 상인 또는 상인의 대리인에 의해 선임되지만, 그 권한은 법규정에 의하여 일률적으로 주어짐
  ‣ 영업주가 대리권의 범위를 제한하더라도 선의의 제3자(선의 무중과실)에게 대항할 수 없음, 제3자의 악의 또는 중과실은 영업주가 주장·입증책임을 부담
- [권한의 포괄성] 대외적으로 영업전반에 관한 모든 행위를 할 수 있음
  ① 영업에 관한 행위: 영업으로 하는 행위에 국한되지 않음, 자금차입이나 어음행위와 같이 영업을 위해서 하는 행위(보조적 상행위)도 포함됨
  ② 재판상의 행위: 소송행위, 임의소송대리인, 변호사가 아니더라도 영업주를 위해 소송대리
  (판례) 지배인의 행위가 영업에 관한 것인지는 영업주나 지배인의 주관적 의도와 상관없이 행위의 객관적 성질에 따라 추상적으로 정함, 어음행위는 일반적으로 영업에 관한 행위임, 그러나 여관업의 경우에는 어음행위가 영업범위에 속하지 않음

3. 지배권 남용
- 지배인의 대리권의 범위는 추상적으로 정해지므로 지배인의 주관적인 의도와는 상관 없다. 지배인이 유흥비 조달이나 자신의 채무면제 등 개인의 목적으로 위해서 한 행위도 원칙적으로 영업주에 효력이 미친다. 그러나 이러한 사정을 거래상대방이 알았거나 알 수 있었다면, 본인에게 효력이 미치는가? 미친다고 보면 부당함
- 대리인의 행위가 대리인이나 제3자의 이익을 위한 것임을 거래상대방이 알았거나 알 수 있었다면 그 본인은 거래상대방에게 대항할 수 있다.
- 이론적 근거? (아래 문단을 통째로 암기하면 편함)
  판례는 처음에는 대리의 효력을 주장하는 것은 거래상대방의 권리남용이라는 점에 근거하여 악의의 상대방에 대해서만 영업주가 대항할 수 있다고 판시하였다. 그러나 이후에는 일관하여 민법 제107조 제1항 단서를 유추적용하는 입장을 취하고 있으며, 이제는 거의 후자의 입장으로 굳어진 것으로 보아도 무방하다. 일반적으로 전자를 권리남용설, 후자를 심리유보설이라고 부른다.

사례 문제로 출제되면 심리유보설을 취한 판례에 따라서 검토할 것, 무중과실이 아니라 무경과실이라는 점을 유의, 선의·무과실, 판례 문구는 "알았거나 알 수 있었던 때"

🔍 **5. 풀이**

※ 서론과 결론 목차를 제외하고 답안을 작성해보았음. 아주 바람직한 방식은 아니지만, 시간절약에 탁월.

1. 주주의 회계장부 열람청구

발행주식의 총수의 100분의 3 이상에 해당하는 주식을 가진 주주는 이유를 붙인 서면으로 회계장부의 열람을 청구할 수 있다(제466조 제1항). 회계장부란 재무제표 작성의 기초가 되는 것으로서 원장, 분개장 등을 의미한다.

주주가 언제든지 열람할 수 있는 재무제표나 감사보고서만 가지고는 회사 재무상황을 정확히 알기 어려운 경우가 많기 때문에 제466조는 그 원시자료인 회계장부 자체를 주주가 열람할 수 있도록 하고 있다. 그러나 회사의 이익을 위해서 비밀로 유지되어야 할 필요도 있기 때문에, 이 권리를 (단독 주주권이 아니라) 소수주주권으로 정하는 한편 회사가 거부할 수 있도록 정하고 있다.

F와 G가 보유한 甲회사의 지분비율은 4%이므로 회계장부의 열람을 청구할 수 있다.

2. 회사의 거부

회사는 주주의 열람청구가 부당함을 입증하여 이를 거부할 수 있다(제466조 제2항). 판례는 주주의 열람청구가 회사업무의 운영 또는 주주 공동의 이익을 해치거나, 주주가 회사의 경쟁자로서 취득한 정보를 경업에 이용할 우려가 있거나, 회사에 지나치게 불리한 시기를 택하여 행사하는 경우 등에는 주주의 청구가 부당하다고 보았다[대법원 2003마1575 결정].

F와 G의 열람청구는 취득한 정보를 정 회사의 경업에 이용할 우려가 있고, 甲회사가 자금부족을 겪고 있는 불리한 시기에 이루어졌으므로 부당하다. 따라서 甲회사가 F와 G의 청구를 거부한 것은 정당하다.

2016년도 시행

제5회 변호사시험

[민사법]

商法
工夫

〈제 3 문〉

<기초적 사실관계>

　냉방기기 제조 및 판매업을 영위하는 비상장회사인 A주식회사(이하 'A회사'라 한다)는 2005. 1. 전동자전거 제조 및 판매업을 영위하는 비상장회사인 B주식회사(이하 'B회사'라 한다)를 설립하여 그 주식 100%를 보유하고 있다.

　B회사는 설립 후 신제품 개발 및 마케팅에 성공하여 비약적인 성장을 거듭하고 있던 중 2012. 9. 주요 고객 중 하나인 중국 수입선의 부도로 자금조달에 일시적으로 어려움을 겪게 되었다. 이를 해소하기 위하여 2012. 10. 주주배정방식으로 총 발행가액 500억 원 규모(보통주 500만 주)의 유상증자(이하 '이 사건 유상증자'라 한다)를 실시하기로 하였다. A회사의 이사는 甲, 乙, 丙 3인인데, 이사회는 특별한 검토 없이 이 사건 유상증자 직전 B회사의 단기적 유동성 부족 문제만을 이유로 자신에게 배정된 신주를 전부 인수하지 아니하기로 전원일치로 결의하였다.

　이에 B회사 이사회는 실권주 처리를 위하여 A회사 **최대주주** 겸 대표이사인 甲의 배우자인 丁에게 실권한 500만 주 전부를 배정하기로 결의하였다. 丁이 배정주식 전부를 인수한 결과 丁은 B회사의 주식 80%를 보유하게 되었고, 그 결과 A회사가 보유한 B회사 지분은 20%로 감소하였다.

　그 후 B회사가 개발한 전동자전거가 중국시장에서 선풍적인 인기를 얻게 되면서 B회사는 유동성 위기에서 벗어남은 물론 매출 및 당기순이익은 이 사건 유상증자 시기에 비하여 수백 배로 수직상승하였다.　　※ 여기까지가 1문

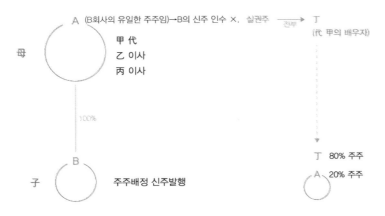

　^{한편} 이 사건 유상증자 직후 A회사는 B회사와의 사이에 <u>B회사가 요구하는 특정 기계부품 전량을 10년간 염가에 공급하는 내용의 장기물품공급계약</u>(이하 '이 사건 물품공급계약'이라 한다)을 체결하여 지속적으로 거래를 하여왔다. B회사가 이와 같이 급속하게 성장하게 된 배경에는 이 사건 물품공급계약을 통하여 A회사로부터 핵심부품을 안정적으로 조달받게 된 것이 결정적인 영향을 미쳤다.　　※ 2문

<문제>

1. X는 이 사건 <u>유상증자 이후에 처음으로</u> A회사 주식을 매수하여 3개월째 A회사 주식의 3%를 계속 보유하는 주주인데, 이 사건 유상증자와 관련한 이사 甲, 乙, 丙의 행위로 인하여 A회사가 큰 손해를 보았다고 믿고 이들을 상대로 책임을 묻고자 한다.

　　가. 이사들이 「상법」상 선량한 관리자의 주의의무 및 충실의무를 위반하였는지 여부를 그 논거와 함께 서술하시오. (10점)

　　나. 만약 이사들의 행위로 인하여 손해를 입었음에도 불구하고 A회사가 이사들을 상대로 아무런 책임을 묻지 아니하였다면, X가 A회사를 위하여 이사들을 상대로 그 책임을 물을 수 있는가? (20점)

　　다. 위 나.의 경우에 만약 A회사가 상장회사라면, X는 A회사를 위하여 이사들을 상대로 그 책임을 물을 수 있는가? (10점)

 풀이
_____

Ⅰ. 쟁점

　가.의 경우 이사들의 신주인수권 포기가 선관주의의무 또는 충실의무 위반인지를 경영판단의 법칙과 관련하여 살펴보아야 한다.

　나.의 경우 주주가 대표소송을 통하여 이사의 책임을 추궁할 수 있는지와 관련하여 주주에게 요구되는 보유주식 수와 주주 자격 판단 시점이 문제된다.

　다.의 경우 X가 대표소송을 제기하기 위한 주식보유요건에 관한 상장회사의 특례규정을 충족하지 못한 경우 비상장회사에 관한 제403조 제1항을 충족하면 대표소송을 제기할 수 있는지가 문제된다.

II. 이사 甲, 乙, 丙의 선관주의의무 또는 충실의무 위반 여부

1. 선관주의의무와 충실의무

(1) 선관주의의무

이사는 회사의 수임인으로서 회사에 대하여 선량한 관리자의 주의의무를 부담한다(상법 제382조 제2항, 민법 제681조). 회사에 최선의 이익이 되도록 해야 할 의무도 이에 포함된다.

(2) 충실의무

상법은 선관주의의무와는 별도로 상법 제382조의3에서 이사에게 충실의무를 부과하고 있다. 충실의무는 선관주의의무와는 다른 의무라는 이질설과 충실의무란 선관주의의무를 다시 적거나 강조한 말에 불과하다는 동질설(다수설)이 대립한다. 판례는 이사의 행위가 "주의의무 내지 충실의무"에 위반한 것이라는 표현을 사용함으로써 충실의무와 주의의무를 별개로 인정하지 않았는데, 최근에는 "충실의무 위반"이라는 표현을 사용하여 이 별개의 의무로 인정하는 듯한 판시를 하고 있다.

2. 경영판단의 법칙

경영판단의 법칙은 이사가 내린 의사결정이 합리적 근거가 있고 회사의 이익을 위한 것이라는 믿음하에 독립적인 판단을 통해 성실히 이루어진 것이라면, 이는 위임의 본지에 따라 선량한 관리자의 주의를 충분히 베푼 것으로서, 그로 인한 회사의 손해에 관해 이사의 책임을 묻지 아니한다는 원칙이다. 즉, 사후적으로 경영판단이 잘못되었다고 드러나더라도 의사결정 당시에 합리적으로 판단하였다면 이사는 면책된다.

최근 우리 판례도 경영판단이라는 용어를 자주 사용하고, 하급심 중에도 법인주주의 이사들이 저가로 발행된 전환사채의 인수를 포기하여 그 실권된 전환사채를 모두 제3자가 인수한 사안에서, 법인주주의 이사들의 전환사채 인수 포기 결정에 경영판단상의 합리성이 없다고 보아 이사의 책임을 인정한 판결이 있다[대구고법 2011나2372 판결_에버랜드의 주주인 제일모직이 전환사채인수를 포기한 사건].

3. 사안 해결

설문의 유상증자는 B회사가 비약적 성장을 거듭하고 있던 중 일시적인 자금조달의 어려움으로 인해 이루어진 것이었으므로 B회사가 일시적인 어려움만 벗어나면 인수한 신주의 가치가 큰 폭으로 상승할 것임을 신주인수포기 결정 시에 객관적으로 예상할 수 있었고, 실권주를 甲의 배우자 丁이 전부 인수한 것으로 보아 甲은 신주인수포기 결정 당시에 인수 후에 신주의 가치가 상승할 것임을 예상했던 것으로 보인다. 또, 甲, 乙, 丙이 특별한 검토 없이 신주인수를 포기한 것으로 보아 이 신주인수권 포기 결정은 경영판단상의 합리성이 있었다고 할 수 없다.

따라서 甲, 乙, 丙은 선관주의의무와 충실의무를 위반하였다.

III. X의 이사들에 대한 책임추궁 가부

1. 대표소송

대표소송이란 회사가 이사에 대한 책임추궁을 게을리할 경우 주주가 회사를 위하여 이사의 책임을 추궁하기 위해 제기하는 소이다(제403조). 회사와 이사의 특수한 관계로 인해 회사의 권리구제가 소홀해질 염려가 있으므로 인정되는 것이다.

2. 대표소송의 원고적격

발행주식총수의 100분의 1 이상의 주식을 가진 주주가 제소할 수 있다(제403조 제1항). 주식 소유요건은 회사에 대한 제소청구 및 소제기 시점에 구비하면 되고, 이사의 책임원인이 발생할 당시에 주주의 지위에 있지 않았어도 무방하다. 제소당시에 소수주주의 요건을 구비한 이상 제소 후에 지분비율이 1% 미만으로 감소하여도 무방하다. 그러나 원고가 주식을 전혀 보유하지 아니하게 된 경우에는 소를 각하해야 한다(제403조 제5항).

3. 대표소송 제기 절차 (시간이 많이 부족할 경우에는 생략 가능)

소수주주는 대표소송을 제기하기 전에 먼저 회사(감사, 감사를 두지 않은 소규모회사의 경우에는 대표이사)에 대하여 이사의 책임을 추궁할 소를 제기할 것을 이유를 기재한 서면으로 청구하여야 한다(제403조 제1항, 제2항). 감사가 이 청구를 받은 날로부터 30일 내에 소를 제기하지 아니한 때에는 소수주주는 즉시 회사를 위하여 소를 제기할 수 있다(제403조 제3항). 그러나 이 기간의 경과로 회사에 회복할 수 없는 손해가 생길 염려가 있는 경우에는 회사에 청구하지 아니하고, 또 청구를 했더라도 30일을 기다릴 필요 없이 즉시 소를 제기할 수 있다(제403조 제4항).

4. 사안 해결

X는 대표소송 제기 시점에 A회사 주식을 발행주식총수의 3%를 보유하였으므로 유상증자 당

시에 주주가 아니었다고 해도 대표소송의 원고적격을 가진다. X는 대표소송을 제기할 수 있다.

IV. A회사가 상장회사인 경우 X의 대표소송 원고적격

상장회사의 경우, 상장회사 특례인 상법 제542조의6 제6항에 따라 6개월 전부터 계속하여 상장회사 발행주식총수의 1만분의 1 이상에 해당하는 주식을 보유한 자만이 대표소송을 제기할 수 있다. X는 지분요건은 충족하였지만 6개월 이상 주식보유요건을 충족하지 못하였기 때문에 이 규정을 원용하여 대표소송을 제기할 수는 없다.

그러나 상법 제542조의6 제10항에 따르면 제403조 제1항의 지분요건을 충족한 상장회사의 주주는 대표소송을 제기할 수 있다. X는 제403조 제1항에 의거하여 대표소송을 제기할 수 있다.

NOTE

1. 실권주의 처리

- 실권주는 신주인수권자가 청약일까지 청약을 하지 않은 경우(제419조 제3항)나 인수인이 납입기일에 납입을 하지 않은 경우(제423조 제2항)에 생긴다.
- 신주발행시에는 자본금의 전액확정을 요하지 않으므로 (i) 회사는 실권주를 새로 배정하지 않고 발행절차를 마칠 수도 있고, (ii) 이사회의 결의로 제3자에게 배정할 수도 있다(통설).
- [대법원 2010다49380 판결]
  - ‣ 신주 등의 발행에서 주주배정방식과 제3자배정방식을 구별하는 기준은 회사가 신주 등을 발행하면서 주주들에게 그들의 지분비율에 따라 신주 등을 우선적으로 인수할 기회를 부여하였는지 여부에 따라 객관적으로 결정되어야 하고, 신주 등의 인수권을 부여받은 주주들이 실제로 인수권을 행사함으로써 신주 등을 배정받았는지 여부에 좌우되는 것은 아니다.
  - ‣ 회사가 주주배정방식에 의하여 신주를 발행하려는데 주주가 인수를 포기하거나 청약을 하지 아니함으로써 그 인수권을 잃은 때에는, 회사는 이사회의 결의에 의하여 그 인수가 없는 부분에 대하여 자유로이 이를 제3자에게 처분할 수 있고, 그 실권된 신주를 제3자에게 발행하는 것에 관하여 정관에 반드시 근거 규정이 있어야 하는 것은 아니다.
- [대법원 2007도4949 전합 판결 – 에버랜드 형사 판결]
  - ‣ 회사가 기존 주주들에게 지분비율대로 신주 등을 인수할 기회를 부여하였다면 주주들이 그 인수를 포기함에 따라 발생한 실권주 등을 시가보다 현저히 낮은 가액으로 제3자에게 배정한 경우에도 주주 배정방식으로 볼 수 있는지 여부 (회사가 기존 주주들에게 지분비율대로 신주 등을 인수할 기회를 부여하였는데도 주주들이 그 인수를 포기함에 따라 발생한 실권주 등을 제3자에게 배정한 결과 회사 지분비율에 변화가 생기고, 이 경우 신주 등의 발행가액이 시가보다 현저하게 낮아 그 인수권을 행사하지 아니한 주주들이 보유한 주식의 가치가 희석되어 기존 주주들의 부(富)가 새로이 주주가 된 사람들에게 이전되는 효과가 발생하더라도, 그로 인한 불이익은 기존 주

주들 자신의 선택에 의한 것일 뿐이다.)

▸ 주주 배정방식에 의한 전환사채 발행시 주주가 인수하지 아니하여 실권된 부분을 제3자에 게 발행하는 경우 전환가액 등 발행조건을 변경하여야 하는지 여부(단일한 기회에 발행되는 전환사채의 발행조건은 동일하여야 하므로, 주주배정으로 전환사채를 발행하는 경우에 주주가 인수 하지 아니하여 실권된 부분에 관하여 이를 주주가 인수한 부분과 별도로 취급하여 전환가액 등 발행 조건을 변경하여 발행할 여지가 없다.)

※ 실권주 처리: 2024년 제13회 변시 5번 문제로 출제

2. 대구고법 2011나2372 판결[에버랜드·제일모직 민사 판결]

에버랜드의 주주인 제일모직이 제일모직에 배정된 에버랜드의 전환사채의 인수를 포기한 것에 대해서, 제일모직의 소수주주들이 제일모직의 이사들 등을 상대로 손해배상청구소송을 제기한 사건

(1) 기초적 사실관계

원고들: 제일모직의 소수주주들
피고들: 이건O, 에버랜드의 법인주주인 제일모직의 이사들

에버랜드: 비상장주식회사, 이 사건 전환사채를 발행한 회사임.
제일모직: 에버랜드의 법인주주

(2) 쟁점

(원고들의 주장요지)

피고 이건O 및 그의 지시를 받은 삼성그룹의 비서실이 에버랜드로 하여금 이 사건 전환사채 를 그 실질가치에 비하여 현저하게 저렴한 가격으로 발행하도록 하는 한편, 에버랜드의 법인주 주인 제일모직의 경영진인 피고 제OO, 유OO 등에게는 제일모직에 배정된 전환사채에 대한 인수를 포기하도록 하여 그 실권분을 이재O 등이 인수하여 주식으로 전환하게 함으로써 이재 O 등으로 하여금 증여세 등 조세부담을 회피하면서 에버랜드의 지배권을 확보하게 하였는바, 제일모직의 이사인 피고들의 위와 같은 법령위반 또는 임무해태행위로 인하여 에버랜드의 주 주인 제일모직은 이 사건 전환사채의 발행 전에 보유하고 있던 에버랜드 주식의 가치가 하락 하는 손해를 입게 되었으므로, 피고들은 상법 제399조에 따라 제일모직에 위 손해를 배상할 책임이 있다.

(피고들의 주장요지)

이 사건 전환사채는 에버랜드의 경영에 필요한 자금조달을 위하여 에버랜드 경영진의 독자적 판단에 따라 발행된 것이고, 제일모직의 인수 포기는 제일모직 경영진이 제일모직의 재무상태 등 경영여건과 이 사건 전환사채에 대한 투자가치를 고려하여 독자적으로 결정한 것이고, 전환 사채의 전환가격도 에버랜드의 경영상태 등에 비추어 적정한 것이므로 피고들이 제일모직의 이사로서 그 임무에 위배되는 행위를 한 바는 없다.

[3] 손해배상책임의 발생 여부에 대한 법원의 판단

1) 전환사채가 현저히 저가로 발행된 것인지 여부

- 이 사건 전환사채의 적정 전환가격 또는 실질가치는 에버랜드 주식의 가격을 기준으로 평가함이 상당함. 비상장회사의 주식의 시가 또는 실제 가치는 그에 관한 객관적 교환가치가 적정하게 반영된 정상적인 거래의 실례가 있는 경우에는 그 거래가격을 시가로 보아 주식의 가액을 평가하여야 할 것이나, 만약 그러한 거래사례가 없는 경우에는 비상장 주식의 평가에 관하여 보편적으로 인정되는 여러 가지 평가방법들을 고려하되, 당해 회사의 상황이나 업종의 특성 등을 종합적으로 고려하여 합리적으로 판단하여야 함.
- 이 사건 전환사채의 전환가격인 7,700원은 실질가치의 4%에도 미치지 못하는 것으로서 현저히 저가로 발행된 것이라고 인정됨.

2) 피고들의 임무위배행위가 있었는지 여부

- 이 사건 전환사채의 발행은 에버랜드의 자금조달 목적을 위하여 에버랜드가 독자적으로 계획을 수립하여 실행된 것이 아니라, 전환사채의 저가발행을 통하여 증여세 등 조세를 회피하면서 에버랜드에 대한 지배권을 이재○ 등에게 이전하기 위한 목적으로 피고 이건○와 그 지시를 받은 비서실의 주도로 이루어졌음. 피고 제○○, 유○○이 제일모직에 배정된 전환사채의 인수를 포기한 것 역시 피고 이건○ 및 비서실의 명시적 또는 암묵적 지시나 요청에 호응하여 이루어진 것이라고 판단됨.
- 이재○ 등의 전환권 행사에 따라 제일모직은 기존에 보유하고 있던 에버랜드 주식의 가치가 하락하는 손해를 입게 되었는바, 이러한 피고들의 행위는 제일모직에 대한 업무상 배임행위로서 법령을 위반한 행위에 해당함.
- 주식회사의 이사가 법령 또는 정관에 위반한 행위를 하거나 그 임무를 게을리한 경우에는 그 이사는 회사에 대하여 연대하여 손해를 배상할 책임이 있음. 피고들은 연대하여 ○○모직에 그 손해를 배상할 책임이 있음.

3) 피고들의 임무위배행위가 인정된다면 제일모직에 대한 손해배상의 범위

- 피고들의 위와 같은 임무위배행위로 인하여 제일모직이 입은 손해는 이 사건 전환사채의 저가발행과 실권분을 인수한 이재○ 등의 전환권 행사에 의한 주식 전환으로 인하여 발생한, 제일모직이 전환사채 발행 전 보유하던 주식의 가치 희석분이라 할 것임. {전환사채 발행 전의 주식가치 223,659원과 발행 후의 주식가치 84,063원의 차액인 139,596원(= 223,659원-84,063원)에 이 사건 전환사채 발행 전 ○○모직의 보유 주식수(100,000주)를 곱한 13,959,600,000원(=139,596원 ×100,000주)}
- 피고 이건○: 손해배상액 제한 사유 없음
  피고 제○○, 유○○: 이 사건 전환사채의 인수 포기는 피고 이건희와 그 비서실의 주도하에 이루어진 것으로 피고 제○○, 유○○이 개인적인 이익을 위해 전환사채의 인수를 포기한 것은 아닌 점. 그룹 계열사 중 하나인 제일모직의 임원의 지위에 있는 위 피고들과 피고 이건○와의 관계 등을 감안하면, 위 피고들의 임무위배행위로 인한 손해배상책임을 제한하는 것이 타당함. 총손해액의 10%로 제한함이 상당함.

3. 대법원 2011다57869 판결 [신세계 주주대표소송 판결]

이사는 회사에 대하여 선량한 관리자의 주의의무를 지므로, 법령과 정관에 따라 회사를 위하여 그 의무를 충실히 수행한 때에야 이사로서의 임무를 다한 것이 된다. 이사는 이익이 될 여지가 있는 사업기회가 있으면 이를 회사에 제공하여 회사로 하여금 이를 이용할 수 있도록 하여야 하고, 회사의 승인 없이 이를 자기 또는 제3자의 이익을 위하여 이용하여서는 아니 된다. 그러나 회사의 이사회가 그에 관하여 충분한 정보를 수집·분석하고 정당한 절차를 거쳐 회사의 이익을 위하여 의사를 결정함으로써 그러한 사업기회를 포기하거나 어느 이사가 그것을 이용할 수 있도록 승인하였다면 그 의사결정과정에 현저한 불합리가 없는 한 그와 같이 결의한 이사들의 **경영판단은 존중**되어야 할 것이므로, 이 경우에는 어느 이사가 그러한 사업기회를 이용하게 되었더라도 그 이사나 이사회의 승인 결의에 참여한 이사들이 이사로서 선량한 관리자의 주의의무 또는 충실의무를 위반하였다고 할 수 없다.

<문제>

^{한편} 이 사건 유상증자 직후 A회사는 B회사와의 사이에 <u>B회사가 요구하는 특정 기계부품 전량을 10년간 염가에 공급하는 내용의 장기물품공급계약</u>(이하 '이 사건 물품공급계약'이라 한다)을 체결하여 지속적으로 거래를 하여왔다. B회사가 이와 같이 급속하게 성장하게 된 배경에는 이 사건 물품공급계약을 통하여 A회사로부터 핵심부품을 안정적으로 조달받게 된 것이 결정적인 영향을 미쳤다.

2. 만약 이 사건 물품공급계약과 관련하여 A회사와 B회사 모두 별도의 이사회 결의나 주주총회 결의를 거치지 아니하였다면, 위 계약의 효력은? (20점)

🔍 풀이

Ⅰ. 쟁점

A회사와 B회사 각각에 대하여 이 사건 물품공급계약이 자기거래에 해당하는지 여부 및 자기거래에 해당한다고 할 때 이사회결의나 주주총회결의 없는 자기거래의 효력이 문제된다.

Ⅱ. 자기거래 해당 여부

1. 의의

이사 또는 주요주주의 자기거래란 이사 또는 주요주주가 회사를 상대방으로 하여 자기 또는 제3자의 계산으로 하는 거래를 말하는데, 불공정하게 이루어질 우려가 크기 때문에 상법은 이사회의 승인을 요구한다(제398조).

2. 자기거래의 주체

(1) 주요주주 등

제398조의 자기거래의 주체인 주요주주란 누구의 명의로 하든지 자기의 계산으로 의결권 없는 주식을 제외한 발행주식총수의 100분의 10 이상의 주식을 소유하거나 이사·집행임원·감사의 선임과 해임 등 상장회사의 주요 경영사항에 대하여 사실상의 영향력을 행사하는 주주를 말한다(제398조 제1호, 제542조의8 제2항 제6호).

주요주주, 이사 및 그 특수관계인이 단독 또는 공동으로 의결권 있는 발행주식총수의 100분의 50 이상을 가진 회사 및 그 자회사도 자기거래의 주체이다(제398조 제4호).

(2) 사안의 경우

B회사는 A회사의 대표이사이자 주요주주인 甲의 배우자 丁(이사·주요주주의 특수관계인)이 단독으로 발행주식총수의 100분의 50 이상을 가진 회사이므로 A회사 입장에서 B회사와의 거래는 자기거래가 된다(제4호). 따라서 A회사의 이사회의 승인이 필요하다.

A회사는 B회사 발행주식의 10% 이상을 보유한 B회사의 주주이므로 B회사 입장에서도 A회사와의 거래는 자기거래에 해당한다(제1호). 따라서 B회사의 이사회 승인도 필요하다.

3. 회사의 이익을 해할 염려가 있는 거래

• 거래의 성질상 회사의 이익을 해할 염려가 없는 거래는 자기거래가 아님
• 이 사건 염가 장기물품공급계약은?
  ‣ A회사의 이익을 해한다는 점에는 의문이 없음.
  ‣ B회사의 이익을 해할 염려가 없는 거래인가? 결과적으로는 이익을 해하지 않았으나, 물품공급계약은 그 성질상 계약조건을 어떻게 정하느냐에 따라 회사에게 이익이 될 수도 손해가 될 수도 있음, 즉 계약의 성질상 B회사의 이익을 해할 염려가 없는 거래라고 단정할 수 없음, A회사뿐 아니라 B회사의 이사회 승인결의도 필요함.

III. 이사회 승인결의 없는 자기거래의 효력

1. 이사회 또는 주주총회 결의 요부 (짧게)

(1) 이사회 결의 요부

상법은 주요주주 등의 자기거래의 요건으로 정족수가 가중된 사전(事前) 이사회 결의를 요구하고 있으며, 주요주주 등에게 개시의무를 부과하고 있다(제398조).

(2) 주주총회 결의 요부

상법의 규정(제398조)에도 불구하고 회사의 정관으로 자기거래에 대한 승인기관을 주주총회로 정할 수 있는지 논의가 있다. 대법원은 "이사의 자기거래에 대한 승인은 주주전원의 동의가 있거나 그 승인이 정관에 주주총회의 권한 사항으로 정해져 있다는 사정이 없는 한 이사회의 전결사항이므로 이러한 특별한 사정없이 주주총회에서 승인결의를 한 것만으로는 그 거래가 유효하게 될 수 없다"고 판시하였다.

2. 이사회 또는 주주총회 결의를 결한 경우의 효과 (1번보다는 길게)

- 무효설, 유효설, 상대적 무효설
- (통설: 상대적 무효설) 회사와 주요주주 등 사이에서는 무효, 선의·무중과실인 제3자와 사이에서는 유효
- 대법원은 상대적 무효설의 입장에서 "대표이사가 이사회의 승인 없이 한 자기거래행위는 회사와 이사 간에는 무효이지만, 제3자에 대하여 무효를 주장하기 위해서는 제3자가 이사회의 승인 없음을 알았거나 이를 알지 못한데 중과실이 있음을 회사가 증명하여야 한다"고 판시하였다.

VI. 사안 해결

사안의 물품공급계약은 A회사와 B회사 모두에게 자기거래에 해당함에도 어느 회사의 이사회의 승인 결의도 거치지 않았다. 따라서 이 계약은 두 회사 사이에서 무효이고, 두 회사 모두 그 무효를 주장할 수 있다.

<추가적 사실관계>

丁은 사채업자로부터 빌린 자금으로 B회사의 실권분 신주인수대금을 납입하였고, B 회사의 대표이사와 공모하여 증자등기 완료 후 즉시 위 납입금 전액을 인출하여 차입금 을 변제하였다.

<문제>

3. 이 경우 丁에 대한 신주배정이 적법하다고 전제할 때, 丁의 납입은 유효한가? (10점)

 풀이

1. 쟁점

丁이 한 납입과 같이 제3자로부터 돈을 빌려 주금을 납입하고 증자등기 완료 후 즉시 납입금 을 인출하여 제3자에게 차입금을 변제하는 방식의 가장납입을 위장납입이라고 한다. 위장납입의 효력이 쟁점이다.

2. 위장납입의 효력

(1) 통설(무효설)

위장납입은 형식적으로는 주금의 납입이 있지만 실질적인 자금의 유입이 없으므로 무효라고 한다.

(2) 판례(유효설)

판례는 금원의 이동에 따른 현실적 불입이 있고, 주금납입을 가장하려는 발기인·이사의 주 관적 의도(내심적 사정)에 의하여 회사의 설립이나 증자와 같은 집단적 절차의 일환을 이루는 주 금납입의 효력을 좌우함은 타당하지 않다고 하면서 위장납입의 효력을 인정한다. 다만, 회사는 일시 차입금을 가지고 주주들의 주금을 체당 납입한 것과 같이 볼 수 있으므로 주금납입의 절차 가 완료된 후에 회사는 주주에 대하여 체당 납입한 주금의 상환을 청구할 수 있도록 하고 있다 [대법원 84다카1823, 84다카1824 판결].

3. 검토 및 사안의 해결

위장납입을 유효로 하더라도 회사의 주주에 대한 체당납입주금 상환청구 등을 통하여 회사 의 자본금충실을 기할 수 있으므로 유효설인 판례의 태도가 타당하며, 이에 따를 때 丁의 주금

납입은 유효하다.

<추가적 사실관계>

A회사는 최근 투자 실패로 인하여 거액의 손실을 보아 배당가능이익이 없음에도 불구하고, 대표이사 甲은 이를 감추고 사옥매각대금으로 확보한 2억 원을 재원으로 하여 주주들에게 현금배당하기로 하는 내용의 배당안을 작성하였다. A회사 이사회는 전원찬성 결의로 이 배당안을 승인하였고, A회사는 주주총회의 승인을 거쳐 배당을 실시하였다. 이로 인하여 A회사의 채권자 Y는 5천만 원의 채권을 변제기에 변제받지 못하였다.

<문제>

4. Y는 위 배당금 지급과 관련하여 A회사 주주들 및 이사에 대하여 「상법」상 어떠한 권리를 갖는가? (30점)

 풀이

I. 쟁점

배당가능이익이 없음에도 불구하고, 대표이사 甲이 이사회와 주주총회의 승인을 거쳐 배당을 실시한 것이 적법한 이익배당인지 문제되고, 위법한 배당이라면 그 효력 및 채권자 Y가 A회사 주주들에게 배당금의 반환을 청구할 수 있는지와 이사에게 손해배상을 청구할 수 있는지가 문제된다.

II. 위법배당

1. 이익배당

이익배당은 상법상 정의규정은 없지만 회사가 주주에 대해서 그 주식 수에 따라 회사재산을 무상으로 분배하는 행위를 말한다. 회사가 주주에게 이익배당을 하려면 배당가능이익이 있어야 한다(제462조 제1항).

이익배당 결정권은 원칙적으로 주주총회에 속한다(제462조 제2항). 예외적으로 재무제표를 이사회에서 승인하는 경우에는 이익배당도 이사회가 결정한다(제462조 제2항 단서). 사안에서는 주주총회결의로 이익배당을 하였으므로 문제가 없다.

2. 위법배당

위법배당이란 법령·정관에 위반하여 행해진 이익배당을 말한다. 배당가능이익이 없음에도 불구하고 배당하거나 배당가능이익을 초과하여 배당한 것이 전형적인 위법배당이다.

배당가능이익에 관한 제한을 위반한 이익배당은 무효이므로 회사는 위법배당을 받은 주주에게 이를 부당이득으로 회사에 반환할 것을 청구할 수 있다. 위법배당은 채권자의 책임재산도 감소시키므로 제462조 제3항은 채권자에게 반환청구권을 인정한다.

III. Y의 A회사 주주들에 대한 권리

1. 위법배당의 효과 - 회사채권자의 반환청구권

회사뿐만 아니라 회사채권자도 배당가능이익 없이 한 이익배당금의 반환을 주주에 대하여 청구할 수 있다(제462조 제3항). 채권자의 반환청구권은 회사를 대위하여 행사하는 것이 아니라 자신의 청구권을 행사하는 것이므로, 회사가 청구 유무와 관계없이 반환을 청구할 수 있고, 위법배당으로 회사의 변제자력이 부족해지지 않았더라도 반환을 청구할 수 있다. 채권자는 자기의 채권액에 국한하지 않고 위법배당된 금액 전액의 반환을 청구할 수 있다. 다만, 회사에게 반환할 것을 청구할 수 있을 뿐 자신에게 반환하라는 청구를 할 수는 없다. 위법배당 받은 주주의 선의·악의를 불문한다.

2. 배당결의 무효확인의 소

(1) 문제점

반환청구를 위해서 먼저 주주총회결의 무효의 소를 제기해야 하는지에 대해 견해가 대립한다.

(2) 학설

1) 다수설

다수설은 주주총회결의 무효확인의 소의 성질을 어떻게 보는지에 따라 달라진다고 본다. 무효확인의 소를 형성의 소로 보면 무효판결을 먼저 받아야 하나, 확인의 소로 보면 먼저 받을 필요가 없다고 본다.

2) 소수설

이에 반해 소수설은 주주총회결의 무효확인의 소의 성질을 어떻게 보는지와 무관하게 배당

결의 무효확인의 소를 제기하지 않고 곧바로 반환청구를 할 수 있다고 본다. 배당가능이익 없는 이익배당은 그 자체로 강행법규(제462조 제1항)에 어긋나므로 그 위법성 판단은 배당결의와 무관하게 독자적으로 해야 한다는 이유에서이다.

(3) 검토

무효확인의 소가 형성의 소라는 의미는 아직 배당에 관한 주주총회결의가 강행법규에 위반하였는지가 합일적으로 확정되지 않았으므로 다른 방법으로는 그 위반 여부를 주장할 수 없다는 것이다. 따라서 이 문제를 배당결의의 하자와 분리하여 설명할 수 있다는 소수설은 타당하지 않다.

다수설에 따르면서 주주총회결의 무효확인의 소를 확인소송으로 보는 통설·판례에 의하면, 채권자 Y는 A회사 주주총회의 배당결의에 대한 무효확인판결 없이 A회사 주주들에게 배당금반환을 청구할 수 있다.

IV. Y의 A회사 이사에 대한 권리

1. 이사의 제3자에 대한 손해배상책임

고의·중과실로 임무를 해태한 이사는 제3자에게 그로 인한 손해를 배상할 책임이 있다(제401조). 이 책임은 법정책임으로서 고의·중과실은 회사에 대한 임무 해태에 대하여 있어야 하고 민법상 불법행위책임과 경합이 인정된다.

2. 제3자의 손해

(1) 제3자의 손해의 유형

제3자의 손해는 채권자의 직접손해, 채권자의 간접손해, 주주의 직접손해, 주주의 간접손해 4가지로 유형화할 수 있다. 직접손해란 회사에는 손해가 발생하지 않고 제3자에게 직접 발생한 손해를 말하고, 간접손해란 일단 회사에 손해가 발생하고 그 결과 경제적으로 제3자가 손해를 입는 효과가 생기는 것을 말한다.

(2) 배상할 제3자 손해의 범위

제401조의 손해에 채권자의 간접손해가 포함된다는 것에는 이견이 없다.

3. 결의에 찬성한 이사의 연대책임

이사의 책임이 이사회의 결의에 의한 행위로 인한 때에는 결의에 찬성한 이사도 연대하여 책임을 지며, 결의에 참가한 이사로서 의사록에 이의를 한 기재가 없는 자는 찬성한 것으로 추정한다(제401조 제2항, 제399조 제2항 내지 제3항).

4. 민법상 불법행위책임

다만, 甲과 이사들이 위법배당을 결의·집행한 것은 채권자 Y에 대한 직접적인 가해행위는 아니다. 따라서 채권자 Y는 민법상의 손해배상책임을 청구할 수는 없다.

IV. 사안 해결

채권자 Y는 A회사 주주총회의 배당결의에 대한 무효확인판결 없이 A회사 주주들에게 배당금반환을 청구할 수 있다.

배당가능이익 없는 이익배당은 법령위반에 해당하고 대표이사 甲은 이에 대한 고의가 있었다. 위법배당으로 인해 회사의 책임재산이 감소하여 채권자 Y는 5,000만 원을 변제받지 못하는 손해를 입었다(채권자의 간접손해). 따라서 甲은 Y에게 5,000만 원의 손해를 배상할 책임이 있다. 그리고 위법배당결의에 찬성한 다른 이사들은 甲과 연대하여 Y에 대하여 손해배상책임을 부담한다.

NOTE

1. 배당

(1) 이익배당

- 주주이익 극대화를 위해서 회사는 잉여재산을 주주에게 반환할 필요가 있다. 회사가 존속 중에 회사재산을 주주에게 반환하는 방법으로는 이익배당, 자기주식취득, 유상감자를 들 수 있다. 주주에 대한 회사재산의 반환은 선순위 권리자인 회사채권자의 이익을 위협할 수 있으므로 상법은 채권자보호를 위해서 엄격한 규제를 가하고 있다. 이익배당에도 상법상 엄격한 규제가 적용된다.
- 이익배당은 상법상 정의는 없지만 일반적으로 회사가 주주에 대해서 그 주식 수에 따라 회사재산을 무상으로 분배하는 행위를 말한다.
- 과거에는 금전배당만 허용된다고 보았으나 2011년 개정 상법은 현물배당을 명문으로 허용하고 있다. 주식배당은 1984년부터 명시적으로 허용되고 있지만 그것을 이익배당으로 볼 것

인지에 대해서는 다툼이 있다.

- 상법상 이익배당은 배당가능이익의 범위 내에서만 허용된다. 배당가능이익은 대차대조표상 순자산액으로부터 자본금, 자본준비금 등을 공제한 것을 말한다.
- 이익배당권을 결정권은 원칙적으로 주주총회에 속한다. 예외적으로 재무제표를 이사회사 승인하는 경우에는 배당도 이사회가 결정한다.
- 배당금지급청구권의 소멸시효기간은 5년이다. 그 기산점은 배당결의시가 아니라 그로부터 1월이 경과한 때 또는 배당결의시에 따로 정한 기간이 경과한 때이다.

> 제462조(이익의 배당) ① 회사는 대차대조표의 순자산액으로부터 다음의 금액을 공제한 액을 한도로 하여 이익 배당을 할 수 있다.
> 1. 자본금의 액
> 2. 그 결산기까지 적립된 자본준비금과 이익준비금의 합계액
> 3. 그 결산기에 적립하여야 할 이익준비금의 액
> 4. 대통령령으로 정하는 미실현이익
> ② 이익배당은 주주총회의 결의로 정한다. 다만, 제449조의2 제1항에 따라 재무제표를 이사회가 승인하는 경우에는 이사회의 결의로 정한다.
> ③ 제1항을 위반하여 이익을 배당한 경우에 회사채권자는 배당한 이익을 회사에 반환할 것을 청구할 수 있다.

[2] 주식배당

- **배당가능이익의 일부를 자본금에 전입하여 발행한 신주를 주주에게 무상으로 분배하는 것으**로 이익배당, 주식분할, 준비금의 자본금 전입에 의한 신주발행(무상증자)과 유사한 측면이 있다.
- 주식배당은 주주에게 금전 등 회사 재산을 이전하는 대신 신주를 발행하기 때문에 회사재산이 감소하지 않는다는 점에서 이익배당과 구별된다.
  회사재산에는 변동이 없이 발행주식 수가 증가한다는 점에서 주식분할과 같지만, 자본금도 증가한다는 점에서는 주식수만 증가하는 주식분할과는 차이가 있다.
- 주식배당의 법적 성질에 관해서는 이익배당설과 주식배당설이 대립한다. 이익배당설(통설)은 주식배당은 현금배당과 신주발행이 동시에 일어난 것과 실질적으로 동일하다는 점 등을 그 근거로 제시한다.

> 제462조의2(주식배당) ① 회사는 주주총회의 결의에 의하여 이익의 배당을 새로이 발행하는 주식으로써 할 수 있다. 그러나 주식에 의한 배당은 이익배당총액의 2분의 1에 상당하는 금액을 초과하지 못한다.
> ② 제1항의 배당은 주식의 권면액으로 하며, 회사가 종류주식을 발행한 때에는 각각 그와 같은 종류의 주식으로 할 수 있다.
> ④ 주식으로 배당을 받은 주주는 제1항의 결의가 있는 주주총회가 종결한 때부터 신주의 주주가 된다.
> ⑤ 이사는 제1항의 결의가 있는 때에는 지체없이 배당을 받을 주주와 주주명부에 기재된 질권자에게 그 주주가 받을 주식의 종류와 수를 통지하여야 한다.
> ⑥ 제340조제1항의 질권자의 권리는 제1항의 규정에 의한 주주가 받을 주식에 미친다. 이 경우 제340조제3항의 규정을 준용한다.

[3] 중간배당

- 배당시기의 유연화
- 영업연도 중간에 행하는 이익배당
- 정식으로 결산을 거치지 않아 이익이 확정되지 않은 상태에서 이사회 결의만으로 배당한다는 점에서 제462조에 의한 정규의 이익배당과는 차이가 있다.
- 중간배당은 회사가 배당에 필요한 현금을 조달하는 부담을 덜 수 있고 주주의 배당수요를 충족할 수 있다는 점에서 1998년 상법 개정 시에 도입되었다.

제462조의3(중간배당) ① 년 1회의 결산기를 정한 회사는 영업년도중 1회에 한하여 이사회의 결의로 일정한 날을 정하여 그 날의 주주에 대하여 이익을 배당(이하 이 條에서 "中間配當"이라 한다)할 수 있음을 정관으로 정할 수 있다.

② 중간배당은 직전 결산기의 대차대조표상의 순자산액에서 다음 각호의 금액을 공제한 액을 한도로 한다.

1. 직전 결산기의 자본금의 액

2. 직전 결산기까지 적립된 자본준비금과 이익준비금의 합계액

3. 직전 결산기의 정기총회에서 이익으로 배당하거나 또는 지급하기로 정한 금액

4. 중간배당에 따라 당해 결산기에 적립하여야 할 이익준비금

③ 회사는 당해 결산기의 대차대조표상의 순자산액이 제462조 제1항 각호의 금액의 합계액에 미치지 못할 우려가 있는 때에는 중간배당을 하여서는 아니된다.

④ 당해 결산기 대차대조표상의 순자산액이 제462조제1항 각호의 금액의 합계액에 미치지 못함에도 불구하고 중간배당을 한 경우 이사는 회사에 대하여 연대하여 그 차액(配當額이 그 差額보다 적을 경우에는 配當額)을 배상할 책임이 있다. 다만, 이사가 제3항의 우려가 없다고 판단함에 있어 주의를 게을리하지 아니하였음을 증명한 때에는 그러하지 아니하다.

제462조의4(현물배당) ① 회사는 정관으로 금전 외의 재산으로 배당을 할 수 있음을 정할 수 있다.

② 제1항에 따라 배당을 결정한 회사는 다음 사항을 정할 수 있다.

1. 주주가 배당되는 금전 외의 재산 대신 금전의 지급을 회사에 청구할 수 있도록 한 경우에는 그 금액 및 청구할 수 있는 기간

2. 일정 수 미만의 주식을 보유한 주주에게 금전 외의 재산 대신 금전을 지급하기로 한 경우에는 그 일정 수 및 금액

제464조(이익배당의 기준) 이익배당은 각 주주가 가진 주식의 수에 따라 한다. 다만, 제344조제1항을 적용하는 경우에는 그러하지 아니하다.

제344조(종류주식) ① 회사는 이익의 배당, 잔여재산의 분배, 주주총회에서의 의결권의 행사, 상환 및 전환 등에 관하여 내용이 다른 종류의 주식(이하 "종류주식"이라 한다)을 발행할 수 있다.

제464조의2(이익배당의 지급시기) ① 회사는 제464조에 따른 이익배당을 제462조제2항의 주주총회나 이사회의 결의 또는 제462조의3제1항의 결의를 한 날부터 1개월 내에 하여야 한다. 다만, 주주총회 또는 이사회에서 배당금의 지급시기를 따로 정한 경우에는 그러하지 아니하다.

② 제1항의 배당금의 지급청구권은 5년간 이를 행사하지 아니하면 소멸시효가 완성한다.

2. 이사의 책임

(1) 이사의 회사 및 제3자에 대한 책임

> **<이사 - 회사>**
>
> 제399조(회사에 대한 책임) ① 이사가 <u>고의 또는 과실</u>로 <u>법령 또는 정관에 위반한</u> 행위를 하거나 그 <u>임무를 게을리한 경우</u>에는 그 이사는 회사에 대하여 연대하여 손해를 배상할 책임이 있다.
> ② 전항의 행위가 이사회의 결의에 의한 것인 때에는 그 결의에 찬성한 이사도 전항의 책임이 있다.
> ③ 전항의 결의에 참가한 이사로서 이의를 한 기재가 의사록에 없는 자는 그 결의에 찬성한 것으로 추정한다.
>
> **<이사 - 제3자>**
>
> 제401조(제삼자에 대한 책임) ① 이사가 <u>고의 또는 중대한 과실</u>로 <u>그 임무를 게을리한</u> 때에는 그 이사는 제3자에 대하여 연대하여 손해를 배상할 책임이 있다.
> ② 제399조제2항, 제3항의 규정은 전항의 경우에 준용한다.

(2) 이사의 제3자에 대한 책임

> **<불법행위책임>**
>
> 제750조(불법행위의 내용) 고의 또는 과실로 인한 위법행위로 타인에게 손해를 가한 자는 그 손해를 배상할 책임이 있다.

- 이사가 업무집행으로 인하여 제3자에게 손해를 입힌 경우
  - ➔ 불법행위를 구성한다면 당연히 불법행위책임을 짐
  - ➔ 이사의 행위 ⇒ 이사는 제750조, 회사는 제756조 사용자 책임
    대표이사의 행위 ⇒ **대표이사는 제750조, 회사는 상법 제389조, 제210조에 의해 연대책임**

> 제389조(대표이사) ① 회사는 이사회의 결의로 회사를 대표할 이사를 선정하여야 한다. 그러나 정관으로 주주총회에서 이를 선정할 것을 정할 수 있다.
> ② 전항의 경우에는 수인의 대표이사가 공동으로 회사를 대표할 것을 정할 수 있다.
> ③ 제208조제2항, 제209조, <u>제210조</u>와 제386조의 규정은 대표이사에 준용한다.
>
> 제210조(손해배상책임) 회사를 대표하는 사원이 그 업무집행으로 인하여 타인에게 손해를 가한 때에는 <u>회사는 그 사원과 연대하여 배상할</u> 책임이 있다.

- **그런데 이사의 행위가 제3자에 대하여 직접적인 불법행위의 요건을 갖추지 못하였다면?**
  - ➔ 민법 제750조에 기한 불법행위책임 X, 이사는 손배책임 아예 안 지는가?
  - ➔ **상법 제401조**에 의해서 손배책임 부담

<상법 제401조>
- "이사의 업무집행"
- 이사의 임무해태와 고의·중과실만 입증하면 됨. 책임추궁이 용이함
- 임무해태는 회사에 대한 것이어야 함

- 법적 성질 독특
  - ‣ 요건에서 경과실 배제(제399조와 비교!)
- 제3자의 손해는 간접손해 포함
- 통설·판례: 법정책임설, 소멸시효기간 10년으로 봄
- 임무해태는 주관적 요건도 포함함
  - ‣ 고의·중과실에 의한 임무해태가 있었다는 입증책임은 원고인 제3자가 부담함
- 관련 판례 중요
- 단순한 채무불이행은 회사에 대한 임무해태 아님
- 제401조의 제3자에는 주주도 포함, 간접손해도 포함
- 그러나 간접손해(채권자·주주) 중에서 주주의 간접손해는?
  - ‣ 판례는 주주의 간접손해는 제401조에서 말하는 손해의 개념에 포함되지 않으므로 주주는 그 손해가 경제적으로 자신에게 귀속된다는 이유만으로 직접 이사에게 손해배상을 구할 수 없다고 판시(다수설은 주주의 간접손해에도 제401조 적용)

책임의 범위 (제401조 제2항이 준용하는 제399조 제2항, 제3항)

② 전항의 행위가 이사회의 결의에 의한 것인 때에는 그 결의에 찬성한 이사도 전항의 책임이 있다.

③ 전항의 결의에 참가한 이사로서 이의를 한 기재가 의사록에 없는 자는 그 결의에 찬성한 것으로 추정한다.

2015년도 시행

제4회 변호사시험

[민사법]

〈제 3 문〉

2010. 1. 설립된 甲 주식회사(이하 '甲회사')는 정관상 인쇄업을 주된 영업으로 하는 비상장회사로서, 3인의 이사(대표이사 A, 이사 B와 C)가 있고, 주주는 A(지분율 2%), D(지분율 13%), E(지분율 85%)로 구성되어 있으며, 2014. 8. 1. 기준 자본금 총액 59억 원, 자산 총계 91억 원인 회사이다.

乙 주식회사(이하 '乙회사')는 2014년에 이르러 구조적, 재무적 위기에 봉착하였는데 당장의 현안으로 2014. 8. 18.까지 丙은행으로부터 차입한 단기대여금 7억 원을 상환하여야 할 입장에 놓여 있다.

乙회사는 丙은행에게 위 단기대여금 상환기간 연장을 신청하였다. 그러나 丙은행은 상환기간 연장의 조건으로 대표이사의 개인 보증, 물적 담보의 제공 및 제3자 발행의 약속어음(액면금액은 은행 대여금과 동일)이 필요하다고 하였고, 이에 乙회사 대표이사 X는 A에게 개인 보증과 물적 담보는 준비되어 있으니 甲회사가 담보 목적으로 약속어음만 발행해 주면 乙회사가 부도위기를 모면할 수 있다면서 도움을 호소하였다. A는 예전에 X로부터 받은 개인적 도움을 갚아야 한다는 생각에 이사회 결의 없이 甲회사 명의의 액면금액 7억 원인 약속어음을 수취인 丙은행으로 하여 2014. 8. 18. 담보 목적으로 발행해 주었고, 이로써 乙회사는 무사히 단기대여금의 상환기간을 연장할 수 있었다.

<문제>

1. 甲회사가 약속어음의 만기일에 丙은행의 어음금 청구에 대하여 지급을 거절하려고 할 때 어떤 주장이 가능한가? (40점)

🔍 풀이

I. 쟁점

甲회사가 丙은행에 대한 약속어음 발행이 ① 정관상 목적 범위에 속하지 않아 甲회사의 권리능력 밖의 행위라는 주장, ② 甲회사의 이사회에의 결의가 없었다는 주장, ③ 대표권 남용이라는 주장을 할 수 있는지 여부가 문제된다.

II. 甲회사의 권리능력 범위를 벗어나 무효라는 주장

빠뜨리기 쉬운 논점, 많은 분량을 쓸 필요는 없음, 내용 암기해서 기계적으로 쓰기, 다만 모든 문제에 다 써서는 안 됨, 공부하면서 어떤 문제에 이 쟁점이 들어가는지를 확인할 것.

1. 쟁점

민법상 법인의 권리능력은 정관의 목적 범위 내에서 인정되는데(민법 제34조), 주식회사의 권리능력에도 이와 같은 제한이 있는지

2. 학설 및 판례

(1) 통설 (제한부정설) - 다수설을 넘어서서 통설임

상법상 명문규정 없음, 거래안전보호 → 거의 일치하여 제한을 부정함

(2) 판례 (제한을 긍정하지만 … 사실상 제한 부정)

판례는 "주식회사의 권리능력은 정관상 목적범위 내로 제한되나, 그 목적범위 내의 행위에는 정관에 명시된 목적 자체뿐 아니라 그 목적수행에 직접, 간접으로 필요한 행위도 포함되고, 목적수행에 필요한지 여부는 행위의 객관적 성질에 따라 판단할 뿐 행위자의 주관적, 구체적 의사는 고려하지 않는다"고 판시, 제한을 긍정하면서도 목적범위를 넓게 해석하여 사실상 제한을 부정함.

(3) 검토

주식회사가 하는 거래에서는 거래안전보호 요청이 강함, 상법에 민법 34조를 준용한다는 규정 없음, 제한부정설이 타당(판례에 따른다고 쓰는 것보다 그냥 제한부정설을 취하는 것이 간명하고 짧음).

3. 소결

회사의 권리능력은 정관의 목적 범위 내로 제한되지 않으므로, 甲회사는 이 사건 어음발행이 정관상 목적범위를 벗어난다는 이유로 丙은행의 어음금지급청구를 거절할 수 없음

III. 이사회 결의를 거치지 않아 무효라는 주장

1. 쟁점

- 이 사건 어음발행이 상법 제393조 제1항에 의해 이사회의 결의를 거쳐야 하는 행위인지 여부, 동조의 대규모 재산 차입 등에 해당하는지 여부
- 이사회 결의가 필요한 행위라면, 결의 흠결 시 행위(어음발행행위)의 효력?

2. 어음발행의 성격과 이사회 결의 흠결의 효력

(1) 어음발행

금전채무부담행위임, 이 사건 어음발행은 대가 없이 채무만 부담하는 행위임, 재산의 차입과 유사함, 어음금액 7억 원은 甲회사의 자본금과 자산을 고려할 때 큰 금액임, 제393조 제1항의 대규모 자산 차입과 유사 → 이사회 결의 필요

> 제393조(이사회의 권한) ① 중요한 자산의 처분 및 양도, 대규모 재산의 차입, 지배인의 선임 또는 해임과 지점의 설치·이전 또는 폐지 등 회사의 업무집행은 이사회의 결의로 한다.

(2) 이사회 결의 흠결의 효과(효력)

1) 전단적 대표행위
- 대표이사가 법률 또는 내부규정(정관, 이사회규칙)에 위반하여 주주총회 또는 이사회를 거치지 않고 대표권을 행사하는 것
- 전단적 대표행위는 대표권의 제한을 위반했으므로 위법! (ⅰ) 그 효과가 순수하게 대내적인 경우에는 무효, (ⅱ) 대외적 거래의 경우 제389조 제3항과 제209조 제2항은 대표권의 내부적 제한은 선의의 제3자에게 대항하지 못한다고 규정하고 있는데, 그 구체적 법률관계는 주주총회결의가 흠결된 것인지 아니면 이사회결의가 흠결된 것인지, 주주총회나 이사회의 결의를 법률에서 요구하는지 아니면 내부규정에서 요구하는지에 따라서 다름

2) 이사회 결의 흠결의 효과

판례는 상법에서 이사회의 결의를 요하는 경우 중에서, 제393조 제1항의 중요한 자산의 처분 등에 있어서 이사회결의를 거치지 않은 경우에는 회사의 이익과 거래의 안전을 모두 고려해야 하므로 대표권의 내부적 제한과 같이 제3자에게 악의 또는 중과실이 없는 한 유효하다고 본다[대법원 2015다45451(전합) 판결]. 제3자의 악의 또는 중과실에 대한 입증책임은 회사에게 있다.

> 제389조(대표이사) ① 회사는 이사회의 결의로 회사를 대표할 이사를 선정하여야 한다. 그러나 정관으로 주주총
> 회에서 이를 선정할 것을 정할 수 있다.
> ② 전항의 경우에는 수인의 대표이사가 공동으로 회사를 대표할 것을 정할 수 있다.
> ③ 제208조제2항, 제209조, 제210조와 제386조의 규정은 대표이사에 준용한다.
> 제209조(대표사원의 권한) ① 회사를 대표하는 사원은 회사의 영업에 관하여 재판상 또는 재판외의 모든 행위를
> 할 권한이 있다.
> ② 전항의 권한에 대한 제한은 선의의 제삼자에게 대항하지 못한다.

3. 검토 or 소결 (Ⅱ와 달리 학설대립 없으므로 검토와 소결을 같이 써줘도 무방함, 시간절약)

甲회사는 丙은행이 이 사건 어음발행에 이사회결의가 없었음을 알았거나 몰랐더라도 모른데 대해 중과실이 있었음을 주장·입증하는 경우, 어음발행의 무효를 주장하여 丙은행의 어음금지급청구를 거절할 수 있다.

그러나 설문상 丙은행이 위 사실을 알았다거나 중과실로 알지 못하였다는 사정이 보이지 않으므로 甲회사가 이를 주장하여 丙은행의 어음금지급청구를 거절할 수는 없어 보인다(시간이 없으면 이 문장은 생략 가능).

Ⅳ. 대표권 남용 주장

- 아래의 노트-3.을 참조하여 기계적으로 쓰면 됨
- 회사 이익을 위해서가 아니라 개인적 도움을 갚겠다는 생각, 대표권 남용에 해당. 어음발행 행위는 원칙적으로 유효하나 丙은행이 A의 주관적 의사(남용의사)를 알았거나 알 수 있었을 경우에는 甲회사가 그 무효를 주장할 수 있음
- 그러나 설문상 丙이 A의 그러한 의사를 알았거나 알 수 있었다는 사정은 보이지 않으므로 대표권 남용을 주장하여 어음발행행위의 무효를 주장할 수 없음(시간이 없으면 이 문장은 생략 가능)

Ⅴ. 사안 해결

甲회사는 丙은행의 지급청구를 거절하기 위해, 이 사건 어음발행이 甲회사의 정관 목적 범위를 벗어난다거나 이사회결의가 흠결되었다는 점, 또는 A의 대표권 남용을 이유로, 이 사건 어음발행행위가 무효라는 주장을 해 볼 수 있다. 그러나 그 주장은 타당하지 않으며, 甲회사는 丙은행의 7억 원의 어음금지급청구를 거절할 수 없다.

NOTE

1. 회사의 권리능력 제한 사유 = 회사의 정관상의 목적

대법원 98다2488 판결

【판시사항】

[1] 주식회사의 대표이사가 이사회의 결의를 거쳐야 할 대외적 거래행위에 관하여 이를 거치지 않은 경우, 거래행위 효력(한정 적극)

[2] 회사의 권리능력 제한 사유인 '회사의 정관상의 목적'의 의미와 판단기준

【판결요지】

[1] 주식회사의 대표이사가 이사회의 결의를 거쳐야 할 대외적 거래행위에 관하여 이를 거치지 아니한 경우라도, 이와 같은 이사회 결의사항은 회사의 내부적 의사결정에 불과하다 할 것이므로, 그 거래 상대방이 그와 같은 이사회 결의가 없었음을 알았거나 알 수 있었을 경우가 아니라면 그 거래행위는 유효하다 할 것이고, 이 경우 거래의 상대방이 이사회의 결의가 없었음을 알았거나 알 수 있었음은 이를 주장하는 회사 측이 주장·입증하여야 한다.

[2] 회사의 권리능력은 회사의 설립 근거가 된 법률과 회사의 정관상의 목적에 의하여 제한되나 그 목적범위 내의 행위라 함은 정관에 명시된 목적 자체에 국한되는 것이 아니라, 그 목적을 수행하는 데 있어 직접, 간접으로 필요한 행위는 모두 포함되고 목적수행에 필요한지의 여부는 행위의 객관적 성질에 따라 판단할 것이고 행위자의 주관적, 구체적 의사에 따라 판단할 것은 아니다.

2. 대표이사의 전단적 대표행위

반드시 각자의 기본교재로 이 쟁점을 정리해 둘 것!

3. 대표이사의 대표권 남용

★ 남용이면, 회사가 채무를 면할 수 있음

[1] 대표권 남용의 의의

형식적으로는 대표이사의 권한 내의 행위이지만 실질적으로는 대표이사 자신이나 제3자의 이익을 이익을 도모하는 행위

[2] 대표권 남용의 효력(이 부분 정리하는 방법 2가지 중 1가지)

1] 학설

① 비진의의사표시설

대표권남용행위도 원칙적으로 유효하나 상대방이 대표권남용 사실을 알았거나 알 수 있었을 때에는 민법 제107조 제1항 규정을 유추적용하여 무효라는 견해이다.

② 권리남용설

대표권남용행위도 원칙적으로는 유효하나 거래상대방이 대표이사의 주관적 의도를 알았거나 중과실로 몰랐던 경우에는 거래의 유효를 주장하는 것은 권리남용에 해당하여 허용할 수 없다는 견해이다.

③ 상대적 무효설

대표자가 개인을 위해 대표권을 행사하면 이는 무효이나 선의의 상대방에게는 그 무효를 주장할 수 없다는 견해이다.

④ 대표권제한설

대표자의 대표권에는 선관주의의무에 의한 제한이 내재되어 있는데 그 제한을 선의의 제3자에게 주장할 수 없다는 견해이다.

2] 판례

비진의의사표시설을 취한 판례가 다수이지만 드물게는 권리남용설을 취한다.

3] 검토

회사의 이익과 거래안전의 조화를 도모하는 판례입장(비진의의사표시설)이 타당하다.

[2-1] 대표권 남용의 효력(이 부분 정리하는 방법 2가지 중 다른 1가지)

대표권남용행위는 형식적으로 대표권의 범위 내에서 이루어진 행위이므로 원칙적으로 유효하다. 그러나 자기 또는 제3자를 위한다는 대표이사의 주관적인 의도를 거래상대방이 알았거나 알 수 있었다면 회사는 무효를 주장할 수 있다. 판례는 그 근거에 관해 주로 비진의의사표시설을 취한다. 회사의 이익과 거래안전의 조화를 도모하는 판례입장(비진의의사설)이 타당하다고 본다. 판례에 따를 때 대표권남용행위의 무효를 주장하는 자가 당해 행위가 대표권 남용에 해당한다는 점과 상대방의 악의 또는 과실을 입증하여야 한다.

<문제 계속>

2010. 1. 설립된 甲 주식회사(이하 '甲회사')는 정관상 인쇄업을 주된 영업으로 하는 비상장회사로서, 3인의 이사(대표이사 A, 이사 B와 C)가 있고, 주주는 A(지분율 2%), D(지분율 13%), E(지분율 85%)로 구성되어 있으며, 2014. 8. 1. 기준 자본금 총액 59억 원, 자산 총계 91억 원인 회사이다.

(중략)

자기거래인가?

한편, 2014. 9. 1. 甲회사는 **A가 의결권 있는 발행주식 총수의 53%**, D가 16%, F가 31%를 보유하고 있는 丁 주식회사(이하 '丁회사')와 대량의 인쇄물 발주계약을 체결하기로 하였는데, 그 납기인 2014. 9. 30. 내에 계약을 이행하기 위해서는 추가 자금을 확보하여 신속하게 새로운 인쇄 기계를 구입해야 하였다. A는 이를 위해 유상증자가 필요하다는 사실과 신속히 이사회가 개최되어야 한다는 사실을 알게 되었다.

그리하여 A는 긴급히 甲회사의 이사회를 소집하게 되었는데, 시간이 촉박하여 2014. 9. 1. 각 이사와 감사에게 <u>전화를 걸어</u> 이사회의 의안이 무엇인지 설명도 하지 않고 단지 신속한 의사결정이 필요하여 이사회를 소집하겠다고 통보하였고, 이러한 긴급 이사회 소집에 이사들과 감사는 모두 동의하여 2014. 9. 2. 이사회가 개최되었다. 동 이사회에서는 A, C가 참석하여 丁회사와의 <u>인쇄물 발주계약의 체결</u> 및 20억 원 규모의 <u>주주배정방식의 신주발행이</u> 참석 이사 전원 찬성으로 결의되었고, 주주배정 기준일을 2014. 9. 18.로, 납입기일은 2014. 9. 25.로 정하였다.

2. 2014. 9. 2. 丁회사와의 인쇄물 발주계약에 관한 이사회 결의는 유효한가? (30점)

🔍 **풀이**

Ⅰ. 쟁점

甲회사의 이 사건 이사회 <u>결의</u>와 관련하여, 이사회 하루 전에 소집통지를 한 점, 서면이 아니라 전화로 소집통지를 한 점, 소집통지 시 회의의 목적 사항을 통보하지 아니한 점이 이사회 소집절차상 하자에 해당하는지 문제됨.

丙회사와의 인쇄물 발주계약이 이사 등의 자기거래에 해당하는지 문제되고, 해당하는 경우에 <u>A, C,의 이사회 참석과 그들 전원의 찬성에 의한 이사회결의가 자기거래에 대한 승인결의로서 유효한지 문제된다</u>(or 정족수를 충족하는지 문제된다). 특히, 이해관계인의 의결권 제한에 관해 검토해야 한다.

Ⅱ. 이사회 소집절차의 하자 유무 이사회 소집절차요건은 주총에 비해 완화되어 있음

1. 소집통지기간

• 제390조 제3항, 제4항

- 이 사건: 하루 전 but 이사 감사 전원 동의 ⇒ 하자 없음

2. 통지방법의 적법성

구두로도 가능, 하자 없음

3. 회의의 목적사항을 알리지 않은 소집통지의 적법성

판례와 통설을 써주고, 이 사건에서 A가 이사회 의안이 무엇인지를 설명하지 않은 것이 하자에 해당하지 않음을 쓰면 됨

4. 소결

하자 없음

III. 자기거래

1. 의의

- 이사 또는 주요주주와 회사 사이의 거래
- 회사를 지배하는 자의 가장 전형적인 사익추구행위임
- 제398조는 자기거래를 무조건 금지하는 것이 아니라 이사회의 승인을 받도록 함(이사나 주요주주 외에 마땅한 거래상대방이 없는 경우 등 자기거래의 필요성이 있는 경우가 있으므로)

2. 자기거래의 주체

(1) 범위

- 이사, 주요주주, 그 특수관계인
- 주요주주, 이사 및 그 특수관계인이 단독 또는 공동으로 의결권 있는 발행주식총수의 100분의 50 이상을 가진 회사 및 그 자회사도 자기거래의 주체임(제398조 제4호)

(2) 사안의 경우

- 丁회사는 甲회사의 대표이사인 A가 의결권 있는 발행주식 총수의 53%를 보유하고 있는 회사이자, A(대표이사, 주주)와 주요주주 D가 공동으로 의결권 있는 발행주식총수의 69%를 보유하고 있는 회사이기도 함(제398조 제4호)

- 이 사건 발주계약 체결 과정에서 A가 정회사의 이익을 위해 甲회사의 이익을 해할 염려 있음(거래의 성질상 회사의 이익을 해할 염려가 없는 거래는 자기거래가 아님)
- 따라서 이 사건 발주계약은 이사 등의 자기거래에 해당함
- 이사회의 사前 승인 필요

3. 이사회 승인결의 없는 자기거래의 효력

(1) 자기거래에 대한 이사회 승인결의 요건

- 이사 전원의 3분의 2 이상(제398조)

(2) 특별이해관계인의 의결권 제한

- 제391조 제3항, 제368조 제4항
- 특별이해관계는 회사의 지배와 상관없는 개인적인 이해관계를 의미함(개인법설)(다수설, 판례)
- 이사의 자기거래에 대한 승인결의에서 해당 이사는 특별이해관계인에 해당함
- 그를 제외한 재적 이사의 3분의 2 이상의 찬성

(3) 소결

- 요건 충족 못하였음

IV. 사안 해결

이 사건 이사회 결의: 소집절차상 하자 없으나 의결정족수 충족 못함, 무효임

※ 이사회 승인 없는 자기거래의 효력(상대적 무효설)은 쓸 필요 없음, 설문에서 이사회 결의가 유효한지만을 물었으므로

NOTE

1. 이사회의 운영
- 주주총회와의 차이점: 이사회는 절차의 적법성보다는 유연성이 강조
- 주총은 의견교환보다는 주주가 절차에 참여할 수 있는 권리 보장이 중요
- 이사회는 실질적인 의견교환이 중요

[1] 소집

1] 소집권자
- 각 이사, 감사, 집행임원

> 제390조(이사회의 소집) ① 이사회는 각 이사가 소집한다. 그러나 이사회의 결의로 소집할 이사를 정한 때에는 그러하지 아니하다.
> ② 제1항 단서의 규정에 의하여 소집권자로 지정되지 않은 다른 이사는 소집권자인 이사에게 이사회 소집을 요구할 수 있다. 소집권자인 이사가 정당한 이유없이 이사회 소집을 거절하는 경우에는 다른 이사가 이사회를 소집할 수 있다.

2) 소집절차: 주총에 비해 완화되어 있음

- 소집권자는 회일부터 1주일 전까지 이사 및 감사에게 통지를 발송해야 함.

> 제390조(이사회의 소집) ③ 이사회를 소집함에는 회일을 정하고 그 1주간 전에 각 이사 및 감사에 대하여 통지를 발송하여야 한다. 그러나 그 기간은 정관으로 단축할 수 있다.
> ④ 이사회는 이사 및 감사 전원의 동의가 있는 때에는 제3항의 절차없이 언제든지 회의할 수 있다.

- 통지의 방법에는 제한이 없음(서면이나 전자 문서에 의할 필요 없음, 구두, 전화, 팩스, 문자메시지, 가능)
- 통지에는 회의의 목적사항을 기재해야 하나?
  (소수설) 통지하지 않은 사항에 대한 결의는 모든 이사가 출석하지 않은 이상 무효
  (통설, 판례) 회의의 목적사항을 통지할 필요 없다. 판례도 마찬가지
  [2009다35033] "이사회 소집통지를 할 때에는, 회사의 정관에 이사들에게 회의의 목적사항을 함께 통지하도록 정하고 있거나 회의의 목적사항을 함께 통지하지 아니하면 이사회에서의 심의·의결에 현저한 지장을 초래하는 등의 특별한 사정이 없는 한, 주주총회 소집통지의 경우와 달리 회의의 목적사항을 함께 통지할 필요는 없다."
  (검토) 주총과 달리 이사는 이사회에 출석할 의무가 있으므로 의제에 따라 출석여부를 결정하는 것은 적절하지 않다는 점에서 통설·판례가 타당함

(2) 결의

1) 결의요건

- 이사의 과반수의 출석, 출석이사의 과반수의 찬성
- 결의요건이 상법상 가중되는 경우(이사 총수의 2분의 2 이상)
  : 회사기회이용의 승인(제397조의2 제1항), 자기거래의 승인(제398조), 감사위원의 해임(제415조의2 제3항)

2) 의결권의 제한

- 이사회결의에 특별이해관계를 가지는 자: 의결권을 행사하지 못함(제391조 제3항이 제368조 제3항을 준용하고 있으므로)

> 제391조(이사회의 결의방법) ③ 제368조제3항 및 제371조제2항의 규정은 제1항의 경우에 이를 준용한다.
> 제368조(총회의 결의방법과 의결권의 행사) ③ 총회의 결의에 관하여 특별한 이해관계가 있는 자는 의결권을 행사하지 못한다.

- 특별이해관계인의 의결권 계산방법

(ⅰ) 과반수 출석, 출석 과반수 찬성
: 특별이해관계인의 의결권은 의사정족수 계산시 분모·분자에는 포함되지만, **의결**정족수 계산시 **분모·분자**에 포함되지 않음
(ⅱ) 이사 총수의 3분의 2 이상(특히, 자기거래 승인)
: 특별이해관계인을 제외한 재적 이사의 3분의 2 이상

3) 결의방법
- 의결권의 대리행사 X
- 서면결의 X

2. 이사의 자기거래

(1) 의의
- 이사와 회사 사이의 거래, 주요주주와 회사 사이의 거래
- 상법 제398조는 이를 완전히 금지하는 것이 아니라 이사회의 사전 승인을 조건으로 허용

(2) 2011년 상법 개정
- 자기거래의 적용대상이 확대(즉, 규제 강화): 이사 + 주요주주 + 그 특수관계인
- 사**전**승인이 명문화(사후추인 안 됨)
- 이사회의 승인요건이 강화됨(과반수 과반수 → 3분의 2)
- 거래의 내용과 절차가 공정할 것을 명문으로 요구함(* 이사회의 승인을 받았더라도 거래의 공정성 요건을 충족하지 못하는 경우 자기거래행위가 무효일 수 있음)

(3) 자기거래의 개념

1) 직접거래와 간접거래
- 직접거래뿐 아니라 간접거래도 자기거래에 포함됨, 규제됨
  (간접거래: 형식적으로는 회사와 제3자 사이의 거래이지만 이사 등에게 실질적인 이익이 귀속되어 이해 상충을 가져올 수 있는 거래도 포함됨 (예) 회사가 제3자와의 계약으로 이사의 채무를 연대보증)
- 이사 및 그 특수관계자와의 거래
  "거래 당시"에 이사 및 이에 준하는 자

2) 이사 및 그 특수관계자와의 거래

> 제398조(이사 등과 회사 간의 거래) 다음 각 호의 어느 하나에 해당하는 자가 자기 또는 제3자의 계산으로 회사와 거래를 하기 위하여는 미리 이사회에서 해당 거래에 관한 중요사실을 밝히고 이사회의 승인을 받아야 한다. 이 경우 이사회의 승인은 이사 3분의 2 이상의 수로써 하여야 하고, 그 거래의 내용과 절차는 공정하여야 한다.
> 1. 이사 또는 제542조의8제2항제6호에 따른 주요주주
> 2. 제1호의 자의 배우자 및 직계존비속
>   (예: A회사가 甲(이사)의 부인의 재산을 양수, 甲의 아들의 채무를 보증)
> 3. 제1호의 자의 배우자의 직계존비속

4. 제1호부터 제3호까지의 자가 단독 또는 공동으로 의결권 있는 발행주식 총수의 100분의 50 이상을 가진 회사 및 그 자회사

    (예: A회사가 甲의 배우자 등 친족이 50% 이상 지배주주로 있는 B회사와 거래)

5. 제1호부터 제3호까지의 자가 제4호의 회사와 합하여 의결권 있는 발행주식총수의 100분의 50 이상을 가진 회사

※ 甲이 두 회사의 대표이사를 겸임하는 사안

A 회사 (대표이사 甲)	B 회사 (대표이사 甲)

A회사와 B회사 사이에 거래
A회사가 B회사의 채무를 보증

- 자기거래에 해당하는가? 그렇다. 불리한 입장의 회사의 이사회 승인을 받아야 함(판례, 상법 개정 전의 판례임)
- 개정상법에 의할 때에도 이 판례 법리가 타당한가? 그렇다. 그런데 근거는?
  ; 1호~5호에는 해당하지 않음
  그러나 1호의 '이사'의 개념을 '이사가 대표이사로 있는 회사'까지 포함하는 것으로 확대해서 해석함으로써 이 법리를 유지하는 것이 타당함

3) 주요주주 및 그 특수관계자와의 거래
  - 주요주주: 의결권 있는 발행주식총수의 10% 이상을 소유하거나 회사의 경영에 사실상의 영향력을 행사하는 주주

<문제 3>

D가 자신이 배정받은 신주에 대하여 인수가액을 납입하지 않은 경우 甲회사가 상법상 어떠한 조치를 취할 수 있는가? (15점)

 풀이

1. 쟁점

- 주주배정방식의 신주발행 시 주식인수인이 주금납입의무를 이행하지 않은 경우 주식인수인으로서의 권리를 상실하는지 여부

- 상실한다고 할 때 회사는 그 실권주를 어떻게 처분할 수 있는지
- 회사가 실권한 주식인수인에게 손해배상을 청구할 수 있는지
- 회사가 이사에게 손해배상책임과 인수담보책임을 물을 수 있는지

2. 신주발행 시 납입해태의 효과

- 신주의 인수인이 납입기일에 납입 또는 현물출자의 이행을 하지 않으면 인수인으로서의 권리를 잃는다(제423조 제2항). 모집설립 시와 달리 실권절차 없이 납입기일 경과로 당연 실권
- 회사는 미발행부분으로 남겨둘 수도 있고 다시 인수인을 모집할 수도 있음
- 회사에 손해가 있으면 회사는 실권한 주식인수인에게 손해배상청구 가능(제423조 제3항)

3. 이사에 대한 책임 추궁

(1) 손해배상책임

- 제399조 제1항

(2) 인수담보책임

- 이사가 이를 공동으로 인수한 것으로 본다(제428조 제1항). 주의: 변경등기가 있은 후에 아직 인수하지 않은 주식이 있을 때
- 인수 의제된 주식에 대해 이사는 연대하여 납입할 책임을 진다(제333조 제1항).

(3) 소결

- D의 납입해태와 관련하여 甲회사의 이사에게 법령 또는 정관 위반이나 임무해태의 점이 있었고 이로 인해 甲회사에 손해가 발생하였다면 그 이사들은 연대하여 甲회사에게 그 손해를 배상해야 함
- D의 납입해태에도 불구하고 그 부분의 신주가 발행된 것으로 변경등기가 경료되었다면 甲회사 이사들은 공동으로 그 부분에 대해 인수담보책임을 짐

4. 사안 해결

- 회사는 실권주를 미발행부분으로 남겨둘 수도 있고 다시 인수인을 모집할 수도 있음
- 회사에게 손해 발생했으면 실권한 주식인수인에게 손해배상청구 가능
- 과실 있는 이사들에게 손해배상청구 가능

• 변경등기(신주발행등기)가 경료된 경우에는 이사들에게 인수담보책임 추궁 가능

\<문제 4\>

甲회사의 이사회가 신주발행 시 신주인수권 양도에 관한 사항을 결정하지 않은 경우 신주인수권증서의 발행 없이 한 신주인수권 양도의 효력은? (15점)

 풀이

1. 쟁점

신주발행 시 이사회는 신주인수권을 양도할 수 있는 것에 관한 사항을 결정한다(제416조 제5호). 신주인수권 양도는 신주인수권증서의 교부에 의하여서만 한다(제420조의3 제1항). 이사회가 신주인수권 양도에 관한 사항을 결정하지 않은 경우에는 신주인수권증서도 발행하지 않았을 것인데, 이 경우 신주인수권증서 없이 신주인수권을 양도할 수 있는지 문제된다.

2. 학설 및 판례

(1) 학설

다수설은 신주인수권증서의 교부 이외의 방법에 의한 양도를 인정하는 것은 제420조의3 제1항의 문언에 반한다는 이유로 양도할 수 없다거나, 양도는 가능하지만 회사에 대항할 수 없다고 주장한다. 이와 달리, 신주인수권의 양도성은 주주의 비례적 이익을 보호하기 위한 것으로 이사회의 결의로 좌우할 것이 못 된다는 이유로 양도가 가능하다는 견해도 제기되고 있다.

(2) 판례

판례는 회사가 정관이나 이사회 결의로 신주인수권의 양도에 관한 사항을 결정하지 아니하였다고 하여 신주인수권의 양도가 전혀 허용되지 아니하는 것은 아니고 회사가 승낙한 경우에는 회사에 대하여도 그 효력이 있다고 판시하였다(신주인수권 양도를 제한할 필요성은 주로 회사사무의 편의를 위한 것이므로), 지명채권양도의 일반원칙에 따른다.

(3) 검토 ※ 학설과 판례를 나열하기만 하고 그에 대한 본인의 생각을 밝히지 않은 채, 사안 해결 목차로 넘어가는 학생들이 많음. 이는 바람직하지 않음. 1줄을 써도 좋으니 검토하는 습관을 기를 것.

판례 타당. 신주인수권 양도를 제한할 필요성은 주로 회사사무의 편의를 위한 것이므로.

3. 사안 해결

甲회사의 이사회가 신주발행 시 신주인수권 양도에 관한 사항을 결정하지 않았어도 지명채권양도방식에 의한 신주인수권 양도가 가능하다. 즉, 이 사건 신주인수권 양도는 甲회사의 승낙이 있으면 甲회사에 대하여 효력이 있다.

2014년도 시행

제3회 변호사시험

[민사법]

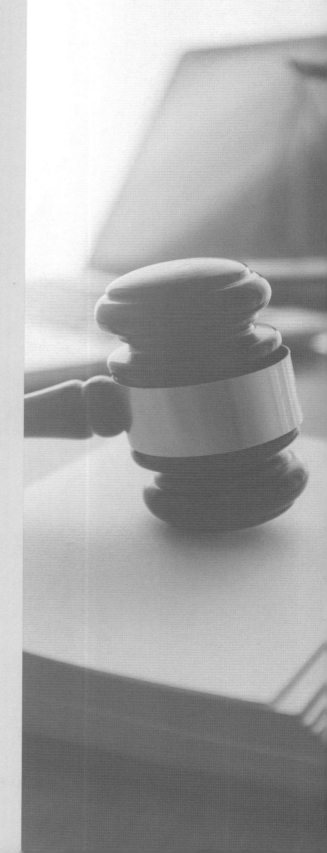

〈제 3 문〉

동양주식회사(이하, '동양'이라 함)는 자본금 20억 원인 비상장회사이다. 동양의 발행주식총수는 10만주이며, 甲이 4만주, 乙이 3만주, 丙이 2만주, 丁이 1만주를 각각 보유하고 있다. 동양의 이사는 甲, 乙, 丙 3인이고 그중 甲이 대표이사로서 사실상 전권을 행사하고 있다.

동양은 기계부문과 섬유부문의 2개 사업부문으로 구성되어 있는데, 기계부문에서는 의료기계를, 섬유부문에서는 섬유원단을 생산·판매하고 있다. 동양의 연매출액은 100억 원이며, 매출액의 구성은 기계부문이 95억 원, 섬유부문이 5억 원이다. 동양은 각 사업부문별로 '동양기계', '동양섬유'라는 영업표지를 사용하면서 독자적인 영업활동을 하여 왔다. 동양은 기존의 의료기계 생산·판매 이외에도 수입·판매처와 계약을 체결하는 등 의료기계의 수입·판매 분야에도 사업확장을 준비하고 있다.

A주식회사는 동양의 섬유 사업부문에 섬유원사를 공급하여 그 대금으로 5억 원의 채권을 가지고 있다. 그 후 동양은 甲, 乙, 丙 3인의 이사가 모두 참석한 이사회에서 이사 전원의 찬성으로 회사 전체 영업의 일부로서, 실적이 부진한 <u>섬유부문을 B주식회사에 양도</u>하였다. 동양의 섬유부문의 가치는 회사 전체의 영업 가치에서 차지하는 비중이 크지 않고 섬유부문의 영업양도 이후에도 동양의 영업은 크게 축소되거나 변동되지 않았다. B회사는 섬유부문의 영업을 양수한 후 '동양섬유'라는 영업표지를 계속하여 사용하면서 동양의 종전 거래처를 상대로 동일하게 영업을 하고 있다.

※ 세 번째 단락까지만 읽고 1번 설문을 풀면 됨, 등장인물 D는 네 번째 단락에 처음 등장하며 설문 2의 주어임, 이러한 점을 포착한다면 긴 문제도 어렵게 느껴지지 않고 정확한 쟁점을 찾아내는 데에도 도움이 됨.

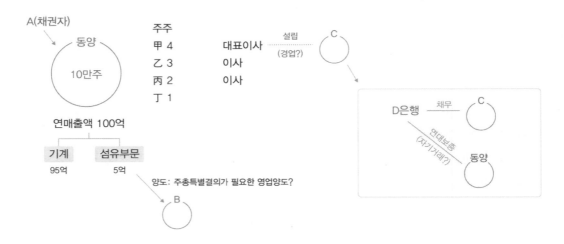

<문제>

1. 동양이 B회사에 대하여 섬유부문을 양도한 행위가 유효한지를 설명하고, A회사는 동양 및 B회사를 상대로 섬유원사 공급대금 5억 원의 지급을 청구할 수 있는지를 설명하시오. (30점)

 풀이

I. 쟁점

첫째, 동양의 섬유부문 양도가 상법 제374조의 영업의 중요한 일부의 양도에 해당하여 주주총회 특별결의가 필요한지 여부가 문제된다. 둘째, A회사가 B회사에게 제42조의 상호를 속용하는 영업양수인의 책임을 물을 수 있는지가 문제된다.

※ 설문을 언급하면서 쟁점을 적시해도 좋음(예: 동양이 섬유부분을 양도한 행위의 유효성을 판단하기 위하여 양도가 상법 제374조의 영업의 중요한 일부의 양도에 해당하여 주주총회 특별결의가 필요한지 여부가 문제된다. A회사가 B회사에게 제42조의 상호를 속용하는 영업양수인의 책임을 물어 대금 5억 원을 청구할 수 있는지 문제된다.)

그러나 필자는 시간을 절약하는 방안으로서 설문을 언급하지 않고 쟁점만을 적시해보았음.

II. 섬유부문 양도의 효력 ※ 세부목차를 짜는 대신에 1. 법리, 2. 사안의 경우로만 나눴음. 아래의 로마자 III 도 같은 구성

1. 법리 ※ 법조문 1문장, 판례 1~2문장

회사가 영업의 전부 또는 중요한 일부의 양도에 해당하는 행위를 할 때에는 주주총회의 특별결의가 있어야 한다(제374조 제1항 제1호). 판례는 "주주총회의 특별결의가 있어야 하는 상법 제374조 제1항 제1호 소정의 '영업의 전부 또는 중요한 일부의 양도'라 함은 일정한 영업목적을 위하여 조직되고 유기적 일체로 기능하는 재산의 전부 또는 중요한 일부를 총체적으로 양도하는 것을 의미한다. 나아가 주식회사가 사업목적으로 삼는 영업 중 일부를 양도하는 경우 '영업의 중요한 일부의 양도'에 해당하는지는 양도대상 영업의 자산, 매출액, 수익 등이 전체 영업에서 차지하는 비중, 일부 영업의 양도가 장차 회사의 영업규모, 수익성 등에 미치는 영향 등을 종합적으로 고려하여 판단하여야 한다"고 판시하였다[대법원 2013다38633 판결].

2. 사안의 경우

섬유부문은 동양의 사업목적으로 삼는 영업 중 일부이다. 그러나 섬유부문의 연매출액이 동양의 연매출액의 5%에 불과하고 양도 전 실적이 부진하였으며, 섬유부문의 양도 이후에도 동양의 영업이 크게 축소되지 않은 점에 비추어 볼 때, 주주총회의 특별결의가 있어야 하는 영업의 중요한 일부의 양도에 해당하지 않는다고 판단된다. 사안에서는 주주총회의 특별결의는 없었지만 이사회의 적법한 결의를 거쳤기 때문에, 동양이 B회사에 대하여 섬유부문을 양도한 행위는 유효하다.

III. A회사에 대한 동양과 B회사의 책임

1. 법리

영업양도인의 채무는 인수의 합의가 없는 한 양수인에게 승계되지 않는다. 그런데 양수인이 채무를 인수하지 않았음에도 불구하고 채무를 인수한 것처럼 외관을 발생시킨 경우(예컨대 상호속용)에는 채권자로서는 채권을 회수할 시기를 놓치기 쉽기 때문에 상법 제42조는 상호를 속용하는 양수인도 영업양도인의 영업으로 인한 제3자의 채권에 대하여 변제할 책임을 부담시킨다. 채권자는 채무인수가 없었다는 사실에 대해 선의일 것을 요한다. 상호 자체가 아니라 영업표지를 속용하는 경우에는 제42조가 유추적용된다.

2. 사안의 경우

동양이 B회사에게 섬유부문을 영업양도하기 전에 A회사는 동양에 대하여 5억 원의 금전채권을 가지고 있었다. 사안에서 동양과 B회사 간에 채무인수의 합의는 없었던 것으로 보인다. 채무인수의 합의가 없었기 때문에 영업양도인인 동양은 A회사에 대해 5억 원의 채무를 부담한다.

한편, 영업을 양수한 B회사는 동양섬유라는 영업표지를 계속 사용하였으며, 채권자인 A회사가 채무인수가 없었다는 사실을 알았다는 사정이 존재하지 않는다. 따라서 B회사는 A회사에 대해 5억 원의 대금지급채무를 부담한다.

동양의 채무와 B회사의 채무는 부진정연대채무이다.

Ⅳ. 사안 해결

동양이 B회사에 대하여 섬유부문을 양도한 행위는 유효하다. A회사는 동양과 B회사를 상대로 5억 원의 지급을 청구할 수 있으며, 동양과 B회사는 부진정연대책임을 진다.

NOTE

제374조(영업양도, 양수, 임대등) ① 회사가 다음 각 호의 어느 하나에 해당하는 행위를 할 때에는 제434조에 따른 결의가 있어야 한다.
  1. 영업의 전부 또는 중요한 일부의 양도
제42조(상호를 속용하는 양수인의 책임) ① 영업양수인이 양도인의 상호를 계속사용하는 경우에는 양도인의 영업으로 인한 제3자의 채권에 대하여 양수인도 변제할 책임이 있다.
  ② 전항의 규정은 양수인이 영업양도를 받은 후 지체없이 양도인의 채무에 대한 책임이 없음을 등기한 때에는 적용하지 아니한다. 양도인과 양수인이 지체없이 제3자에 대하여 그 뜻을 통지한 경우에 그 통지를 받은 제3자에 대하여도 같다.

<문제 계속>

그 후 甲은 이사회 승인 없이 동양이 생산하는 동종의 의료기계를 수입·판매하는 C의료기계주식회사를 설립하여 그 대표이사에 취임하였다.

甲은 C회사의 운영자금으로 20억 원이 필요하였고 D은행은 C회사에 대한 대출에 연대보증을 요구하였다. 이를 위하여 甲은 동양의 이사회를 소집하였고, 甲과 乙만이 출석한 이사회에서는 출석이사 전원의 찬성으로 동양의 연대보증을 결의하였다. 乙은 위 이사회에서 甲이 이사회의 승인 없이 C회사를 설립하여 운영하고 있다는 사정을 잘 알고 있었음에도 별다른 이의를 제기하지 아니하였다. D은행은 동양의 이사회 회의록 및 기타 대출 관련 서류를 확인한 후에 동양과 연대보증계약을 체결하고서 C회사에 대하여 20억 원을 대출해 주었다. D은행은 위와 같은 동양의 내부 사정은 전혀 알지 못하였다.

C회사의 사업이 본격화되면서 그 매출액이 급증하자 이로 인하여 동양의 매출액은 현저히 감소하였고, 동양의 주가는 50% 하락하였다.

2. D은행은 동양을 상대로 대여금 20억 원의 지급을 청구할 수 있는가? (30점)

🔍 풀이
───

Ⅰ. 쟁점

D은행이 연대보증계약을 체결한 동양에게 대여금 20억 원의 지급을 청구할 수 있는가와 관련해서는, 동양의 연대보증이 ① 정관상의 목적범위 내의 행위인지 여부, ② 이사 甲의 자기거래인지 여부, 자기거래라면 이사회 승인 요건이 충족되었는지 및 충족되지 않은 경우의 효력이 문제된다. 연대보증계약이 유효하다면, ③ 동양이 대표이사 甲의 대표권 남용을 주장하여 지급을 거절할 수 있는지를 살펴볼 필요가 있다.

Ⅱ. 정관의 목적 범위 내의 행위인지 여부

회사의 권리능력은 법률과 정관상의 목적에 의해 제한되는바, 통설은 무제한설이고 판례는 제한설을 취하지만 사실상 무제한설과 같다. 동양은 기계와 섬유를 생산·판매하는 회사이지만 연대보증계약은 외형적·객관적으로 보아 목적을 수행하는 데 필요한 행위라고볼 수 있어, 회사의 목적 범위 내의 행위라고 보아야 한다.

Ⅲ. 자기거래 여부

1. 의의

이사 또는 주요주주와 회사 사이의 거래를 자기거래라고 한다. 이사 또는 주요주주는 그 지위나 정보를 이용하여 회사 이익을 침해하면서 사익을 추구할 우려가 있지만, 그렇다고 하여 이러한 거래를 완전히 금지하는 것은 바람직하지 않다. 다른 거래상대방을 찾을 수 없어 자기거래가 불가피한 경우도 있고, 불공정의 우려가 없는 경우도 있기 때문이다. 제398조는 자기거래를 금지하는 것이 아니라 이사회의 승인을 얻어서 할 수 있도록 하고 있다.

2. 자기거래의 개념

(1) 간접거래

이사회의 승인을 요하는 자기거래는 회사의 이익을 해할 염려가 있는 모든 재산적 거래를 말한다. 직접거래뿐 아니라, 형식적으로는 회사와 제3자 사이에 이루어지지만 이사 등에게 실질적인 이익이 귀속됨으로써 이해상충을 가져올 수 있는 거래, 즉 간접거래도 포함된다(통설, 판례). 회사가 제3자와의 계약으로 이사 등의 채무를 연대보증하는 경우가 전형적인 간접거래이다.

(2) 이사와의 거래

제398조 제1호는 이사 등이 거래상대방인 경우 자기거래에 해당한다고 규정한다. 甲이 두 회사(동양, C회사)의 대표이사를 겸임하는 사안에서, 대표이사의 행위가 곧 회사의 행위가 된다는 점에서 甲을 C회사와 동일하다고 볼 수 있으므로, 동양의 (대표)이사가 대표이사로 있는 C회사는 제398조 제1호의 이사에 해당된다고 해석할 수 있다. 판례도 대표이사 겸임 사안에서 두 회사 사이에 거래를 하거나 어느 회사가 다른 회사의 채무를 보증하기 위해서는 불리한 입장의 회사의 이사회의 승인을 받아야 한다고 보아 이러한 법리를 확인하고 있다[대법원 84다카1591 판결].

(3) 사안의 경우

甲이 C회사의 채무에 대해 동양을 대표하여 연대보증을 한 것은 '간접거래'로서 상법 제398조가 적용되는 자기거래이며, 구체적으로는 동조 1호에 해당한다고 해석할 수 있다. 따라서 甲은 이사회의 사전승인을 얻어서 이러한 연대보증을 하였을 것이 요구된다.

3. 이사회 승인 없는 자기거래의 효력

(1) 요건

이사가 자기거래를 하기 위해서는 ① 사전에 ② 이사회에 거래에 관한 자신의 이해관계 및 중요사실을 알리고 ③ 이사 전원의 3분의 2 이상의 찬성으로 이사회의 승인을 받아야 한다. 자기거래의 당사자인 이사는 특별이해관계인에 해당하는데, 정족수가 가중된 경우에는 특별이해관계인을 분모에서 제외하여 계산하는 것이 타당하다. 사안에서는 甲을 제외한 이사 2인 중 1인인 乙만이 찬성하였으므로 이사회의 승인요건을 충족하지 못하였다.

(2) 효력

이사회의 승인을 얻지 못한 거래의 효력에 대해서는 무효설, 유효설, 상대적 무효설이 대립한다. 통설·판례인 상대적 무효설은 회사와 거래상대방 사이에는 무효이고, 제3자에 대해서는 회사가 이사회의 승인이 없었음에 대한 상대방의 악의를 입증하지 못하면 유효하다고 본다. 거래의 안전과 회사의 이익을 보호하기 위한 절충적인 견해로서 타당하다.

(3) 사안의 경우

이 사건 연대보증은 이사의 자기거래에 해당함에 동양의 이사회의 승인결의가 없었다. 그러나 제3자인 D은행은 이러한 사정을 알지 못하였고 알지 못한데에 중과실이 있었다고 볼 만한 사정은 보이지 않는다. 그러므로 이 사건 연대보증은 동양과 D은행 사이에서 유효하다. D은행은 일응 동양을 상대로 연대보증책임을 물어 대여금 20억 원의 지급을 청구할 수 있을 것으로 보인다.

IV. 대표권 남용의 항변 가부

1. 문제점

D은행의 청구에 대해 동양이 대표권 남용의 항변을 하여 20억 원의 지급을 거절할 수 있는지를 살펴보자.

2. 대표권 남용의 의의 및 효력

대표권 남용이란 대표이사의 행위가 객관적으로 대표권의 범위에서 이루어졌으나 실질적으로는 대표이사 자신 또는 제3자의 이익을 위한 행위이다. 대표권 남용의 경우 회사가 거래의 무효를 주장할 수 있는 근거에 대한 설명으로는 권리남용설과 심리유보설 등이 있다. 판례는 대표권 남용행위도 원칙적으로 유효하고, 다만 민법 제107조 제1항 단서에 따라 거래상대방이 그 진의를 알았거나 알 수 있었을 경우에는 무효가 된다고 하는 심리유보설에 따른다. 회사보호와 거래안전의 조화를 꾀하는 판례 입장이 타당하다.

3. 사안의 경우

이 사건 연대보증은 동양을 위한 것이 아니라 C회사 내지는 甲 자신의 이익을 위한 것이므로 대표권 남용에 해당한다. 그러나 D은행은 대표권 남용 사실에 대해 선의·무과실이므로 동양 연대보증이 대표권 남용으로서 무효라는 항변을 할 수 없다.

V. 사안 해결

이 사건 연대보증은 동양의 목적 범위 내의 행위이지만, 이사회 승인 없는 자기거래에 해당한다. 그러나 선의·무중과실인 D은행은 동양을 상대로 연대보증책임을 물어 대여금 20억 원의 지급을 청구할 수 있으며, 이에 대해 동양은 대표권 남용의 항변을 할 수 없다.

<문제>

3. 상법상, 甲과 乙은 어떠한 의무를 위반하였으며, 어떠한 책임을 부담하는가? (40점)

🔍 **풀이**

I. 쟁점

甲이 ① C회사 설립하고 대표이사에 취임한 행위가 이사의 경업금지의무를 위반한 것인지와 ② 동양의 대표이사로서 연대보증을 한 것이 이사의 자기거래금지의무를 위반한 것인지가 문제되고, 그로 인해 동양의 매출액이 감소한 것에 대해서 회사(동양)에 대해 손해배상책임(제399조 등)을 부담하는지, 동양의 주가가 하락한 것과 관련하여 제3자에 대해 손해배상책임(제401조)을 부담하는지 여부가 문제된다.

乙이 甲의 C회사 설립 및 대표이사 취임사실을 알고도 이의를 제기하지 않은 것이 이사의 감시의무 위반에 해당하는지 여부와 그에 기해 회사 및 제3자에 대해 손해배상책임을 부담하는지 여부가 문제된다.

II. 甲과 乙의 의무 위반

1. 甲의 의무 위반

(1) 경업금지의무 위반

상법 제397조에 의하면 이사는 이사회의 승인이 없으면 자기 또는 제3자의 계산으로 회사의 영업부류에 속한 거래를 하지 못하고(경업금지), 동종영업을 목적으로 하는 회사의 이사가 되지 못한다(겸직금지). 이를 위반한 경우, 거래는 유효하나, 이사가 법령을 위반한 것으로 되어 제385조에 따라 해임될 수 있고, 제399조의 손해배상책임을 질 수 있고, 회사가 개입권을 행사할 수 있다.

사안에서 동양의 대표이사인 甲이 이사회의 승인 없이 동종영업을 목적으로 하는 C회사를 설립한 행위는 경업금지의무 위반에 해당한다. 또, 대표이사로 취임한 것은 겸직금지의무 위반의 소지가 있다. 따라서 甲은 해임될 수 있으며, 제399조의 손해배상책임을 질 수 있고, 동양은 개입권을 행사하여 경업으로 인한 경제적 효과를 동양에 귀속시킬 수 있다.

(2) 자기거래금지의무 위반

문제 2에서 살펴본 바와 같이 甲이 동양의 대표이사로서 연대보증을 한 행위는 자기거래금지의무를 위반한 것이다.

2. 乙의 의무 위반

乙과 같이 대표권도 없고 업무집행도 담당하지 않는 평이사가 이사회에 부의된 사항 외에 일반적으로 적극적 감시의무를 부담하는지 문제된다. 통설은 선관주의의무를 부담한다거나 이사회의 감독기능을 제고한다는 점을 근거로 평이사의 감시의무를 긍정한다. 판례도 평이사의 감시의무를 인정하면서, 업무담당이사의 업무집행이 위법하다고 의심할 만한 사유가 있었음에도 평이사가 감시의무를 위반하여 이를 방치한 때에는 손해배상책임을 진다는 법리를 확립하고 있다.

사안에서 乙은 甲이 상법상의 이사의 의무를 위반하는 사정을 잘 알고 있었음에도 이의를 제기하지 않은바, 이는 감시의무 위반에 해당한다.

III. 甲과 乙의 책임

1. 동양에 대한 손해배상책임

이사가 고의 또는 과실로 법령 또는 정관에 위반한 행위를 하거나 임무를 게을리 한 때에는 그 이사는 회사에 대하여 연대하여 손해를 배상할 책임이 있다(제399조 제1항). 임무해태와 달리 법령위반행위에는 경영판단원칙이 적용되지 않는다. 또한, 이는 위임계약 불이행으로 인한 채무불이행책임이므로, 이사의 행위가 민법 제750조의 불법행위요건을 충족하면 상법 제399조의 책임과 불법행위책임이 경합한다.

사안에서 甲의 경업금지의무 위반과 乙의 감시의무 위반으로 인해 동양은 매출액이 감소한 손해를 입었다. 그러므로 甲과 乙은 상법 제399조 또는 민법 제750조에 따라 동양이 입은 손해를 배상할 책임을 부담한다. 만약 甲의 연대보증행위로 인해 동양에 실제 손해가 발생하였다면 甲은 이에 대해서도 손해배상책임을 부담할 것이다.

2. 동양의 주주에 대한 손해배상책임

이사가 고의 또는 중과실로 임무를 해태한 때에는 그 이사는 제3자에 대하여 연대하여 손해를 배상할 책임이 있다(상법 제401조). 본조의 임무해태는 법령위반도 포함하는 개념이다. 불법행위와의 경합이 인정된다.

주주의 간접손해에 대하여 제401조가 적용되는지에 대하여 다수설과 판례는 다른 입장을 취한다. 판례는 주주의 간접손해는 제401조에서 말하는 손해의 개념에 포함되지 않으므로 주주는 그 손해가 경제적으로 자신에게 귀속된다는 이유만으로 직접 이사에게 손해배상을 청구할 수 없다고 판시한다. 반면, 다수설은 주주보호를 위해 주주의 간접손해에 대하여서 제401조가 적용되어야 한다고 본다. 생각건대 회사가 손해배상을 받게 되면 주주의 간접손해는 자동적으로 전보되므로 판례의 입장이 타당하다.

사안에서 甲과 乙의 의무위반행위는 고의 또는 중과실에 의한 임무해태에 해당하고 이로 인해 동양의 매출액 감소와 주가하락이 발생했다. 甲과 乙은 주가하락으로 인한 주주의 간접손해에 대해서는 제401조의 책임을 부담하지는 아니하지만, 매출액 감소로 인해 채권자 등 제3자에게 손해배상책임을 부담할 수 있다.

IV. 사안 해결

甲은 경업금지의무와 자기거래금지의무를, 乙은 감시의무를 위반하였다. 甲과 乙은 동양의 매출액 감소에 대해 동양에 대해 손해배상책임을 부담하고, 제3자에게 손해배상책임을 부담할 가능성이 있다. 그러나 甲과 乙은 동양의 주가 하락으로 인한 주주의 손해를 배상할 책임은 부담하지 않는다. 甲의 연대보증행위로 인해 동양에 손해가 발생하였다면 甲은 동양에 대해 손해배상책임을 부담할 것이다.

2013년도 시행
제2회 변호사시험

[민사법]

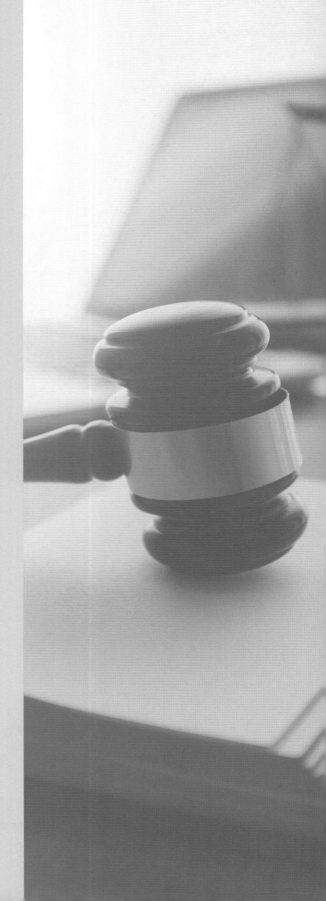

변호사시험을 위한 상법공부

〈제 3 문〉

스마트폰 부품의 제조와 판매를 업으로 하는 비상장회사인 X주식회사는 자본금이 2억 5천만 원이며 주주명부에는 동 회사의 발행주식총수 중 A가 50%, B가 30%, C가 10%, D가 10%를 각각 보유하는 것으로 기재되어 있다. 다만, D는 X주식회사의 주주명부에 주주로 기재되어 있지만 실제로는 E가 D의 승낙을 얻어 D의 명의를 차용한 것이다. A의 추천으로 甲과 乙이 이사로 선임되었으며, 그중 甲이 대표이사를 맡고 있다. 나머지 1명의 이사는 B가 추천한 사람이다.

X주식회사는 신기술 도입에 필요한 자금을 조달하기 위하여 신주를 발행하기로 하고, 이사회 결의로 기존 주주들의 지분율에 비례하여 신주를 배정하고(주주배정방식- D가 주주인가?) 기존 주주 전원이 신주인수대금을 전액 납입함에 따라 자본금을 3억 원으로 변경하는 등기를 마쳤다(이하 '제1차 신주발행'이라고 함).

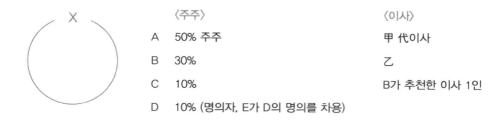

	〈주주〉	〈이사〉
A	50% 주주	甲 代이사
B	30%	乙
C	10%	B가 추천한 이사 1인
D	10% (명의자, E가 D의 명의를 차용)	

<문제>

1. X주식회사는 E의 명의차용 사실을 알고 있음에도 불구하고 제1차 신주발행에서 D에게 신주를 배정한 경우, 그러한 신주배정은 적법한가? (20점)

※ 10회 변시 1. 다.와 유사함

그러나 10회에 있던 '실질주의 회사에 대한 명의개서 청구, 회사의 부당거절' 쟁점이 이 문제에는 없음. 2회 문제가 더 단순함.

〈10회〉

甲회사의 발행주식총수 중 대표이사 A는 30만 주, 이사 B와 이사 C는 각각 20만 주를 소유하고 있으며 모두 명의개서를 완료한 상태이다(주권 미발행 상태임). A는 C를 설득하여 시장가격보다 높게 甲회사 주식 20만 주 전부를 자신의 친구인 D에게 양도하는 매매계약을 체결케 하였고, D명의로 명의개서까지 마쳐 주었다. 그런데 실제 D는 甲회사의 자금으로 C에게 매수대금을 지급하였고, 甲회사 주식을 취득함에 따른 손익 모두를 甲회사에 귀속하기로 甲회사와 합의하였다. (주식양도계약의 유무효 쟁점이 끼어 있음)

C의 배신을 알게 된 B가 C에게 강력하게 항의하자, C는 다시 마음을 바꿔 D에게 위 주식매매계약이 무효임을 주장
하였다. 또한 C는 甲회사에 자신의 명의로 명의개서를 청구하였으나 甲회사 대표이사 A는 이를 거절하였다. (명의개서
청구-부당거절)

이후 B가 A의 이사 해임을 안건으로 하는 임시주주총회 소집을 요구하자, A는 乙은행이 자신에 대한 이사 해임에
반대하여 해임결의가 부결될 것으로 믿고 이사회결의를 거쳐 주주총회일 2주 전에 각 주주에게 서면으로 임시주주총
회 소집을 통지하였다(위 통지절차에서 A는 C 대신 D에게 소집통지서를 발송함).

2020. 12. 개최된 위 임시주주총회에 乙은행, B, D가 참석하였고, D의 반대에도 불구하고 乙은행과 B의 찬성으로
A를 이사에서 해임하는 결의가 성립하였다.

A에 대한 이사해임결의의 효력은 누가 어떠한 사유와 방법으로 다툴 수 있는가? (25점)

 풀이

I. 쟁점

- 명의차용의 경우 누가 주주인지
- 주주명부에 기재된 자에게 신주를 발행한 경우 주주명부의 면책력이 인정될지

II. D와 E 중에서 주주인 자

1. 실질주주와 형식주주

- 실질주주란 주주명부에 기재되지 않았지만 실질적으로 주식을 보유한 자
- 형식주주란 주주명부상 주주로 기재되어 있을 뿐인 자

2. 타인명의의 주식인수 (승낙을 얻은 경우임, 무단 사용 아님)

(1) 쟁점

- 형식주주(명의대여자)와 실질주주(명의차용자) 가운데 회사에 대한 관계에서 누가 주주권을
행사할 수 있는지 문제됨(제332조 제2항은 타인의 승낙을 얻어 그 명의로 주식을 인수한 자의 연대
주금납입의무만 규정하고 있을 뿐임)

(2) 학설

- 단체법적 법률관계의 획일적 처리 필요성을 논거로 명의상의 주식인수인을 주주로 보아야
한다는 형식설과, 법률행위를 한 자에게 그 효과가 귀속되어야 한다는 법률행위의 일반원
칙을 논거로 실질적인 주식인수인을 주주로 보아야 한다는 실질설이 대립함
- 실질설이 다수설임

(3) 판례

- 형식설
- 종래 판례는 실질설
- 2017년 전원합의체 판결에 의하면 "회사에 대한 관계에서는 주주명부상의 주주만이 주주로서 의결권 등 주주권을 적법하게 행사 할 수 있다"고 판시함, 종래 입장을 폐기함

3. 소결

- 주주명부의 단체법적 효력을 중시하여 주주권의 귀속과 행사를 구별하는 최근 전합판결이 타당, 이에 의하면 주주명부에 주주로 기재가 된 명의주주 D만이 회사와의 관계에서 주주권을 행사할 주주임

Ⅲ. X회사의 명의주주 D에 대한 신주발행의 적법 여부

1. 주주명부의 면책력

- 주주명부란 주주 및 주권에 관하여 상법상 규정에 의하여 작성된 장부, 명의개서란 주주명부에 주주의 성명과 주소를 기재하는 것
- 주주명부에는 대항력, 추정력, 면책력이 인정됨
- 주주명부의 면책력이란 회사가 주주명부상의 주주에게 권리행사를 인정하는 경우에는 비록 그것이 실제에 부합하지 않더라도 원칙적으로 면책됨(제353조)

2. 면책력의 범위

(1) 학설

- 단체법적 법률관계의 획일적 처리를 위해 절대적 면책력을 주장하는 견해
- 주주명부상의 주주가 형식주주에 불과한 것을 알았거나 중과실로 알지 못한 경우에는 면책력을 주장할 수 없다는 절충설

(2) 판례

- 종래 판례는 절충설
- 2017년 전합판결은 "회사는 주주명부상 주주 외에 실제 주식을 인수하거나 양수하고자 하

였던 자가 따로 존재한다는 사실을 <u>알았든 몰랐든 간에</u> 주주명부상 주주의 주주권행사를 부인할 수 없다"고 판시하여 종래 입장을 폐기

3. 소결

- 주주명부의 단체법적 효력을 중시하는 최근 전합판결이 타당
- 설문의 주주명부에는 D가 주주로 등재되어 있으므로 회사가 실질주주가 E라는 사실을 알고 있었다고 하더라도 형식주주 D에게 신주를 발행한 것은 적법함

IV. 사안 해결

회사와의 관계에서 형식주주 D가 주주권을 행사할 자임, 회사가 실질주주 E의 존재를 알면서도 형식주주 D에게 신주를 배정한 것은 회사법상 적법

<문제>

2. B(주주임)가 제1차 신주발행에서 <u>X주식회사의 수락</u> 하에 자신의 신주인수대금 중 일부를 X주식회사에 대한 어음금채권 1천만 원으로 납입하고 나머지는 현금으로 납입한 경우, 그러한 납입은 유효한가? (10점) (법조문 중심으로 간략히 쓰면 됨)

X주식회사는 신기술 도입에 필요한 자금을 조달하기 위하여 신주를 발행하기로 하고, 이사회 결의로 기존 주주들의 지분율에 비례하여 신주를 배정하고 기존 주주 전원이 신주인수대금을 전액 납입함에 따라 자본금을 3억 원으로 변경하는 등기를 마쳤다 (이하 '<u>제1차 신주발행</u>'이라고 함).

 풀이

1. 쟁점

B가 X주식회사의 수락 하에 신주인수대금의 일부를 회사에 대한 어음금채권 1천만 원으로 납입한 것이 상법 제421조 제2항에 의해 유효한지가 문제된다.

2. 주금의 상계의 허용

신주인수인은 납입기일에 그 인수가액의 전액을 납입해야 한다(제421조 제1항). 신주인수인은 회사가 동의하면 회사에 대한 채권과 상계할 수 있다(제421조 제2항). 2011년 개정 상법에서 변경

된 부분으로서 출자전환을 인정한 것이다. 그러나 주주가 일방적으로 하는 상계는 허용되지 않는다.

3. 결론

상법 제421조 제2항에 의하면 신주인수인은 회사의 동의가 있는 경우 회사에 대한 채권과 주금 납입 채무를 상계할 수 있다. 사안의 B는 X주식회사의 동의를 받았으므로 자신의 인수대금 중 일부를 회사에 대한 어음금채권 1천만 원으로 납입할 수 있다. 따라서 B의 납입은 유효하다.

NOTE

1. 주금 상계(허용)

주금을 회사에 대한 기존의 채권과 상계하는 방식으로 납입하는 것은 구(舊)상법 하에서 엄격하게 금지되었다. 회사의 채권자가 그 채권을 주식으로 전환하는 것을 출자전환(debt-equity swap)이라고 하는데, 회사가 재정적 위기를 탈출하는 방법으로서 도산절차에서 인정. 그러나 도산절차 이전에는 자본금충실의 원칙상 주금의 납입이 현실로 이행되어야 한다는 생각에 출자전환이 금지되었다.

그러나 일부 채권자가 자신의 채권을 주식으로 전환하면 다른 채권자로서는 오히려 환영할 일이므로 실질적으로 자본금충실을 해하지 않는 출자전환을 금지할 이유가 없다. 또한 출자전환은 아직 도산상태에 이르지 않았더라도 자금조달에 어려움을 겪는 기업에게 채무재조정 수단을 제공하는 효용도 있다. 이러한 맥락에서 2011년 개정상법은 주주가 일방적으로 하는 출자전환은 계속해서 금지하지만, 회사가 동의하는 출자전환은 허용하였다.

> 제421조(주식에 대한 납입) ① 이사는 신주의 인수인으로 하여금 그 배정한 주수(株數)에 따라 납입기일에 그 인수한 주식에 대한 인수가액의 전액을 납입시켜야 한다.
> ② 신주의 인수인은 회사의 동의 없이 제1항의 납입채무와 주식회사에 대한 채권을 상계할 수 없다.
> [전문개정 2011. 4. 14.]

2. 주금 대위변제(금지)

회사는 대위변제를 통하여 주주에게 금전채권만을 가지게 될 뿐 현실적인 납입이 이루어지지 않기 때문

3. 주금 대물변제(금지)

법정절차에 의하지 않는 현물출자가 되기 때문

<문제>

3. 제1차 신주발행 직후에 개최된 주주총회에서 甲을 대표이사로 재선임한 결의는 유효한가? (35점)

X주식회사는 **신기술 도입에 필요**한 자금을 조달하기 위하여 신주를 발행하기로 하고, 이사회 결의로 기존 주주들의 지분율에 비례하여 신주를 배정하고 기존 주주 전원이 신주인수대금을 전액 납입함에 따라 자본금을 3억 원으로 변경하는 등기를 마쳤다 (이하 '제1차 신주발행'이라고 함).

그런데, 제1차 신주발행 당시 A는 대표이사 甲과 공모하여 丙으로부터 <u>금전을 차용하여 납입하고 자본금 변경등기 후 곧바로 이를 인출하여 丙에게 변제하였으며</u>, 이러한 사실이 전혀 알려지지 않은 상태에서 제1차 신주발행 직후에 개최된 <u>주주총회</u>에서 A와 B, 그리고 C의 의결권 행사를 <u>대리</u>하는 C의 배우자 F가 출석하고 출석주주 전원이 <u>甲의 대표이사 재선임 결의에 찬성</u>함으로써 甲이 대표이사직을 계속 유지하게 되었다.

X주식회사의 정관에서 관련 규정을 발췌하면 아래와 같다.

정 관

제8조(주식의 종류) 이 회사가 발행할 주식은 기명식 보통주식으로 한다.

제26조(의결권의 대리행사) ① 주주는 대리인으로 하여금 그 의결권을 행사하게 할 수 있다.

② 제1항의 대리인은 이 회사의 주주에 한하며, 주주총회 개시 전에 그 대리권을 증명하는 서면(위임장)을 제출하여야 한다.

제33조(대표이사의 선임) 이 회사의 대표이사는 주주총회의 결의에 의하여 선임한다.

 풀이

I. 쟁점

주주총회에서 甲을 대표이사로 재선임한 결의가 유효한지 여부와 관련하여 ① 이사회가 아니라 주주총회에서 대표이사를 재선임하는 것이 적법한지, ② 위장납입의 경우 A가 주주로서의 지위가 인정될 수 있는지, ③ C가 주주가 아닌 자(F)를 통하여 의결권을 행사한 것이 적법한지 문제된다.

II. 주주총회에서 대표이사를 선임할 수 있는지 여부

1. 대표이사 선임 기관

- 원칙: 이사회 결의(제389조 제1항 1문)
- 예외: 정관이 규정이 있는 경우에는 주주총회에의 결의로 선임 가능(제389조 제1항 2문)

2. 소결

사안의 X주식회사는 정관 제33조에서 대표이사를 주주총회의 결의에 의하여 선임한다고 규정, 이는 상법에 부합하는 유효한 정관, 주총에서 甲을 재선임한 것은 적법함

III. A에게 신주에 대한 주주 지위를 인정할 수 있는지 여부

1. 쟁점

주금액을 납입하지 않고 납입한 것처럼 가장하고 등기를 마치는 것을 가장납입이라고 함, 발기인 또는 이사가 은행이 통모하여 납입을 가장하는 통모가장납입과 발기인 또는 이사가 제3자로부터 금원을 차입하여 납입을 한 후 은행으로부터 납입금을 반환받는 위장납입(일시차입금에 의한 가장납입)이 있음, 위장납입의 효력에 대해 살펴보자.

2. 위장납입의 효력

(1) 학설

- 무효설(통설) vs 유효설(소수설)
- 무효설: 실질적 자본구성이 없어 회사의 자본충실을 저해

(2) 판례

판례는 납입금보관은행 이외의 제3자로부터 차입한 금전으로 주금납입을 하였다 하더라도 일응 금원의 이동에 따른 현실적 불입이 있는 것이며, 설령 그것이 실제로는 납입의 가장수단으로 이용된 것이라 하더라도 이는 당해 납입을 하는 발기인 또는 이사들의 주관적 의도의 문제에 불과하고 회사가 관여할 바가 아니므로, 이러한 발기인의 내심적 사정에 의하여 회사의 설립 같은 집단적 절차의 일환을 이루는 주금납입의 효력을 좌우함은 타당하지 않다고 판시, 유효설을 취하고 있다.

3. 소결

판례가 타당, A는 신주에 대한 주주의 지위가 인정됨

IV. 주주 아닌 F의 의결권 대리행사가 적법한지 여부

1. 쟁점

주주는 대리인으로 하여금 그 의결권을 행사하게 할 수 있다(제368조 제2항 1문). 그런데 회사의 정관으로 대리인의 자격을 제한할 수 있는지 문제된다.

2. 대리인의 자격을 제한하는 정관규정의 효력

(1) 학설

- 유효설: 주주총회가 주주 이외의 제3자에 의하여 교란되는 것을 방지하기 위하여
- 제한적 유효설: 원칙적으로는 유효, 법인 주주의 경우 직원을 대리인으로 정하는 것과 개인 주주의 경우에 가족을 대리인으로 정하는 것을 제한할 수는 없음
- 무효설: 의결권의 대리행사는 상법으로 보장된 주주권이라는 점에서 정관으로 대리인의자격을 제한하는 것은 허용 안 됨

(2) 판례

판례는 제한적 유효설의 입장에서 "대리인의 자격을 주주로 한정하는 취지의 주식회사의 정관 규정은 주주총회가 주주 이외의 제3자에 의하여 교란되는 것을 방지하여 회사 이익을 보호하는 취지에서 마련된 것으로서 합리적인 이유에 의한 상당한 정도의 제한이라고 볼 수 있으므로 이를 무효라고 볼 수는 없다. 그런데 위와 같은 정관규정이 있다 하더라도 주주인 국가, 지방공공단체 또는 주식회사 등이 그 소속의 공무원, 직원 또는 피용자 등에게 의결권을 대리행사하도록 하는 때에는 주주총회가 교란되어 회사 이익이 침해될 위험은 없으므로 정관 규정에 위반한 무효의 의결권 대리행사라고 할 수는 없다"고 판시하였다.

3. 소결

판례가 타당, 주주총회가 제3자에 의해 교란되는 것을 방지할 필요가 있으나, 주주의 의사가 그대로 반영될 수 있는 경우까지 의결권 대리행사를 제한하는 것은 부당하므로. 따라서 C가 주

주가 아닌 배우자 F를 통하여 의결권을 행사한 것은 적법함

V. 사안 해결

- X주식회사는 정관에서 주주총회의 결의로 대표이사 선임하도록 규정하고 있으므로 주주총회는 甲을 대표이사로 재선임할 권한 있음
- A가 주금을 위장납입했으나 자금의 현실적 이동이 있었으므로 A는 신주에 대한 주주의 지위 인정됨
- 의결권 대리행사의 자격을 주주로 제한하는 정관규정은 주주의 가족에 의한 의결권 대리행사를 제한하는 한도에서 효력이 없으므로, C가 배우자 F를 통해 의결권을 행사한 것은 적법함
- 따라서 주주총회에서 甲을 대표이사로 재선임한 결의는 유효함

<문제>

4. A가 제2차 신주발행의 효력을 다투고자 한다면 그 방법과 이유는 무엇인가? (35점)

스마트폰 부품의 제조와 판매를 업으로 하는 비상장회사인 X주식회사는 자본금이 2억 5천만 원이며 주주명부에는 동 회사의 발행주식총수 중 A가 50%, B가 30%, C가 10%, D가 10%를 각각 보유하는 것으로 기재되어 있다.

그 후(제1차 신주배정 이후) X주식회사가 스마트폰 부품 제조분야에서 선도적인 지위를 차지함에 따라 X주식회사에 투자하기를 희망하거나 X주식회사의 **경영권을 탐내는** 기업이 많이 생겨났다.

이에(경영권 방어 목적) 대표이사 甲은 이사 및 감사 전원에게 이사회 소집을 통지하고, 이에 따라 개최된 이사회에서 신주를 발행하여 甲에게 **우호적인 Y주식회사에 그 전부를 배정**하기로 결의하였다.

Y는 기존 주주인가? 아니다. 따라서 제3자배정! 요건은?

(참고로, Y가 기존 주주이더라도 지분에 비례하지 않고 전부 배정하면 그 역시 제3자배정에 해당함)

Y주식회사는 신주인수대금 중 일부는 현금으로 납입하고 **나머지는 시가 3천만 원 상당의 공장부지를 X주식회사에 양도하되**(현물출자) **검사인의 검사절차는 거치지 않았으며,** X주식회사는 자본금을 3억 5천만 원으로 변경하는 **등기**를 마쳤다(이하 '제2차 신주발행'이

라고 함). X주식회사는 제2차 신주발행 당시 공장의 증축과 노후된 시설의 교체를 위하여 자금이 필요하였으나 금융기관으로부터의 차입 등을 통한 자금조달이 불가능한 상태는 아니었다.

X주식회사의 정관에서 관련 규정을 발췌하면 아래와 같다.

정 관

제8조(주식의 종류) 이 회사가 발행할 주식은 기명식 보통주식으로 한다.

제10조(신주인수권) ① 이 회사의 주주는 신주발행에 있어서 그가 소유한 주식수에 비례하여 신주의 배정을 받을 권리를 가진다.

② 제1항의 규정에 불구하고 긴급한 자금의 조달을 위하여 국내외 금융기관이나 투자자에게 신주를 발행하거나 기술도입의 필요상 제휴회사에게 신주를 발행하는 경우에는 <u>주주 이외의 자에게</u> 이사회의 결의로 신주를 배정할 수 있다.

 풀이
_____

I. 쟁점

- 방법: 신주발행무효의 소
- 이유: Y주식회사에 대한 제3자배정 방식의 신주발행의 적법성.
  검사인의 검사절차를 거치지 않은 현물출자의 적법성

II. 제2차 신주발행의 효력을 다툴 수 있는 이유 or II. 이유

1. Y회사에 대한 배정이 신주발행무효원인에 해당하는지 여부

(1) 제3자배정의 의의 및 요건

- Y회사는 X회사의 기존 주주가 아니므로 제2차 신주발행은 제3자배정 방식의 신주발행에 해당한다.
- (원칙) 주주배정
  신주발행 시 회사는 원칙적으로 주주에게 그가 가진 주식 수에 따라서 신주를 배정하여야 한다(제418조 제1항).
- (예외) 제3자배정 가능
  [상법] 회사는 경영상 목적을 달성하기 위해서 필요한 경우에는 정관으로 주주의 신주인수

권을 배제할 수 있다(418조 2항). 이를 제3자배정이라고 한다. 회사의 자금조달의 편의를 위한 조치이다. 제3자배정을 하기 위해서는 정관에 근거규정이 있어야 하고, 신기술 도입, 재무구조의 개선 등의 경영상 목적이 있어야 한다.

[정관] 사안에서 X회사 정관 제10조 제2항: 제3자배정이 허용되는 경우를 정하고 있는데 자금조달이나 기술도입이 필요한 경우가 그러한 경우임, 경영권 방어목적은 불포함.

(2) 경영권 방어 목적의 제3자배정

- 경영권 분쟁 상황에서 현재의 지배주주나 경영자가 우호세력에게 제3재배정으로 신주를 발행한 경우 경영상의 목적이 있는 인정되는지 문제가 된다.
- 판례는 경영권방어는 제418조 제2항에서 말하는 경영상 목적에 해당하지 않으며, 주회사가 경영권을 방어하기 위해서 우호적인 제3자에게 신주를 배정하는 것은 주주의 신주인수권을 침해한 것이라고 본다. 다만 경영상 목적이 없다고 해서 바로 무효라고 판단하는 것은 아니다.
- 판례는 신주발행 무효원인은 가급적 엄격하게 해석해야 한다고 하면서, 신주발행에 법령이나 정관의 위반이 있고 그것이 주식회사의 본질 또는 회사법의 기본원칙에 반하거나 기존 주주들의 이익과 회사의 경영권 내지 지배권에 중대한 영향을 미치는 경우로서 주식에 관련된 거래의 안전, 주주 기타 이해관계인의 이익 등을 고려하더라도 도저히 묵과할 수 없는 정도라고 평가되는 경우에는 그 신주의 발행을 무효라고 보지 않을 수 없다고 판시했다.

(3) 소결

제3자배정 방식의 제2차 신주발행은 X회사의 경영권을 탐내는 기업이 많이 생겨남에 따라 X회사의 대표이사 甲에게 우호적인 Y주식회사에게 발행신주 전부를 배정한 것으로서 경영권 방어를 위한 것임, X회사의 정관 제10조 제2항이 허용하는 제3자배정에 해당하지 아니함, 판례에 의하면 상법 제418조 제2항의 경영상 목적에 해당하지도 않음, 따라서 X회사 주주의 신주인수권을 침해하는 위법한 신주발행임, A는 신주발행무효의 소 제기 가능.

2. Y회사의 현물출자의 적법성

(1) 쟁점

- Y주식회사가 신주인수대금 중 일부에 대해 시가 3천만 원 상당의 공장부지를 X주식회사에 양도한 것은 현물출자에 해당함.

- ① 현물출자에 주주의 신주인수권이 적용되는지 여부, ② 현물출자에 경영상 목적이 요구되는지 여부, ③ 검사인의 검사를 거치지 않은 현물출자의 적법성 여부

(2) 현물출자에 주주의 신주인수권이 적용되는지 여부

- 다수설·판례는 현물출자의 경우 회사에 출자된 재산을 평가하여 그 가액에 해당하는 주식을 배정하기 때문에 다른 주주에게 배정해야 할 주식수를 계산하는 것이 쉽지 않고, 회사로서는 특정 재산 보유가 목적이므로 다른 주주에게 굳이 출자를 강요할 이유가 없다는 점에서 현물출자의 경우에는 <u>주주의 신주인수권이 적용되지 않는다고 봄</u>
  판례 워딩: "주주의 신주인수권은 주주가 종래 가지고 있던 주식의 수에 비례하여 우선적으로 인수의 배정을 받을 수 있는 권리로서 주주의 자격에 기하여 법률상 당연히 인정되는 것이지만 현물출자자에 대하여 발행하는 신주에 대하여는 일반주주의 신주인수권이 미치지 않는다."(제418조 1항 적용 안 됨)

(3) 현물출자에 경영상 목적이 요구되는지 여부

- 그러나 제418조 제1항이 적용되지 않는다고 하여 자동적으로 제2항도 적용되지 않는다고 보기는 어렵다. 현물출자는 정관에 규정이 없더라도 제3자배정이 가능하지만 이 경우에도 제418조 제2항 단서에서 정하는 경영상 목적이 요구된다고 보는 것이 타당하다. 하급심 판결 중에서도 현물출자에 의한 신주발행의 경우에도 상법 제418조 제2항의 요건을 갖추어야 한다는 판결이 있다[서울남부지방법원 2010가합3538 판결]. (제418조 제2항이 적용됨)

(4) 검사인의 검사를 거치지 않은 현물출자의 적법성 여부

- 현물출자를 하는 자가 있는 경우에는 이사는 제416조 제4호의 사항(현물출자를 하는 자의 성명과 그 목적인 재산의 종류 등)을 조사하게 하기 위하여 검사인의 선임을 법원에 청구하여야 함(제422조 제1항)
- 다만 현물출자의 목적인 재산의 가액이 자본금의 5분의 1을 초과하지 아니하고 5,000만 원(대통령령 제14조 제1항)을 초과하지 아니하는 경우에는 검사가 면제됨(제422조 제2항 1호)

(5) 소결

- Y회사의 현물출자에 의한 신주 취득은 주주의 신주인수권 침해하지 않음, 그러나 X회사의 경영상 목적이 인정되지 않는다는 점에서는 위법, 현물출자하는 공장부지가 시가 3,000만

원 상당에 해당하여 X회사의 자본금 3억원의 5분의 1을 초과하지 않으며 5,000만 원도 초과하지 않으므로 검사인의 검사를 받지 않은 것은 위법하지 않음

III. 제2차 신주발행의 효력을 다투는 방법 or III. 방법

1. 신주발행무효의 소

- 제429조
- 신주발행의 하자는 신주발행무효의 소에 의해서만 다툴 수 있다. 신주발행상의 하자를 획일적으로 처리하여 신주와 관련된 법률관계의 안정을 기하기 위함이다.
- 신주발행무효의 소는 <u>주주</u>·이사·감사에 한하여 신주를 발행한 날로부터 6월 내에 회사를 피고로 하여 제기하여야 한다.
- 신주를 발행한 날이란 납입기일의 다음날을 의미한다.

2. 소결

주주 A는 납입기일의 다음날로부터 6월 내에 회사를 상대로 신주발행무효의 소를 제기하는 방법으로 제2차 신주발행의 효력을 다툴 수 있다.

IV. 사안 해결

A는 신주발행무효의 소를 통하여 제2차 신주발행의 효력을 다툴 수 있음, 경영권 방어를 위한 제3자배정 방식의 신주발행이므로 경영상 목적 달성에 필요한 경우에 해당하지 않으므로 위법하다는 이유로 신주발행의 무효를 주장할 수 있음

NOTE

신주발행 시 현물출자(회사 설립 시의 현물출자와 비교하며 정리)

제422조(현물출자의 검사) ① 현물출자를 하는 자가 있는 경우에는 이사는 제416조제4호의 사항을 조사하게 하기 위하여 검사인의 선임을 법원에 청구하여야 한다. 이 경우 공인된 감정인의 감정으로 검사인의 조사에 갈음할 수 있다.

② 다음 각 호의 어느 하나에 해당할 경우에는 제1항을 적용하지 아니한다.

1. 제416조제4호의 현물출자의 목적인 재산의 가액이 자본금의 5분의 1을 초과하지 아니하고 대통령령으로 정한 금액을 초과하지 아니하는 경우
2. 제416조제4호의 현물출자의 목적인 재산이 거래소의 시세 있는 유가증권인 경우 제416조 본문에 따라 결정된 가격이 대통령령으로 정한 방법으로 산정된 시세를 초과하지 아니하는 경우

3. 변제기가 돌아온 회사에 대한 금전채권을 출자의 목적으로 하는 경우로서 그 가액이 회사장부에 적혀 있는 가액을 초과하지 아니하는 경우
4. 그 밖에 제1호부터 제3호까지의 규정에 준하는 경우로서 대통령령으로 정하는 경우
③ 법원은 검사인의 조사보고서 또는 감정인 감정결과를 심사하여 제1항의 사항을 부당하다고 인정한 때에는 이를 변경하여 이사와 현물출자를 한 자에게 통고할 수 있다.
④ 전항의 변경에 불복하는 현물출자를 한 자는 그 주식의 인수를 취소할 수 있다.
⑤ 법원의 통고가 있은 후 2주내에 주식의 인수를 취소한 현물출자를 한 자가 없는 때에는 제1항의 사항은 통고에 따라 변경된 것으로 본다.

2012년도 시행

제1회 변호사시험

[민사법]

商法工夫

〈제 3 문〉

　甲주식회사(이하 '甲회사'라고 함)는 건설업을 정관상의 목적으로 하여 2010. 1.경 설립된 비상장회사이며 B를 대표이사, C와 D를 이사로 등기하고 있었다.

　주주 A는 甲회사가 발행한 전체 주식의 35%를 보유하고 있는데 평소 甲회사에 절대적인 영향력을 행사하며 B에게 업무집행을 지시하는 방법으로 甲회사를 운영하여 왔다. A는 이러한 운영방식에 불편을 느껴 대표이사직에 취임하기로 결심하고, 자신을 대표이사로 선출하여 등기할 것을 B에게 지시하였다. 이에 따라 B는 다른 모든 주주들에게 소집통지를 하지 않고 A만 참석한 주주총회에서 A를 이사로 선임한다는 결의를 거친 후 그러한 내용의 임시주주총회 의사록을 작성하였다. 그후 B는 이사회를 개최함이 없이 A를 대표이사로 선출한다는 취지의 이사회 의사록을 작성하였고, 甲회사의 대표이사를 B에서 A로 변경하는 상업등기를 2010. 9. 1. 경료하였다.

(중략)

　위 납품계약을 체결한 직후 B는 A로의 대표이사 변경 등기를 문제 삼는 다른 주주들의 항의를 받았다. 이에 B가 A를 제외하고 C와 D에게만 이사회 소집통지를 하여 개최된 이사회에서 C를 대표이사로 선출하기로 의결한 후 2011. 2. 말경 C를 대표이사로 등기하였다.

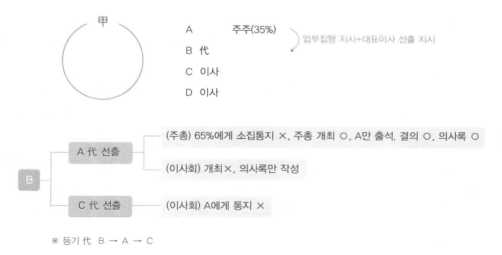

<문제>

1. 甲회사의 대표이사로 등기된 A가 적법한 이사로서의 지위를 갖는지 여부를 검토하고, 그에 따라 C를 대표이사로 선임한 甲회사의 이사회 결의가 유효한지 논하시오. (30점)

 풀이

Ⅰ. 쟁점

A가 적법한 이사로서의 지위를 갖는지와 관련해서는 A를 이사로 선임한 주주총회결의의 유효성을 검토해야 한다. 이를 위해서는 A에게만 소집통지를 한 것과 주주총회에서 A가 의결권을 행사한 것이 각각 소집절차상의 하자와 결의방법상의 하자에 해당하는지를 살펴보고, 하자가 인정된다면 주주총회결의취소사유인지 부존재사유인지를 살펴보아야 한다.

C를 대표이사로 선임한 이사회 결의가 유효한지와 관련해서는, B에게 이사회 소집권이 인정되는지, A에게 소집통지를 하지 않은 것이 일부 이사에게 소집통지를 하지 않은 것이 되어 이사회결의가 무효가 되는지 여부, C가 특별이해관계인으로서 의결권이 제한되는지 여부가 문제된다.

Ⅱ. A가 적법한 이사인지 여부

1. 주주총회결의의 하자 유무

(1) 소집절차의 하자

주식회사는 의결권 있는 주주 전원에 대하여 주주총회 소집통지를 하여야 한다(제363조 제1항 및 제7항). 소집의 통지는 주주들에게 총회의 의사결정에 참여할 기회를 부여하는 뜻을 지니므로 매우 중요한 절차이다. 대표이사 B는 甲회사의 주식발행총수의 35%를 보유한 주주 A에게만 소집통지를 하였으므로 이는 주주총회 소집절차의 하자에 해당한다.

소집절차의 하자는 일반적으로는 결의취소사유(제376조 제1항)에 해당하지만, 대부분의 주주에게 통지를 하지 아니하여 출석한 의결권의 수가 극소한 경우와 같이 결의가 존재한다고 볼 수 없을 정도의 중대한 하자인 경우에는 결의부존재사유(제380조)가 된다. 판례는 발행주식총수의 59%를 보유한 주주에 대한 소집통지 흠결은 결의부존재사유라고 판시한 바 있다. 대표성의 원리를 고려한다면, 과반수에 미달하는 의결권만이 출석한 경우에는 결의부존재사유로 보는 것이 타당할 것이다. 사안에서는 65% 주주들에게 소집통지가 이루어지지 않았고 그로 인해 35% 주주만 출석하여 결의하였으므로 결의부존재사유에 해당한다.

(2) 결의방법의 하자

총회의 결의에 관하여 특별한 이해관계가 있는 자는 의결권을 행사하지 못한다(제368조 제3항). 특별이해관계란 주주의 입장을 떠나 개인적으로 가지는 이해관계를 의미한다는 개인법설(통설·판례)이 타당하다. 이사를 선임 또는 해임하는 결의는 회사지배에 관한 주주의 비례적 이익이 연장·반영되는 문제이므로 그 결의의 대상인 이사는 특별한 이해관계 있는 자에 포함되지 않는다. A가 자신을 이사로 선임하는 총회 결의에서 의결권을 행사한 것은 결의방법의 하자에 해당하지 않는다.

2. 부존재사유 있는 주주총회결의의 효력

사안에서는 결의부존재확인판결이 선고되었다는 사정이 없는바, 이 경우 주주총회결의가 결의 내용대로 효력이 발생하는지를 검토해보아야 한다. 결의부존재확인의 소의 성질을 형성의 소로 보는 견해도 있지만, 확인의 소로 보는 통설·판례에 따르면 총회결의에 부존재사유에 해당하는 하자가 있을 경우 결의부존재확인소송을 통해서 판결을 받기 전이라고 하더라도 결의대로의 효력이 발생하지 않는다.

3. 소결

사안의 주주총회는 결의부존재사유가 있어 결의 내용대로의 효력이 발생하지 않으므로, A는 이사로서의 지위를 갖지 못한다.

Ⅲ. C를 대표이사로 선임한 이사회 결의의 효력

1. 소집통지의 흠결 유무

이사회는 각 이사가 소집한다(제390조 제1항). B는 대표이사로 등기된 자는 아니지만 이사 지위를 가지고 있으므로 정당한 이사회 소집권자이다. 사안에서 B가 이사회를 소집한 것에는 하자가 없다.

이사회를 소집함에는 모든 이사에게 통지를 발송하여야 한다(제390조 제3항). 앞서 살펴본 것처럼 A는 이사의 지위를 갖지 못한 자이기 때문에, A에게 소집통지를 하지 않은 것은 이사회의 절차상 하자에 해당하지 않는다.

2. 특별이해관계인의 의결권 제한

상법은 특별이해관계가 있는 자의 의결권이 제한된다는 주주총회의 결의에 관한 조문을 이사회에 준용하고 있다(제391조 제3항, 제368조 제3항). 통설·판례는 이사회 결의에 대한 특별이해관계도 주주총회에서와 마찬가지로 개인적 이해관계로 이해한다(개인법설). 이에 따르면 대표이사 선임결의에서 그 대상이 되는 이사는 특별이해관계인에 해당하지 아니한다.

3. 소결

사안의 이사회 소집절차상의 하자는 없으며, C가 이사회에서 의결권을 행사한 것도 문제가 없다.

IV. 사안 해결

A는 적법한 이사로서의 지위를 갖지 못하지만, C를 대표이사로 선임한 이사회 결의는 유효하다.

NOTE

1. 이사회

- 이사 전원으로 구성. 회의체 기관
- 회사의 업무집행에 관한 의사결정 및 이사의 직무집행의 감독을 담당하는 주식회사의 필수적 상설기관
- 절차적 유연성이 강조됨(주주총회: 절차적 적법성이 강조됨)
  주주총회는 단순히 의견을 교환하는 의미보다는 주주가 절차에 참여할 수 있는 권리를 보장한다는 의미가 더 강조되는 것에 비하여, 이사회는 실질적인 의견교환을 통하여 적정한 결론을 도출하는 것에 비중을 둔다.
- 소집절차: 주주총회에 비해 완화되어 있음
  소집권자(각 이사)는 회일로부터 1주 전까지(정관으로 더 줄이는 것도 가능) 이사 및 감사에게 통지를 발송해야 함
  (1) 통지에 회의의 목적사항을 기재할 필요? 없다(통설·판례)
  (2) 이사·감사 전원의 동의가 있으면 소집절차를 생략하고 바로 이사회 개최 가능
  (3) ① 일부 이사·감사에게 소집통지가 이루어지지 않더라도 이사·감사가 이의를 유보하지 않고 전원 출석 → 이사회 결의 유효
      ② **일부** 이사에게 통지 안 해서 일부 이사가 출석하지 못했다면? (통설) 이사회 결의 무효

- 특별이해관계인의 의결권의 제한: 특별이해관계? 주주총회와 마찬가지로 판단! 회사의 지배와 관계없는 개인적 이해관계로 국한됨. 대표이사 선임·해임 결의에서 그 대상이 되는 이사는 특별이해관계인 아님
- 특별이해관계인 정족수 계산법
  ① 과반수출석, 과반수 찬성: 의사정족수 계산시 분모·분자에 포함
     의결정족수 계산시 분모·분자에 포함 안 함
  ② 재적 2/3 이상: 특별이해관계인을 제외한 재적 이사의 2/3 이상

2. 이사회결의의 하자
- 절차상·내용상 하자가 있는 경우 결의의 효력을 어떻게 다툴지 상법에 규정 없음
- 민법의 일반원칙에 따라 어떠한 하자이든 상관없이 결의가 **무효**가 됨
- 반드시 소를 제기해서 다툴 필요 없음. 물론 무효확인의 소를 제기해도 됨

<문제 계속>

그후부터 A는 대내외적으로 대표이사 사장이라는 직함을 사용하면서 업무를 하였는데, 甲회사의 다른 이사들은 이를 알고도 아무런 이의를 제기하지 않았으며, A는 甲회사의 법인인감을 보관하면서 사용하였다. A는 자신을 대표이사로 믿고 거래해 온 乙주식회사(이하 '乙회사'라고 함)와 건설자재의 공급에 관한 계약을 2011. 1. 31. 체결하면서 (이하 '납품계약'이라고 함) 그 계약서 서명란에 대표이사 직함과 자신의 성명을 기재하고 날인하였다. 납품계약의 주된 내용은 甲회사가 乙회사로부터 건설자재를 2011. 10. 31. 까지 납품받으면서 3억 원의 대금을 지급하기로 하되, 계약체결일로부터 1개월 이내에 선급금(先給金)으로 1억 원을 지급하고 건설자재 인도 후 잔금(殘金) 2억 원을 지급하기로 하는 것이었다.

(중략)

한편 乙회사는 납품계약에 따라 甲회사에 납품할 건설자재를 丙주식회사(이하 '丙회사'라고 함)로부터 구매하고 대금을 지급한 후, 2011. 3. 초순경 납품계약에 따른 선급금 1억 원의 지급을 甲회사에 요청하였다. 그런데 甲회사가 기대했던 공사의 수주가 무산되어 납품계약에 따라 공급받기로 했던 건설자재가 필요 없게 되었고, 이에 C는 위 납품계약의 효력을 인정할 수 없다는 내용의 회신을 하였다.

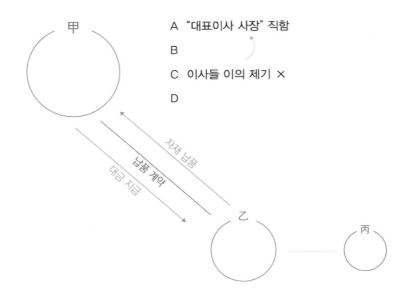

2. 乙회사가 甲회사에 납품계약이 유효하다고 주장하며 계약 이행을 청구할 수 있는 상법상 근거를 설명하시오. (50점)

 풀이

Ⅰ. 쟁점

문제 1.에서 살펴본 것처럼 A는 이사가 아닌 자이다. 그러나 A는 대내외적으로 대표이사 사장이라는 직함을 사용하면서 업무를 집행하였고, 乙회사는 A를 대표이사로 믿고 납품계약을 체결하였다. 乙회사는 표현대표이사책임과 부실등기를 주장해 볼 수 있을 것이다.

Ⅱ. 표현대표이사책임

1. 의의

표현대표이사제도는 사장, 부사장, 기타 회사를 대표할 권한이 있는 것으로 인정할 만한 명칭을 사용한 대표권 없는 이사의 행위에 대하여 회사가 선의의 제3자에 대하여 거래책임을 지도록 하는 법리이다(제395조). 외관주의에 근거한 법리이다.

2. 성립요건

표현대표이사로서의 행위가 성립하기 위해서는 ① 대표이사 아닌 자가 회사를 대표할 만한 권한이 있는 것으로 인정할 만한 명칭(표현적 명칭)을 사용하였어야 하고(외관의 존재), ② 표현적 명칭의 사용을 회사가 명시적 또는 묵시적으로 허용하였어야 하며(외관에 대한 귀책사유), ③ 제3자가 표현대표이사에게 대표권이 없다는 점에 대해 선의여야 한다(외관의 신뢰).

(1) 외관의 존재

제395조에서 외관이란 대표권이 존재하는 것처럼 보이는 명칭을 말한다. 사장, 부사장, 전무상무에 한하지 않고 일반적인 거래통념에 비추어 회사를 대표할 권한이 있는 것으로 보이는 명칭은 모두 포함한다. 사안의 '대표이사 사장' 직함은 이에 해당한다.

제395조의 문언은 표현적 명칭을 사용한 자가 이사일 것을 요하는 것처럼 되어 있으나, 통설·판례는 표현대표이사의 성립에 이사의 자격이 필요하지 않다고 본다. 표현적 명칭을 사용하는 자가 실제로 이사인지 여부는 상대방의 신뢰 형성에 아무 영향이 없기 때문이다. 사안의 A는 이사가 아니지만 표현대표이사 성립에는 지장이 없다.

(2) 외관에 대한 회사의 귀책사유

표현적 명칭의 사용을 회사가 허락하였어야 하는데, '대표이사'가 허락하였다면 회사가 허락한 것으로 인정된다. 정관상 이사회 결의에 필요한 수 또는 이사 정원의 과반수가 명칭사용을 허락한 경우에도 회사의 허락으로 인정된다[대법원 91다5365 판결].

묵시적 허락도 가능하다. 판례는 이사 또는 이사 자격이 없는 자가 임의로 표현대표자의 명칭을 사용하고 있는 것을 회사가 알면서도 이에 동조하거나 아무런 조치를 취하지 아니한 채 그대로 방치한 경우도 회사가 표현대표자의 명칭사용을 묵시적으로 승인한 경우에 해당한다고 판시하였다[대법원 2004다17702 판결].

사안에서는 대표이사였던 B가 A를 대표이사로 선출한다는 이사회 의사록을 작성하고 변경등기까지 해 주었고, 다른 이사들은 A의 대표이사 직함 사용에 대해 알면서 아무런 이의를 제기하지 않았기 때문에, 외관에 대한 회사의 귀책사유가 인정된다.

(3) 외관의 신뢰

제3자는 표현대표이사에게 대표권이 없다는 점에 대하여 선의이어야 한다. 통설과 판례는 선의이고 중과실이 없을 것을 요한다. 사안의 乙회사는 거래당시에 A에게 대표권이 없다는 사실을 알지 못했으며 중과실이 있었다고 볼 만한 사정이 보이지 않으므로 이 요건을 충족한다.

3. 소결

A의 납품계약체결은 표현대표이사의 행위에 해당하므로, 乙회사는 甲 회사에게 납품계약의 이행을 청구할 수 있다.

III. 부실등기

1. 의의

고의·과실로 사실과 상위한 사항을 등기한 자는 그 상위를 선의의 제3자에게 대항하지 못한다(제39조). 상업등기에 제한적 공신력을 인정한 것이라는 견해도 있으나, 고의·과실 유무에 따라 책임을 묻는다는 점에서 외관작출에 책임을 묻는 제도라는 외관주의설이 타당하다.

2. 적용요건

(1) 외관의 존재

사실과 상위한 사항이 등기되어야 한다. 사안의 A는 부존재사유 있는 주주총회결의에서 이사로 선임되었으며 대표이사 선임을 위한 이사회결의도 없었으므로 적법한 대표이사가 아님에도, 대표이사로 등기되었다. 사실과 상위한 사항이 등기될 것이라는 요건을 충족한다.

(2) 귀책사유

등기신청인의 고의 또는 과실을 요한다. 등기신청인이 회사인 경우에는 대표이사를 기준으로 고의·과실 유무를 판단한다. 사안의 대표이사 B는 A가 대표이사가 아님을 알고도 허위의 이사회 의사록을 작성하고 등기까지 하였으므로 등기신청인의 고의가 인정된다.

(3) 외관의 신뢰

제3자는 선의이어야 한다. 통설과 판례는 제3자는 선의이고 중과실이 없어야 한다고 해석한다. 사안의 乙회사에게 악의 또는 중과실이 있었다고 볼 만한 사정이 보이지 않는다. 외관의 신뢰 요건이 충족된다.

3. 소결

甲회사는 A가 대표이사가 아니라고 주장하면서 납품계약의 효력을 부정할 수 없다.

IV. 사안 해결

乙회사는 제395조의 표현대표이사책임과 제39조의 부실등기을 효력을 주장하여 甲 회사에게 납품계약의 이행을 청구할 수 있다.

<문제>

3. 乙회사는 甲회사의 납품계약상의 책임이 성립하지 않을 경우를 대비하여, 丙회사로 부터 구매한 건설자재의 대금 상당액을 A에게 손해배상청구하고자 한다. 이 경우 A 의 법적 책임을 검토하시오. (20점)

 풀이

I. 쟁점

대표이사가 아님에도 '대표이사 사장'이라는 직함을 사용하여 甲회사의 업무를 한 A에 대하여, 乙회사가 손해배상청구를 할 수 있는지, 청구할 수 있다면 어떠한 법적 근거를 제시할 수 있는 지를 검토해보자.

II. 업무집행관여자의 책임

1. 의의

회사에 대한 자신의 영향력을 이용하여 이사에게 업무집행을 지시한 자(업무집행지시자) 또는 이사가 아니면서 사장 기타 회사의 업무를 집행할 권한이 있는 것으로 인정될 만한 명칭을 사용 하여 회사의 업무를 집행한 자(표현이사) 등은 제399조, 제401조 등을 적용하는 경우에 이사로 간 주된다(제401조의2 제1항 제1호 및 제3호).

제3호의 표현이사는 사용한 명칭 자체가 영향력의 근거가 되기 때문에 제1호와 달리 영향력 의 행사라는 요건을 요하지 않는다. 이 업무집행관여자 제도는 사실상의 영향력을 행사하는 지 배주주에게 이사에 준하는 책임을 부과하기 위해 도입한 제도이다.

2. 사안의 경우

A는 대표이사 사장 직함을 사용하여 업무를 하였으므로, 제401조의2 제1항 제3호의 표현이 사에 해당한다. 따라서 A는 제401조에 따라 책임을 질 가능성이 있다.

III. 제3자에 대한 손해배상책임 성립 여부

1. 쟁점

A에게 상법 제401조의 책임이 성립하는지와 민법 제750조의 책임이 성립하는지를 검토해보자.

2. 상법 제401조의 책임

업무집행관여자인 A가 고의·중과실로 임무를 해태한 때에는 제3자에 대해 연대하여 손해를 배상할 책임이 있다(제401조, 제401조의2 제1항). 이 책임의 성질에 대해서는 특수불법행위책임설과 불법행위특칙설도 있지만, 통설과 판례는 제3자를 보호하기 위해 상법이 인정한 특수한 책임이라는 법정책임설을 취한다. 제3자 보호 측면에서 통설과 판례가 타당하다. 이에 따르면 고의·중과실은 제3자에 대한 가해가 아니라 회사에 대한 임무해태에 대하여 있어야 하고, 불법행위책임과의 경합이 인정된다.

3. 민법 제750조의 불법행위책임

고의·과실로 위법행위를 하여 타인에게 손해를 가한 자는 그 손해를 배상할 책임이 있다(민법 제750조).

4. 소결

A는 대표권 없이 甲회사를 대표하여 乙회사와 납품계약을 체결하여 甲회사는 乙회사에 대한 납품계약상의 책임을 부담하지 않게 되었고 이로 인해 乙회사는 丙회사로부터 구매한 건설자재의 대금 상당액의 손해를 입었다. 이러한 A의 행위는 고의·중과실로 甲회사의 임무를 해태한 행위이며, 이로 인해 乙회사에 손해가 발생하였으므로, A는 乙에 대하여 상법 제401조의 손해배상책임을 부담한다. 또한, A는 자신의 행위로 인하여 乙회사에게 위법한 침해가 발생할 것을 인식한 것으로 보이고, 위법성과 인과관계도 부정할 만한 사정이 보이지 않으므로, 민법 제750조의 불법행위책임도 성립한다.

IV. 사안 해결

乙회사는 상법상 업무집행관여자의 제3자에 대한 책임 또는 민법상 일반불법행위책임을 물어 A에게 손해배상을 청구할 수 있다.

2번 문제	甲회사에 계약 이행을 청구	표현대표이사 법리
3번 문제	A에게(즉, A 개인에게) 손해배상을 청구	업무집행관여자 법리

1. 표현대표이사

- 주식회사의 대표이사가 아닌 이사는 회사를 대표할 수 없다. 그러나 제3자로서는 대표이사가 아니더라도 사장 등의 명칭을 사용하는 이사에게 대표권이 있다고 오인하는 경우가 많다. 본래 상법은 대표이사의 성명을 '등기'하도록 하여 거래안전을 도모하고자 하였지만, 주식회사와 거래하는 상대방에게 거래마다 등기를 확인하도록 하는 것은 거래의 신속을 추구하는 상거래의 이념에 부합하지 않는다. 따라서 제395조는 외관법리에 기초하여 대표권이 없는 자가 한 행위에 대해서도 회사에 책임을 인정하고 있는데, 이를 표현대표이사라고 한다.
- 제395조 문언은 표현적 명칭을 사용한 자가 이사일 것을 요하는 것처럼 되어 있으나, 통설은 표현대표이사의 성립에 이사의 자격을 요하지 않는다. 판례도 같은 입장에서 무효 또는 부존재하는 주주총회결의에 의하여 선임된 이사, 회사를 실질적으로 지배할 뿐 이사로 선임되지 않은 주주 등의 행위에 대하여 제395조를 유추적용한다.

2. 업무집행관여자

- 기업집단에서 사실상 중요한 의사결정을 내리는 지배주주에게 그 영향력에 상응하는 책임을 묻기 위해서 신설된 조문이다. 지배주주는 주주총회를 거치지 않고서도 회사의 의사결정을 좌우하는 영향력을 행사하는데도, 직접 이사의 지위를 가지는 경우가 별로 없기 때문에 주의의무를 부담하지 않았고 제399조, 제401조의 책임도 지지 않았다. 제401조의2는 이렇게 사실상의 영향력을 행사하는 지배주주에게 이사에 준하는 책임을 부과하기 위한 것이다.
- 1호: 업무집행지시자
  2호: 무권대행자
  3호: 표현이사
- 제399조, 제401조 등의 책임을 부담한다.

부 록

[최신판례]

변호사시험을 위한 상법공부

1. 상사시효의 적용범위

(1) 위법배당에 따른 부당이득반환청구권의 소멸시효

- 대법원 2021. 6. 24. 선고 2020다208621 판결

【판시사항】

[1] 부당이득반환청구권에 5년의 소멸시효를 정한 상법 제64조가 적용되는 경우

[2] 위법배당에 따른 부당이득반환청구권의 소멸시효기간(=10년)

【판결요지】

[1] 부당이득반환청구권이라도 그것이 상행위인 계약에 기초하여 이루어진 급부 자체의 반환을 구하는 것으로서, 그 채권의 발생 경위나 원인, 당사자의 지위와 관계 등에 비추어 그 법률관계를 상거래 관계와 같은 정도로 신속하게 해결할 필요성이 있는 경우 등에는 5년의 소멸시효를 정한 상법 제64조가 적용된다.

그러나 이와 달리 부당이득반환청구권의 내용이 급부 자체의 반환을 구하는 것이 아니거나, 위와 같은 신속한 해결 필요성이 인정되지 않는 경우라면 특별한 사정이 없는 한 상법 제64조는 적용되지 않고 10년의 민사소멸시효기간이 적용된다.

[2] 회사는 대차대조표의 순자산액으로부터 자본의 액, 그 결산기까지 적립된 자본준비금과 이익준비금의 합계액, 그 결산기에 적립하여야 할 이익준비금의 액을 공제한 액을 한도로 하여 이익의 배당을 할 수 있고(상법 제462조 제1항), 일정한 요건을 갖추면 중간배당을 할 수 있지만 이때에도 배당 가능한 이익이 있어야 한다(상법 제462조의3 제1항, 제2항). 만약 회사가 배당 가능한 이익이 없음에도 이익의 배당이나 중간배당을 하였다면 위 조항에 반하는 것으로 무효라 할 것이므로 회사는 배당을 받은 주주에게 부당이득반환청구권을 행사할 수 있다.

이익의 배당이나 중간배당은 회사가 획득한 이익을 내부적으로 주주에게 분배하는 행위로서 회사가 영업으로 또는 영업을 위하여 하는 상행위가 아니므로 배당금지급청구권은 상법 제64조가 적용되는 상행위로 인한 채권이라고 볼 수 없다. 이에 따라 위법배당에 따른 부당이득반환청구권 역시 근본적으로 상행위에 기초하여 발생한 것이라고 볼 수 없다. 특히 배당가능이익이 없는데도 이익의 배당이나 중간배당이 실시된 경우 회사나 채

권자가 주주로부터 배당금을 회수하는 것은 회사의 자본충실을 도모하고 회사 채권자를 보호하는 데 필수적이므로, 회수를 위한 부당이득반환청구권 행사를 신속하게 확정할 필요성이 크다고 볼 수 없다. 따라서 위법배당에 따른 부당이득반환청구권은 민법 제162조 제1항이 적용되어 10년의 민사소멸시효에 걸린다고 보아야 한다.

(2) 도급계약이 상행위인 경우 수급인의 하자담보책임의 소멸시효 및 그 기산점

– 대법원 2021. 8. 12. 선고 2021다210195 판결

건설공사에 관한 도급계약이 상행위에 해당하는 경우 그 도급계약에 근거한 수급인의 하자담보책임은 상법 제64조 본문에 의하여 원칙적으로 5년의 소멸시효에 걸리고, 그 소멸시효기간은 민법 제166조 제1항에 따라 그 권리를 행사할 수 있는 때인 하자가 발생한 시점부터 진행하는 것이 원칙이나, 그 하자가 건물의 인도 당시부터 이미 존재하고 있는 경우에는 이와 관련한 하자보수를 갈음하는 손해배상채권의 소멸시효기간은 건물을 인도한 날부터 진행한다.

(3) 근로계약상 보호의무 위반에 따른 근로자의 손해배상청구권의 시효

– 대법원 2021. 8. 19. 선고 2018다270876 판결

【판시사항】

[1] 사용자가 근로계약에 수반되는 신의칙상의 부수적 의무로서 근로자의 안전에 대한 보호의무를 부담하는지 여부(적극) 및 이를 위반하여 근로자가 손해를 입은 경우 손해배상책임을 지는지 여부(적극)

[2] 근로계약상 보호의무 위반에 따른 근로자의 손해배상청구권에 대하여 10년의 민사 소멸시효기간이 적용되는지 여부(원칙적 적극)

【판결요지】

[1] 사용자는 근로계약에 수반되는 신의칙상의 부수적 의무로서 근로자가 노무를 제공하는 과정에서 생명, 신체, 건강을 해치는 일이 없도록 인적·물적 환경을 정비하는 등 필요한 조치를 강구하여야 하는 보호의무를 부담하고, 이러한 보호의무를 위반하여 근로자가 손해를 입었다면 이를 배상할 책임을 진다.

[2] 상법 제64조에서 5년의 상사시효를 정하는 것은 대량, 정형, 신속이라는 상거래 관계 특성상 법률관계를 신속하게 해결할 필요성이 있기 때문이다. 사용자가 상인으로서 영업을 위하여 근로자와 체결하는 근로계약이 보조적 상행위에 해당하더라도 사용자가 근로계약에 수반되는 신의칙상의 부수적 의무인 보호의무를 위반하여 근로자에게 손해를 입힘으

로써 발생한 근로자의 손해배상청구와 관련된 법률관계는 근로자의 생명, 신체, 건강 침해 등으로 인한 손해의 전보에 관한 것으로서 그 성질상 정형적이고 신속하게 해결할 필요가 있다고 보기 어렵다. 따라서 근로계약상 보호의무 위반에 따른 근로자의 손해배상청구권은 특별한 사정이 없는 한 10년의 민사 소멸시효기간이 적용된다고 봄이 타당하다.

(4) 기부채납 사건

- 대법원 2022. 4. 28. 선고 2019다272053 판결

원고(지방자치단체)와 피고(주식회사) 사이에 이 사건 기부채납 약정이 체결되었고, 준공검사필증이 발급되었다. 원고는 이로부터 5년이 지나 소유권이전등기를 구하는 이 사건 소송을 제기하였다.

대상판결은 기부채납이란 증여계약에 해당하고, 기부자가 상인인 경우 지방자치단체와 그 기부자 사이에 체결된 기부채납 약정은 다른 사정이 없는 한 상인이 영업을 위하여 한 보조적 상행위에 해당하므로, 위 기부채납 약정에 근거한 채권에는 상사소멸시효기간이 적용된다고 판단하였다.

(5) 주택공사 사건

- 대법원 2022. 7. 14. 선고 2017다242232 판결

원고(한국토지주택공사)가 주택건설 사업을 위해 상인인 피고 주식회사(매도인)로부터 『공익사업을 위한 토지 등의 취득 및 보상에 관한 법률』('토지보상법')에 따라 토지를 협의취득 하였으나, 이후 위 토지에서 매립폐기물 발견되어 원고가 피고를 상대로 채무불이행을 원인으로 하는 손해배상(민법 제390조의 불완전이행) 또는 하자담보책임에 기한 손해배상(민법 제580조)을 구하였다.

대상판결은 토지보상법에 의한 협의취득은 사법상의 매매계약에 해당하고, 상인이 그 소유 부동산을 매도하기 위해 체결한 매매계약은 영업을 위하여 한 것으로 추정되므로, 보조적 상행위에 해당하여 매도인의 채무불이행책임이나 하자담보책임에 기한 매수인의 손해배상채권에 대해서는 상사소멸시효가 적용된다고 판단하였다.

(6) 주식매수청구권 사건

- 대법원 2022. 7. 14. 선고 2019다271661 판결

전환사채권자인 원고가 사채발행자인 피고 등을 상대로, 전환권 행사를 전제로 전환사채 인수계약과 별도로 맺은 주식환매약정을 근거로 피고 주식회사 등에게 주식환매권 행사에 따른 매

매대금 등의 지급을 구하였다.

대상판결은 상행위인 주식환매약정에 따른 주식매수청구권 행사에 따른 매매계약 역시 상행위에 해당하므로, 위 주식매수청구권은 상사소멸시효에 관한 상법 제64조를 유추적용하여 5년의 제척기간이 지나면 소멸하되, 그 기산점은 투자대상회사 등의 의무불이행이 있는 시점이라고 판단하였다.

1-1. 상사법정이율의 적용범위

(1) 하수급인의 발주자에 대한 책임에 적용되는 법정이율

- 대법원 2023. 6. 15. 선고 2023다220882 판결

공사 도급계약이 상행위에 해당하는 경우 도급계약에 기한 수급인의 하자담보책임도 상행위로 인한 채무이고(대법원 2009다25111 판결 등 참조), 앞서 본 바와 같이 건설산업기본법 제32조 제1항에 의한 하수급인의 책임은 수급인이 발주자와 체결한 도급계약에 기한 의무와 동일한 것이다. 한편 상사법정이율은 상행위로 인한 채무나 이와 동일성을 가진 채무에 적용된다(대법원 2009다44839 판결 등 참조).

원심판결 이유에 의하면 대한도시건설은 건축공사업 등을 영위하는 회사이고 원고와의 도급계약에 의하여 공장 신축공사를 도급받은 것이므로 대한도시건설이 원고와 체결한 도급계약은 상인이 영업으로 한 작업에 관한 도급의 인수로서 상법 제46조 제5호에서 정한 상행위에 해당한다. 대한도시건설의 도급계약에 기한 수급인의 하자담보책임이 상행위로 인한 채무이고, 피고는 대한도시건설의 하수급인으로서 건설산업기본법 제32조 제1항에 의하여 대한도시건설과 동일한 의무를 부담하는 것이므로, 피고의 손해배상의무에 대한 이 사건 원심판결 선고일까지의 지연손해금에는 상법 제54조에 정한 상사법정이율인 연 6%의 지연손해금 이율을 적용해야 한다.

(2) 변호사의 소속 법무법인에 대한 급여채권에 적용되는 법정이율

- 대법원 2023. 7. 27. 선고 2023다227418 판결

변호사는 상법상 당연상인으로 볼 수 없고, 변호사의 영리추구 활동을 엄격히 제한하고 그 직무에 관하여 고도의 공공성과 윤리성을 강조하는 변호사법의 여러 규정과 제반 사정을 참작하여 볼 때, 변호사를 상법 제5조 제1항이 규정하는 '상인적 방법에 의하여 영업을 하는 자'라고도 볼 수 없어 위 조항에서 정하는 의제상인에 해당하지 아니하며(대법원 2006마334 결정 참조), 이는 법무법인도 마찬가지이다.

한편, 상법 제5조 제2항은 회사는 상행위를 하지 아니하더라도 상인으로 본다고 규정하고, 상법 제169조는 회사는 상행위나 그 밖의 영리를 목적으로 하여 설립한 법인을 말한다고 하고 있다. 그런데 법무법인은 변호사가 그 직무를 조직적·전문적으로 수행하기 위하여 변호사법에 따라 설립하는 것으로서 변호사법과 다른 법률에 따른 변호사의 직무를 업무로서 수행할 수 있다(변호사법 제40조, 제49조). 변호사법은 법무법인에 관하여 변호사법에 정한 것 외에는 상법 중 합명회사에 관한 규정을 준용하도록 하고 있을 뿐(제58조) 이를 상법상 회사로 인정하고 있지 않으므로 <u>법무법인이 상법 제5조 제2항에서 정하는 의제상인에 해당한다고 볼 수도 없다.</u>

따라서 변호사가 소속 법무법인에 대하여 갖는 급여채권은 <u>상사채권에 해당한다고 할 수 없다.</u>

2. 상호사용금지청구

(1) 대법원 2021. 7. 15. 선고 2016다25393 판결

- 영업양도계약의 무효 이후, 상호를 계속 사용하는 양수인에게 상호사용금지청구의 가능 여부(적극)

상법 제23조 제1항에서는 누구든지 부정한 목적으로 타인의 영업으로 오인할 수 있는 상호를 사용하지 못한다고 정하고 있다. 어떤 상호가 '타인의 영업으로 오인할 수 있는 상호'에 해당하는지를 판단할 때에는 두 상호 전체를 비교 관찰하여 각 영업의 성질이나 내용, 영업방법, 수요자층 등에서 서로 밀접한 관련을 가지고 있는 경우로서 일반인이 두 업무의 주체가 서로 관련이 있는 것으로 생각하거나 또는 타인의 상호가 현저하게 널리 알려져 있어 일반인으로부터 기업의 명성으로 견고한 신뢰를 획득한 경우에 해당하는지를 종합적으로 고려하여야 한다. 또한 '부정한 목적'은 어느 명칭을 자기의 상호로 사용함으로써 일반인으로 하여금 자기의 영업을 그 명칭으로 표시된 타인의 영업으로 오인하게 하여 부당한 이익을 얻으려 하거나 타인에게 손해를 가하려고 하는 등의 부정한 의도를 말한다. 부정한 목적이 있는지는 상인의 명성이나 신용, 영업의 종류·규모·방법, 상호 사용의 경위 등 여러 사정을 종합하여 판단하여야 한다.

갑 주식회사의 대표이사와 을이 체결한 자산매매계약 등에 따라 갑 회사가 사용하는 상호 '굿옥션'과 같은 명칭의 병 주식회사가 설립되어 갑 회사의 유·무형 자산 일체를 인수받아 영업을 시작하였고, 갑 회사가 병 회사에 이전한 도메인이름은 정 앞으로 등록이전되어 병 회사가 사용하고 있는데, 그 후 주주총회 특별결의 없이 체결한 위 계약이 무효라는 취지의 판결이 선고·확정되었으나, 병 회사가 위 상호와 도메인이름을 계속 사용하고 있는 사안에서, 상호 '굿옥션'의 권리자인 갑 회사는 위 도메인이름에 대해 정당한 권원이 있고, 정은 갑 회사가 위 도메인이름을 사용하여 영업하는 것을 방해하려는 부정한 목적으로 도메인이름을 자신의 명의로 등록이전하였다고 볼 여지가 있으며, 한편 병 회사는 위 도메인이름을 자신의 인터넷 웹사이트 주소로 사용함으로써 갑 회사의 도메인이름에 관한 권리를 사실상 침해하고 있거나 침해할 우려가 있고, 나아가 병 회사는 상호 '굿옥션'을 계속 사용함으로써 자신의 영업을 갑 회사의 영업으로 오인하게 하여 갑 회사에 손해를 가하고 자신은 부당한 이득을 얻으려는 부정한 목적이 있었다고 볼 여지가 있는데도, 갑 회사의 정에 대한 도메인이름 등록이전 청구와 병 회사에 대한 도메인이름의 인터넷 웹사이트 주소 사용행위의 금지 및 상호사용금지 청구를 배척한 원심판단에 법리오해 등의 잘못이 있다고 한 사례.

3. 상행위

(1) 대법원 2021. 12. 10. 선고 2020다295359 판결

- 영업폐지과정에서의 청산사무·잔무처리 행위의 보조적 상행위 여부

당사자 쌍방에 대하여 모두 상행위가 되는 행위로 인한 채권뿐만 아니라 당사자 일방에 대하여만 상행위가 되는 행위로 인한 채권도 상법 제64조에 정한 5년의 소멸시효기간이 적용되는 상사채권에 해당하고, 그 상행위에는 상법 제46조 각호에 해당하는 기본적 상행위뿐만 아니라 상인이 영업을 위하여 하는 보조적 상행위도 포함되며(대법원 2012. 5. 10. 선고 2011다109500 판결), 상인의 행위는 영업을 위하여 하는 것으로 추정된다(상법 제47조 제2항).

또한 상인이 기본적 영업활동을 종료하거나 폐업신고를 하였더라도 청산사무나 잔무처리가 남아 있는 동안에는 그러한 청산사무나 잔무처리 행위 역시 영업을 위한 행위로서 보조적 상행위로 볼 수 있다.

※ 보조적 상행위는 영업을 위하여 하는 행위인 이상 상인자격을 취득하기 전에 한 행위(예컨대, 개업준비행위)와 상인자격을 상실한 후의 행위(예컨대, 영업종료 후의 청산행위)를 포함한다. 기존의 판례는 개업준비행위의 보조적 상행위 해당여부에 관한 것이 대부분이었다. 이 판결은 폐업신고이후의 행위도 보조적 상행위에 해당하여 상사시효가 적용되는 것으로 판시한 판결이다.

(2) 리스업자의 리스물건 인도·검사·확인의무의 여부

① 대법원 2021. 1. 14. 선고 2019다301128 판결

금융리스계약은 금융리스업자가 금융리스이용자가 선정한 기계, 시설 등 금융리스물건을 공급자로부터 취득하거나 대여받아 금융리스이용자에게 일정 기간 이용하게 하고 그 기간 종료 후 물건의 처분에 관하여는 당사자 사이의 약정으로 정하는 계약이다(상법 제168조의2). 금융리스계약은 금융리스업자가 금융리스이용자에게 금융리스물건을 취득 또는 대여하는 데 소요되는 자금에 관한 금융의 편의를 제공하는 것을 본질적 내용으로 한다(대법원 1996. 8. 23. 선고 95다51915 판결 참조). 금융리스업자는 금융리스이용자가 금융리스계약에서 정한 시기에 금융리스계약에 적

합한 금융리스물건을 수령할 수 있도록 하여야 하고(상법 제168조의3 제1항), 금융리스이용자가 금융리스물건수령증을 발급한 경우에는금융리스업자와 사이에 적합한 금융리스물건이 수령된 것으로 추정한다(상법 제168조의3 제3항).

이러한 금융리스계약의 법적 성격에 비추어 보면, 금융리스계약 당사자 사이에 금융리스업자가 직접 물건의 공급을 담보하기로 약정하는 등의 특별한 사정이 없는 한, 금융리스업자는 금융리스이용자가 공급자로부터 상법 제168조의3 제1항에 따라 <u>적합한 금융리스물건을 수령할 수 있도록 협력할 의무</u>를 부담할 뿐이고, 이와 별도로 독자적인 금융리스물건 인도의무 또는 검사·확인의무를 부담한다고 볼 수는 없다(대법원2019. 2. 14. 선고 2016다245418, 245425, 245432 판결 참조).

② 대법원 2021. 1. 14 선고 2019다301135 판결

이 사건 렌탈계약의 체결 경위와 그 내용 등을 종합하면, 이 사건 렌탈계약은 원고가 피고측이 선정한 이 사건 렌탈물건을 에이젠으로부터 취득하여 피고들에게 36개월 동안 이용하게 하고 그 기간 종료 후 이 사건 렌탈물건의 소유권을 피고들에게 이전하기로 하는 내용의 계약으로서 금융리스계약에 해당한다고 봄이 타당하다. 따라서 이 사건 렌탈계약에서 달리 정하였다는 등의 특별한 사정이 없는한, <u>금융리스업자인 원고는 피고들이 이 사건 렌탈물건을 수령할 수 있도록 협력할 의무가 있을 뿐, 이와 별도로 이 사건 렌탈물건을 피고들에게 인도할 의무를 부담하지 않는다.</u> 한편 이 사건 렌탈계약에서 '원고가 이 사건 렌탈 물건에 관하여 하자보수의무를 위반한 경우 피고들이 일정한 요건 아래 위약금을 부담하지 않고 이 사건렌탈계약을 해지할 수 있다.'는 취지로 정하고 있으나, 이는 원고의 하자보수의무에 관한 내용으로 볼 여지가 있을 뿐 원고의 이 사건렌탈물건 공급 의무를 정하는 내용이라고 볼 수는 없다. 달리 이 사건 렌탈계약에서 원고가 직접 이 사건 렌탈물건의 공급을 담보하기로 약정하였다고 볼 자료는 없다. 사정이 이와 같다면, 원고가 피고들에게 이 사건 렌탈물건을 공급할 의무가 있다고 할 수 없고, 달리원고가 이 사건 렌탈계약에서 정한 의무를 위반하였다고 인정할 만한 자료가 없다.

4. 영업양도

- 대법원 2023. 12. 7. 선고 2020다225138 판결

상법 제42조 제1항은 "영업양수인이 양도인의 상호를 계속 사용하는 경우에는 양도인의 영업으로 인한 제3자의 채권에 대하여 양수인도 변제할 책임이 있다"라고 정하고 있다. 이는 채무가 승계되지 아니함에도 상호를 계속 사용함으로써 영업양도의 사실 또는 영업양도에도 불구하고 채무의 승계가 이루어지지 않은 사실이 대외적으로 판명되기 어렵게 되어 채권자에게 채권

추구의 기회를 상실시키는 경우 상호를 속용하는 영업양수인에게도 변제의 책임을 지우기 위한 것이다.

상법 제42조 제1항에 기한 영업양수인의 책임은 당사자의 의사나 인식과 관계없이 발생하는 법정 책임으로서, 상호를 속용하는 영업양수인은 상법 제42조 제1항에 의하여 영업양도인의 채권자에 대한 영업상 채무를 중첩적으로 인수하게 된다.

영업양도인의 영업으로 인한 채무와 상호를 속용하는 영업양수인의 상법 제42조 제1항에 따른 채무는 같은 경제적 목적을 가진 채무로서 서로 중첩되는 부분에 관하여는 일방의 채무가 변제 등으로 소멸하면 다른 일방의 채무도 소멸하는 이른바 부진정연대의 관계에 있다.

따라서 채권자가 영업양도인을 상대로 소를 제기하여 확정판결을 받아 소멸시효가 중단되거나 소멸시효 기간이 연장된 뒤 영업양도가 이루어졌다면 그와 같은 소멸시효 중단이나 소멸시효 연장의 효과는 상호를 속용하는 영업양수인에게 미치지만, 채권자가 영업양도가 이루어진 뒤 영업양도인을 상대로 소를 제기하여 확정판결을 받았다면 영업양도인에 대한 관계에서 소멸시효가 중단되거나 소멸시효 기간이 연장된다고 하더라도 그와 같은 소멸시효 중단이나 소멸시효 연장의 효과는 상호를 속용하는 영업양수인에게 미치지 않는다.

Ⅰ. 회사법 통칙

1. 법인격 부인

법인격 부인론: 회사의 책임을 그 배후자(주주)에게 지우는 것

법인격 부인론의 역적용: 배후자(주주)의 책임을 회사에게 지우는 것

<학설대립>

역적용 부정설

- 법인격부인론이 기본적으로 법규정 또는 법이론이 해결할 수 없는 극히 예외적인 법률관계에 한해 보충적으로 적용되어야 한다는 이유로 역적용을 부정함
- 역적용 부정설은 ① 주주의 채권자는 주주인 채무자의 소유주식에 대해 강제집행을 할 수 있으므로 회사재산 에 대해 직접 강제집행할 필요성이 크지 않고, ② 주주인 채무자의 회사에 대한 출자가 사해행위의 목적으로 행하여진 경우에는 채권자취소권을 행사하여 구제받을 수 있으며, 회사를 설립한 목적이 불분명하다면 법원에 해산을 청구하는 방법(상법 제176조 제1항) 등 다양한 채권 회수방법이 있으므로 법인격 부인론의 역적용을 인정하는 것은 법인 제도의 근간을 훼손한다는 근거를 제시함

역적용 긍정설(다수설)

- 법인격 부인론의 보충적 성격을 부인하는 입장에서, ① 주식은 현실적으로 일반 재산보다 환가가 어렵기 때문에 회사재산을 직접 강제집행하는 편이 유리한 점, ② 회사의 해산명령 사유인 설립목적의 불법은 주로 공익적 사유이므로 채무면탈 목적 회사설립의 경우 해산명령에 대한 청구가 인용되지 않을 가능성이 높고, 채권자취소권은 단체법상 행위인 회사의 설립행위에 대하여 적용되기 어렵기 때문에 대안적 구제수단이 불완전하다는 점, ③ 법인격 부인 법리의 실정법적 근거가 신의성실의 원칙에 있는 이상 역적용의 경우에도 법인격 부인의 법리가 적용될 수 있다는 점을 근거로 제시함
- 대법원은 개인 주주에 대한 대여금 채무를 회사에 청구한 사안에서 법인격부인론의 역적용을 인정하였음 - 대법원 2023. 2. 2. 선고 2022다276703 판결

【판시사항】

[1] 회사의 법인격을 부인하여 그 배후에 있는 개인에게 책임을 물을 수 있는 경우

[2] 회사에 대하여 회사 설립 전 개인이 부담한 채무의 이행을 청구할 수 있는 경우

[3] 회사에 대하여 개인이 부담한 채무의 이행을 청구하는 법리가 채무면탈을 목적으로 회사가 새로 설립된 경우뿐 아니라 기존 회사의 법인격이 이용되는 경우에도 적용되는지 여부(적극) 및 이 경우 법인격 형해화 또는 법인격 남용을 판단하는 기준 시점

【판결요지】

[1] 주식회사는 주주와 독립된 별개의 권리주체이므로 그 독립된 법인격이 부인되지 않는 것이 원칙이다. 그러나 개인이 회사를 설립하지 않고 영업을 하다가 그와 영업목적이나 물적 설비, 인적 구성원 등이 동일한 회사를 설립하는 경우에 그 회사가 외형상으로는 법인의 형식을 갖추고 있으나 법인의 형태를 빌리고 있는 것에 지나지 않고, 실질적으로는 완전히 그 법인격의 배후에 있는 개인의 개인기업에 불과하거나, 회사가 개인에 대한 법적 책임을 회피하기 위한 수단으로 함부로 이용되고 있는 예외적인 경우까지 회사와 개인이 별개의 인격체임을 이유로 개인의 책임을 부정하는 것은 신의성실의 원칙에 반하므로, 이러한 경우에는 회사의 법인격을 부인하여 그 배후에 있는 개인에게 책임을 물을 수 있다. ※ 법인격 부인론

[2] 개인과 회사의 주주들이 경제적 이해관계를 같이 하는 등 개인이 새로 설립한 회사를 실질적으로 운영하면서 자기 마음대로 이용할 수 있는 지배적 지위에 있다고 인정되는 경우로서, 회사 설립과 관련된 개인의 자산 변동 내역, 특히 개인의 자산이 설립된 회사에 이전되었다면 그에 대하여 정당한 대가가 지급되었는지 여부, 개인의 자산이 회사에 유용되었는지 여부와 그 정도 및 제3자에 대한 회사의 채무 부담 여부와 그 부담 경위 등을 종합적으로 살펴보아 회사와 개인이 별개의 인격체임을 내세워 회사 설립 전 개인의 채무 부담행위에 대한 회사의 책임을 부인하는 것이 심히 정의와 형평에 반한다고 인정되는 때에는 회사에 대하여 회사 설립 전에 개인이 부담한 채무의 이행을 청구하는 것도 가능하다고 보아야 한다. ※ 법인격 부인론의 역적용

[3] 개인의 채무 부담행위에 대한 회사의 책임을 부인하는 것이 심히 정의와 형평에 반한다고 인정되어 회사에 대하여 개인이 부담한 채무의 이행을 청구하는 법리는 채무면탈을 목적으로 회사가 새로 설립된 경우뿐 아니라 같은 목적으로 기존 회사의 법인격이 이용되는 경우에도 적용되는데, 여기에는 회사가 이름뿐이고 실질적으로는 개인기업에 지나지 않은 상태로 될 정도로 형해화된 경우와 회사의 법인격이 형해화될 정도에 이르지 않

더라도 개인이 회사의 법인격을 남용하는 경우가 있을 수 있다. 이때 회사의 <u>법인격이</u> <u>형해화되었다고 볼 수 있는지 여부는 원칙적으로 문제가 되고 있는 법률행위나 사실행위</u> <u>를 한 시점을 기준으로, 회사의 법인격이 형해화될 정도에 이르지 않더라도 개인이 회사</u> <u>의 법인격을 남용하였는지 여부는 채무면탈 등의 남용행위를 한 시점을 기준으로 각 판</u> <u>단하여야 한다.</u>

2. 주주평등원칙

- 종래 판례는 주주평등원칙을 경직적으로 운영

  (일부 주주에게 특별한 권한이나 이익을 부여하게 된 배경을 감안하지 않고 주주평등에 반한다고 판시)

- 종래 판례에 대한 비판이 많았음

- 대법원은 2023년 7월 일련의 판결을 통하여 비판을 수용하면서, 주주평등원칙의 구체적 판
  단기준을 제시함

(1) 대법원 2023. 7. 13. 선고 2021다293213 판결

〈피고 주식회사의 신주를 인수하는 투자자가 사전동의권 등 관련 약정 위반 시 피고 회사 등이 손해를 배상하기로 정한 경우 위 손해배상 약정이 주주평등 원칙을 위반하여 무효인지 여부가 문제된 사건〉

【판시사항】

[1] 주주평등 원칙의 의미 및 이를 위반하여 회사가 일부 주주에게만 우월한 권리나 이익을 부여하기로 하는 약정의 효력(원칙적 무효) / 회사가 일부 주주에게 우월한 권리나 이익을 부여하여 다른 주주들과 다르게 대우하는 것이 허용되는 경우 및 이에 해당하는지 판단하는 기준

[2] 회사가 자금조달을 위해 신주인수계약을 체결하면서 주주의 지위를 갖게 되는 자에게 회사의 의사결정에 대한 사전동의를 받기로 약정하는 것이 허용되는지 여부(한정 적극)

[3] 회사가 주주의 지위를 갖게 되는 자와 주식인수대금으로 납입한 돈을 전액 보전해 주기로 약정하거나 상법 제462조 등 법률의 규정에 의한 배당 외에 다른 주주들에게는 지급되지 않는 별도의 수익을 지급하기로 약정한 경우, 주주평등의 원칙에 위배되어 무효인지 여부(적극)

[4] 회사와 주주가 동의권 부여 약정을 체결하면서 약정 위반으로 인한 손해배상 명목의 금원을 지급하는 약정을 함께 체결한 경우, 그 약정의 효력 / 손해배상액 예정 약정은 유효

하나 그 금액이 부당히 과다한 경우, 민법 제398조 제2항에 따라 법원이 이를 감액할 수 있는지 여부(적극) 및 동의권 부여 약정 위반에 따른 손해배상 예정액이 부당한지 판단할 때 유의할 점

【판결요지】

[1] 주주평등 원칙이란, 주주는 회사와의 법률관계에서 그가 가진 주식의 수에 따라 평등한 취급을 받아야 함을 의미한다. 이를 위반하여 회사가 일부 주주에게만 우월한 권리나 이익을 부여하기로 하는 약정은 특별한 사정이 없는 한 무효이다. 다만 회사가 일부 주주에게 우월한 권리나 이익을 부여하여 다른 주주들과 다르게 대우하는 경우에도 법률이 허용하는 절차와 방식에 따르거나 그 차등적 취급을 정당화할 수 있는 특별한 사정이 있는 경우에는 이를 허용할 수 있다.

나아가 차등적 취급을 허용할 수 있는지 여부는, 차등적 취급의 구체적 내용, 회사가 차등적 취급을 하게 된 경위와 목적, 차등적 취급이 회사 및 주주 전체의 이익을 위해 필요하였는지 여부와 정도, 일부 주주에 대한 차등적 취급이 상법 등 관계 법령에 근거를 두었는지 아니면 상법 등의 강행법규와 저촉되거나 채권자보다 후순위에 있는 주주로서의 본질적인 지위를 부정하는지 여부, 일부 주주에게 회사의 경영참여 및 감독과 관련하여 특별한 권한을 부여하는 경우 그 권한 부여로 회사의 기관이 가지는 의사결정 권한을 제한하여 종국적으로 주주의 의결권을 침해하는지 여부를 비롯하여 차등적 취급에 따라 다른 주주가 입는 불이익의 내용과 정도, 개별 주주가 처분할 수 있는 사항에 관한 차등적 취급으로 불이익을 입게 되는 주주의 동의 여부와 전반적인 동의율, 그 밖에 회사의 상장 여부, 사업목적, 지배구조, 사업현황, 재무상태 등 제반 사정을 고려하여 일부 주주에게 우월적 권리나 이익을 부여하여 주주를 차등 취급하는 것이 주주와 회사 전체의 이익에 부합하는지를 따져서 정의와 형평의 관념에 비추어 신중하게 판단하여야 한다.

[2] 회사가 자금조달을 위해 신주인수계약을 체결하면서 주주의 지위를 갖게 되는 자에게 회사의 의사결정에 대한 사전동의를 받기로 약정한 경우 그 약정은 회사가 일부 주주에게만 우월한 권리를 부여함으로써 주주들을 차등적으로 대우하는 것이지만, 주주가 납입하는 주식인수대금이 회사의 존속과 발전을 위해 반드시 필요한 자금이었고 투자유치를 위해 해당 주주에게 회사의 의사결정에 대한 동의권을 부여하는 것이 불가피하였으며 그와 같은 동의권을 부여하더라도 다른 주주가 실질적·직접적인 손해나 불이익을 입지 않고 오히려 일부 주주에게 회사의 경영활동에 대한 감시의 기회를 제공하여 다른 주주와 회사에 이익이 되는 등으로 차등적 취급을 정당화할 수 있는 특별한 사정이 있다면 이를 허

용할 수 있다.

[3] 회사가 주주의 지위를 갖게 되는 자와 사이에 주식인수대금으로 납입한 돈을 전액 보전해 주기로 약정하거나, 상법 제462조 등 법률의 규정에 의한 배당 외에 다른 주주들에게는 지급되지 않는 별도의 수익을 지급하기로 약정한다면, 이는 회사가 해당 주주에 대하여만 투하자본의 회수를 절대적으로 보장함으로써 다른 주주들에게 인정되지 않는 우월한 권리를 부여하는 것으로서 주주평등의 원칙에 위배되어 무효이다.

[4] 회사와 주주가 체결한 동의권 부여 약정에 따른 차등적 취급이 예외적으로 허용되는 경우에 동의권 부여 약정 위반으로 인한 손해배상 명목의 금원을 지급하는 약정을 함께 체결하였고 그 약정이 사전동의를 받을 의무 위반으로 주주가 입은 손해를 배상 또는 전보하고 의무의 이행을 확보하기 위한 것이라고 볼 수 있다면, 이는 회사와 주주 사이에 채무불이행에 따른 손해배상액의 예정을 약정한 것으로서 특별한 사정이 없는 한 유효하고, 일부 주주에 대하여 투하자본의 회수를 절대적으로 보장함으로써 주주평등의 원칙에 위배된다고 단정할 것은 아니다.

다만 손해배상액의 예정 약정이 유효하다고 하더라도, 그 금액이 부당히 과다하다면 민법 제398조 제2항에 따라 법원이 이를 감액할 수 있다. 따라서 법원으로서는 동의권 부여 약정 위반에 따른 손해배상의 예정액의 부당성 여부를 판단할 때 그 동의권 부여 및 손해배상액의 예정 약정을 체결한 동기와 경위, 회사의 동의권 부여 약정 위반으로 그 주주가 실제로 입은 손해액, 회사가 동의권 부여 약정을 위반하게 된 경위와 이유 등 제반 사정을 참작하면서, 그와 같은 약정이 사실상 투하자본 전부 또는 일부의 회수를 절대적으로 보장하는 수단으로 기능하지 않도록 유의할 필요가 있다.

(2) 대법원 2023. 7. 13. 선고 2022다224986 판결

(3) 대법원 2023. 7. 13. 선고 2023다210670 판결

(4) 대법원 2023. 7. 27. 선고 2022다290778 판결

II. 주식 및 주주

1. 자기주식취득

(1) 제이티넷 사건 - 대법원 2021. 10. 28. 선고 2020다208058 판결

【판시사항】

회사가 특정 주주와 사이에 특정한 금액으로 주식을 매수하기로 약정함으로써 사실상 매수청구를 할 수 있는 권리를 부여하여 주주가 그 권리를 행사하는 경우, 상법 제341조의2 제4호가 적용되는지 여부(소극) / 이 경우 상법 제341조에서 정한 요건 하에서만 회사의 자기주식취득이 허용되는지 여부(적극) 및 위 규정에서 정한 요건과 절차에 의하지 않은 자기주식취득 약정의 효력(무효)

【판결요지】

2011. 4. 14. 법률 제10600호로 개정되어 2012. 4. 15. 부터 시행된 개정 상법은 <u>종래 자기주식 취득을 엄격히 불허하였던 것에서 이를 완화하여</u>, 제341조에서 회사가 배당가능이익의 한도 내에서 거래소에서 취득하는 방법 등으로 자기의 명의와 계산으로 자기주식을 취득할 수 있도록 허용하고, 제341조의2에서는 각호에서 규정한 특정한 목적이 있는 경우에는 구 상법(2011. 4. 14. 법률 제10600호로 개정되기 전의 것)과 마찬가지로 배당가능이익이나 취득 방법 등의 제한 없이 자기주식을 취득할 수 있도록 허용하면서, 제4호에서 주주가 주식매수청구권을 행사한 경우를 들고 있다. 따라서 <u>개정 상법 제360조의5 제1항, 제374조의2 제1항, 제522조의3 제1항 등에 따라 주주가 주식매수청구권을 행사하는 경우에는 개정 상법 제341조의2 제4호에 따라 회사가 제한 없이 자기주식을 취득할 수 있으나, 회사가 특정 주주와 사이에 특정한 금액으로 주식을 매수하기로 약정함으로써 사실상 매수청구를 할 수 있는 권리를 부여하여 주주가 그 권리를 행사하는 경우는 개정 상법 제341조의2 제4호가 적용되지 않으므로, 개정 상법 제341조에서 정한 요건 하에서만 회사의 자기주식취득이 허용된다.</u>

다만 이와 같이 개정 상법이 자기주식취득 요건을 완화하였다고 하더라도 여전히 법이 정한 경우에만 자기주식취득이 허용된다는 원칙에는 변함이 없고 따라서 위 규정에서 정한 요건 및 절차에 의하지 않은 자기주식취득 약정은 효력이 없다.

(2) 삼양화학공업 사건 – 대법원 2021. 7. 29. 선고 2017두63337 판결

상법 관련규정에서 회사가 일정한 방법과 절차에 따라 자기주식을 취득하도록 정한 취지는 주주들에게 공평한 주식양도의기 회를 보장하려는 데에 있다는 전제에서, 삼양화학공업이 자기주식 취득의 통지를 하면서 이사회에서 결의한 사항의 일부를 누락하였다는 이유만으로는 주주들의 공평한 주식양도의 기회가 침해되었다고 보기 어렵고, 위 회사가 모든 주주들에게 자기주식 취득의 통지를 한 점 등에 비추어 보면, 처음부터 甲 이 보유하고 있던 주식만을 취득하려고 하였다고 단정할 수 없으므로 이 사건 거래를 무효로 볼 수 없다.

배당가능이익은 채권자의 책임재산과 회사의 존립을 위한 재산적 기초를 확보하기 위하여 직전 결산기상의 순자산액에서 자본금의 액, 법정준비금 등을 공제한 나머지로서 회사가 당기에 배당할 수 있는 한도를 의미하는 것이지 회사가 보유하고 있는 특정한 현금을 의미하는 것이 아니고, 회사가 자기주식을 취득하는 경우 당기의 순자산이 그 취득가액의 총액만큼 감소하는 결과 배당가능이익도 같은 금액만큼 감소하게 되는데, 이는 회사가 자금을 차입하여 자기주식을 취득하더라도 마찬가지"라는 전제에서, "상법 제341조 제1항 단서는 자기주식 취득가액의 총액이 배당가능이익을 초과하여서는 안 된다는 것을 의미할 뿐 차입금으로 자기주식을 취득하는 것이 허용되지 않는다는 것을 의미하지는 않는다.

2. 주식

- 대법원 2023. 6. 1. 선고 2020도2884 판결

주권이 예탁결제원에 예탁된 경우라면 유가증권으로서의 횡령죄의 객체가 될 수 있겠으나, 주권이 발행되지 않은 상태에서 주권불소지제도, 일괄예탁 제도 등에 근거하여 예탁결제원에 예탁된 것으로 취급되어 계좌간 대체기재 방식으로 양도되는 주식은 여전히 재물이 아니므로 횡령죄의 객체가 될 수 없다.

2-1. 주식의 양도

(1) 대법원 2021. 7. 29. 선고 2017다3222, 3239 판결 – '오토월드 사건'

【판시사항】

[2] 발행주식 전부 또는 지배주식의 양도와 함께 경영권이 이전되는 경우, 주식의 양도의무와 독립적으로 경영권 양도의무를 인정할 수 있는지 여부(소극)

[3] 주식양도청구권이 압류 또는 가압류된 경우, 채무자가 제3채무자를 상대로 주식의 양도

를 구하는 소를 제기할 수 있는지 여부(적극) 및 법원이 가압류를 이유로 이를 배척할 수 있는지 여부(소극) / 위 주식이 지명채권의 양도방법으로 양도할 수 있는 주권발행 전 주식인 경우, 법원이 위 청구를 인용하려면 가압류의 해제를 조건으로 하여야 하는지 여부(적극) 및 이는 가압류의 제3채무자가 채권자의 지위를 겸하는 경우에도 마찬가지인지 여부(적극)

【판결요지】

[2] 발행주식 전부 또는 지배주식의 양도와 함께 경영권이 주식 양도인으로부터 주식 양수인에게 이전하는 경우 경영권의 이전은 발행주식 전부 또는 지배주식의 양도에 따른 부수적인 효과에 지나지 않아 주식 양도의무와 독립적으로 경영권 양도의무를 인정하기 어렵다.

[3] 일반적으로 주식양도청구권의 압류나 가압류는 주식 자체의 처분을 금지하는 대물적 효력은 없고 채무자가 제3채무자에게 현실로 급부를 추심하는 것을 금지할 뿐이다. 따라서 채무자는 제3채무자를 상대로 그 주식의 양도를 구하는 소를 제기할 수 있고 법원은 가압류가 되어 있음을 이유로 이를 배척할 수 없다.

다만 주권발행 전이라도 회사성립 후 또는 신주의 납입기일 후 6개월이 지나면 주권의 교부 없이 지명채권의 양도에 관한 일반원칙에 따라 당사자의 의사표시만으로 주식을 양도할 수 있으므로, 주권발행 전 주식의 양도를 명하는 판결은 의사의 진술을 명하는 판결에 해당한다. 이러한 주식의 양도를 명하는 판결이 확정되면 채무자는 일방적으로 주식 양수인의 지위를 갖게 되고, 제3채무자는 이를 저지할 방법이 없으므로, 가압류의 해제를 조건으로 하지 않는 한 법원은 이를 인용해서는 안 된다. 이는 가압류의 제3채무자가 채권자의 지위를 겸하는 경우에도 동일하다.

※ 주식양도합의는 준물권적행위이다. 법률행위와 관련하여 의사표시를 할 채무는 부대체적 작위채무의 일종이고, 채무가 법률행위를 목적으로 한 때에는 채무자의 의사표시에 갈음할 재판을 청구할 수 있으며(민법 제389조 제2항 전단), 의사의 진술을 명한 판결이 확정된 때에는 그 판결로 권리관계의 성립에 관한 의사를 진술한 것으로 본다(민사집행법 제263조 제1항). 따라서 의사의 진술을 구하는 청구가 확정되면 바로 집행이 종료되므로 간접강제 등에 의한 강제집행절차는 불필요하고, 이러한 이유로 가집행선고를 구하는 신청도 할 수 없다.

대법원은 소유권이전등기청구권이 가압류된 사건에서 "소유권이전등기를 명하는 판결은 의사의 진술을 명하는 판결로서 이것이 확정되면 채무자는 일방적으로 이전등기를 신청할 수 있고 제3채무자는 이를 저지할 방법이 없으므로 이와 같은 경우에는 가압류의 해제를 조건으로 하지 아니하는 한 법원은 이를 인용하여서는 안" 된다고 판시한 바 있다(대법원 92다4680 (전합)판결). 본 판결은 이 판결의 취지를 주식양도청구권에 그대로 적용하여 판시하였다.

(2) 대법원 2022. 3. 31. 선고 2019다274639 판결 – 주식 양도 일부 제한 약정

[1] 주식의 양도를 제한하는 방법으로 이사회 승인을 받도록 정관에 정할 수 있다는 상법 제

335조 제1항 단서의 취지에 비추어 볼 때, <u>주주 사이에서 주식의 양도를 일부 제한하는 약정을 한 경우, 그 약정은 주주의 투하자본회수 가능성을 전면적으로 부정하는 것이 아니고, 선량한 풍속 그 밖의 사회질서에 반하지 않는다면 당사자 사이에서는 원칙적으로 유효하다.</u>

[2] 갑 주식회사의 출자자 전원이 체결한 주주 간 협약에는 '출자자는 주식을 계속하여 보유하는 것이 위법하게 되는 경우와 나머지 출자자 전원이 동의하는 경우에만 주식양도를 할 수 있고, 이 경우 다른 주주들은 우선매수할 권리가 있다.'는 내용의 조항을 두고 있는데, 을 주식회사가 갑 회사의 출자자인 병 주식회사로부터 갑 회사의 주식을 양수하는 계약을 체결하면서 출자자 전원의 동의를 얻지 못할 경우에는 계약을 무효로 한다고 약정하였다가 병 회사로부터 출자자 전원의 동의를 얻지 못하여 계약이 무효가 되었다는 통보를 받자, 우선매수권 행사가 없는 경우 출자자 전원의 동의는 필요하지 않다는 주장과 주식양도를 위해 출자자 전원의 동의를 요하는 위 협약 조항은 무효라는 주장을 하면서 계약의 유효를 전제로 주식양도절차의 이행을 구한 사안에서, 을 회사와 병 회사가 체결한 계약에서 말하는 '출자자 전원의 동의'는 문언상 위 주주 간 협약과 관련하여 해석해야 하는데, 위 협약 조항은 출자자 전원의 동의와 출자자의 우선매수권을 별도로 정하고 있고, 위 협약 조항에 규정된 우선매수권 부여절차는 주식보유가 위법하여 주식을 양도하는 경우와 출자자의 동의로 주식을 양도하는 경우에 모두 적용되는 점과 우선매수권 부여절차와 출자자 동의절차가 그 목적에서 서로 구분되는 점을 들어, 위 계약의 해석상 주식양도를 위해서는 우선매수권 부여절차와 별도로 주식양도에 대한 출자자 전원의 동의가 필요하다고 본 원심의 판단과, 위 협약 조항에서 주식의 양도를 전면적으로 금지하는 것이 아니라 일정한 요건과 절차를 거쳐 양도가 가능하도록 규정하고 있고, 갑 회사의 <u>주주가 8명</u>에 지나지 않아 다른 주주로부터 동의를 받는 것이 양도를 금지할 정도에 이른다고 보기 어려운 점, 갑 회사는 <u>존립기간</u>이 설립등기일로부터 13년으로 정해져 있어 주주의 투하자본 회수가 불가능하다고 보기 어려운 점, <u>갑 회사의 목적 사업은 주주의 구성이 중요</u>하여 그 구성의 변동을 제한할 합리적 필요성이 있는 점을 들어, 주식양도를 위해 출자자 전원의 동의를 받도록 한 위 협약 조항을 무효라고 할 수 없다고 본 원심의 판단에 법리오해 등의 잘못이 없다.

※ 대법원은 이 사건 사업은 주간사(피고), 공공출자자(청주시), 재무적 출자자(산업은행), 건설출자자(대우건설 등) 등 각 역할을 수행하는 주주의 구성이 중요하여 그 주주 구성의 변동을 제한할 합리적 필요성이 있다고 판시하였다. 프로젝트-파이낸싱 또는 공동개발 사업을 위하여 설립된 회사가 사업의 원활한 추진을 위하여 주식양도제한 규정을 두는 것은 정당할 수 있다는 입장이다.

3. 주식병합과 소수주주 축출

- 대법원 2020. 11. 26. 선고 2018다283315판결

【판시사항】

[1] 상법 제445조에서 정한 자본금감소 무효의 소를 제기할 수 있는 경우

[2] 소수주식의 강제매수제도를 통한 소수주주 축출제도를 회피하기 위하여 탈법적으로 동일한 효과를 갖는 다른 방식을 활용하는 것이 위법한지 여부(적극) 및 주식병합으로 소수주주가 주주의 지위를 상실한 경우, 그 자체로 위법하다고 볼 수 있는지 여부(소극)

[3] 갑 주식회사가 임시주주총회를 개최하여 1주당 액면가를 5,000원에서 50,000,000원으로 인상하는 10,000:1의 주식병합을 하고, 10,000주에 미치지 못하는 주식을 보유한 주주에게 1주당 액면가 5,000원을 지급하기로 하는 내용의 '주식병합 및 자본금감소'를 결의하였고, 이에 따라 을을 포함하여 10,000주 미만의 주식을 보유한 주주들이 주주의 지위를 상실한 사안에서, 위 주식병합 및 자본금감소가 주주총회의 특별결의 등 상법에서 정한 절차를 거쳤음에도 주주평등의 원칙, 신의성실의 원칙 및 권리남용금지의 원칙에 위배된다고 본 원심판단에 법리오해 등의 위법이 있다고 한 사례

【판결요지】

[3] 갑 주식회사가 임시주주총회를 개최하여 1주당 액면가를 5,000원에서 50,000,000원으로 인상하는 10,000:1의 주식병합을 하고, 10,000주에 미치지 못하는 주식을 보유한 주주에게 1주당 액면가 5,000원을 지급하기로 하는 내용의 '주식병합 및 자본금감소'를 결의하였고, 이에 따라 을을 포함하여 10,000주 미만의 주식을 보유한 주주들이 주주의 지위를 상실한 사안에서, 위 주식병합은 법에서 정한 절차에 따라 주주총회 특별결의와 채권자 보호절차를 거쳐 모든 주식에 대해 동일한 비율로 주식병합이 이루어졌고, 단주의 처리 과정에서 주식병합 비율에 미치지 못하는 주식수를 가진 소수주주가 자신의 의사와 무관하게 주주의 지위를 상실하게 되지만, 이러한 단주의 처리 방식은 상법에서 명문으로 인정한 주주평등원칙의 예외이므로, 위 주식병합의 결과 주주의 비율적 지위에 변동이 발생하지 않았고, 달리 을이 그가 가진 주식의 수에 따라 평등한 취급을 받지 못한 사정이 없는 한 이를 주주평등원칙의 위반으로 볼 수 없으며, 위 주식병합 및 자본금감소는 주주총회 참석주주의 99.99% 찬성(발행주식총수의 97% 찬성)을 통해 이루어졌는데, 이러한 회사의 결정은 지배주주뿐만 아니라 소수주주의 대다수가 찬성하여 이루어진 것으로 볼 수 있고, 이와 같은 회사의 단체법적 행위에 현저한 불공정이 있다고 보기 어려우며, 또한

해당 주주총회의 안건 설명에서 <u>단주의 보상금액이 1주당 5,000원이라고 제시되었고, 이러한 사실을 알고도 대다수의 소수주주가 주식병합 및 자본금감소를 찬성하였으므로 단주의 보상금액도 회사가 일방적으로 지급한 불공정한 가격이라고 보기 어려운데도</u>, 이와 달리 위 주식병합 및 자본금감소가 주주평등의 원칙, 신의성실의 원칙 및 권리남용금지의 원칙에 위배된다고 본 원심판단에 법리오해 등의 위법이 있다고 한 사례.

※ 원심은 이 사건 주식병합 및 자본금감소가 주주평등의 원칙에 반하고 신의성실의 원칙 및 권리남용금지의 원칙에도 위배되어 무효라고 판시하였음. (원심≠대법원)

4. 주주명부

- 대법원 2023. 5. 23. 선고 2022마6500 결정

주주는 회사를 상대로 상법 제396조 제2항에 따라 주주명부의 열람·등사를 청구할 수 있을 뿐, 회사의 이행보조자 또는 수임인에 불과한 명의개서대리인에게 직접 주주명부의 열람·등사를 청구할 수 없다.

III. 회사의 기관

1. 소수주주의 주주총회소집 허가신청 시 회의목적 사항의 범위

- 대법원 2022. 4. 19. 자 2022그501 결정

주주총회는 상법 또는 정관이 정한 사항에 한하여 결의할 수 있고(상법 제361조), 대표이사는 정관에 특별한 정함이 없는 한 이사회결의로 선임되므로(상법 제389조), 정관에서 주주총회 결의사항으로 '대표이사의 선임 및 해임'을 규정하지 않으면 이를 회의목적사항으로 삼아 상법 제366조에서 정한 주주총회소집 허가신청을 할 수 없다.

2. 이사와 이사회

(1) 이사의 감시의무 – 대법원 2021. 11. 11. 선고 2017다222368 판결

【판시사항】

[1] 대표이사가 다른 이사의 업무집행이 위법하다고 의심할 만한 사유가 있는데도 고의 또는 과실로 감시의무를 위반하여 이를 방치한 경우, 이로 인해 회사가 입은 손해에 대하여 배상책임을 지는지 여부(적극)

[2] 대규모 회사에서 대표이사와 업무담당이사들이 내부적인 사무분장에 따라 각자의 전문

분야를 전담하여 처리하는 것이 불가피하다는 사정만으로 다른 이사들의 업무집행에 관한 감시의무를 면하는지 여부(원칙적 소극) 및 이러한 경우 구축하여야 할 내부통제시스템의 형태/ 대표이사가 회사의 목적이나 규모, 영업의 성격, 법령의 규제 등에 비추어 높은 법적 위험이 예상되는데도 이와 관련된 내부통제시스템을 구축하고 그것이 제대로 작동되도록 하기 위한 노력을 전혀 하지 않거나 위 시스템을 통한 감시·감독의무의 이행을 의도적으로 외면하여 다른 이사 등의 위법한 업무집행을 방지하지 못한 경우, 대표이사로서 회사 업무 전반에 대한 감시의무를 게을리한 것인지 여부(적극)

【판결요지】

[1] 이사가 고의 또는 과실로 법령 또는 정관에 위반한 행위를 하거나 그 임무를 게을리한 경우에는 그 이사는 회사에 대하여 연대하여 손해를 배상할 책임이 있다(상법 제399조 제1항). 주식회사의 이사는 담당업무는 물론 다른 업무담당이사의 업무집행을 감시할 의무가 있으므로 스스로 법령을 준수해야 할 뿐 아니라 다른 업무담당이사들도 법령을 준수하여 업무를 수행하도록 감시·감독하여야 할 의무를 부담한다. 특히 대표이사는 회사의 영업에 관하여 재판상 또는 재판 외의 모든 행위를 할 권한이 있으므로(상법 제389조 제3항, 제209조 제1항), 모든 직원의 직무집행을 감시할 의무를 부담함은 물론, 이사회의 구성원으로서 다른 대표이사를 비롯한 업무담당이사의 전반적인 업무집행을 감시할 권한과 책임이 있다. 따라서 다른 대표이사나 업무담당이사의 업무집행이 위법하다고 의심할 만한 사유가 있음에도 고의 또는 과실로 인하여 감시의무를 위반하여 이를 방치한 때에는 이로 말미암아 회사가 입은 손해에 대하여 상법 제399조 제1항에 따른 배상책임을 진다.

[2] 이사의 감시의무의 구체적인 내용은 회사의 규모나 조직, 업종, 법령의 규제, 영업상황 및 재무상태에 따라 크게 다를 수 있는데, 고도로 분업화되고 전문화된 대규모 회사에서 대표이사 및 업무담당이사들이 내부적인 사무분장에 따라 각자의 전문 분야를 전담하여 처리하는 것이 불가피한 경우라 할지라도 그러한 사정만으로 다른 이사들의 업무집행에 관한 감시의무를 면할 수는 없다. 그러한 경우 합리적인 정보 및 보고시스템과 내부통제시스템(이하 '내부통제시스템'이라고 한다)을 구축하고 그것이 제대로 작동되도록 하기 위한 노력을 전혀 하지 않거나 위와 같은 시스템이 구축되었다 하더라도 회사 업무 전반에 대한 감시·감독의무를 이행하는 것을 의도적으로 외면한 결과 다른 이사의 위법하거나 부적절한 업무집행 등 이사들의 주의를 요하는 위험이나 문제점을 알지 못하였다면, 이사의 감시의무 위반으로 인한 손해배상책임을 진다. 이러한 내부통제시스템은 비단 회계의 부정을 방지하기 위한 회계관리제도에 국한되는 것이 아니라, 회사가 사업운영상 준수해

야 하는 제반 법규를 체계적으로 파악하여 그 준수 여부를 관리하고, 위반사실을 발견한 경우 즉시 신고 또는 보고하여 시정조치를 강구할 수 있는 형태로 구현되어야 한다. 특히 회사 업무의 전반을 총괄하여 다른 이사의 업무집행을 감시·감독하여야 할 지위에 있는 대표이사가 회사의 목적이나 규모, 영업의 성격 및 법령의 규제 등에 비추어 높은 법적 위험이 예상되는 경우임에도 이와 관련된 내부통제시스템을 구축하고 그것이 제대로 작동되도록 하기 위한 노력을 전혀 하지 않거나 위와 같은 시스템을 통한 감시·감독 의무의 이행을 의도적으로 외면한 결과 다른 이사 등의 위법한 업무집행을 방지하지 못하였다면, 이는 대표이사로서 회사 업무 전반에 대한 감시의무를 게을리한 것이라고 할 수 있다.

(2) 프로젝트 파이낸스 대출에서 이사의 선관주의의무

- 대법원 2021. 1. 4. 선고 2017다245279 판결

【판시사항】

[1] 금융기관의 이사가 이른바 프로젝트 파이낸스 대출을 하면서 사업성 심사 등의 절차를 거친 다음 이에 근거하여 금융기관의 최대이익에 부합한다고 신뢰하고 신의성실에 따라 경영상의 판단을 내렸고 그 내용이 현저히 불합리하지 아니하여 이사로서 통상 선택할 수 있는 범위 안에 있는 경우, 사후에 발생한 회사의 손해에 대하여 이사가 손해배상책임을 부담하는지 여부(소극)

[2] 이사의 선관주의의무 위반행위와 그 결과로 발생한 손해 사이에 상당인과관계가 인정되지 아니하는 경우, 이사의 손해배상책임이 성립하는지 여부(소극)

【이 유】

1. 이른바 프로젝트 파이낸스 대출(이하 'PF 대출'이라 한다)은 부동산개발 관련 특정 프로젝트의 사업성을 평가하여 그 사업에서 발생할 미래의 현금흐름을 대출 원리금의 주된 변제자원으로 하는 금융거래이므로, 대출을 할 때 이루어지는 대출상환능력에 대한 판단은 그 프로젝트의 사업성에 대한 평가에 주로 의존하게 된다. 이러한 경우 금융기관의 이사가 대출요건으로서의 프로젝트의 사업성에 관하여 심사하면서 필요한 정보를 충분히 수집·조사하고 검토하는 절차를 거친 다음 이를 근거로 금융기관의 최대이익에 부합한다고 합리적으로 신뢰하고 신의성실에 따라 경영상의 판단을 내렸고, 그 내용이 현저히 불합리하지 아니하여 이사로서 통상 선택할 수 있는 범위 안에 있는 것이라면, 비록 사후에 회사가 손해를 입게 되는 결과가 발생하였다고 하더라도 그로 인하여 이사가 회사에 대하여

손해배상책임을 부담한다고 할 수 없다(대법원 2011. 10. 13. 선고 2009다80521 판결 등 참조). 그리고 <u>이사의 선관주의의무 위반으로 인한 손해배상책임은 그 위반행위와 상당인과관계 있는 손해에 한하여 인정될 뿐이므로</u>, 그 결과로서 발생한 손해와의 사이에 상당인과관계 가 인정되지 아니하는 경우에는 이사의 손해배상책임이 성립하지 아니한다(대법원 2007. 9. 20. 선고 2007다25865 판결 등 참조).

(3) 대표이사의 전단적 대표행위 - 대법원 2021. 2. 18. 선고 2015다45451 전원합의체 판결

• 법령에서 이사회 결의를 거치도록 규정하는 경우

〈피고 이사회 규정에 의하면 보증행위에 관하여 이사회 결의를 거쳐야 하는데, 피고 대표 이사가 이사회 결의를 거치지 않고 원고에게 피고가 갑의 채무를 보증한다는 의미의 확인서 를 작성해 준 경우, 원고가 피고를 상대로 위 확인서에 기한 보증채무의 이행을 구한 사안〉

【판시사항】

주식회사의 정관이나 이사회 규정 등에서 이사회 결의를 거치도록 대표이사의 대표권을 제한한 경우, 거래행위의 상대방인 제3자가 상법 제209조 제2항에 따라 보호받기 위하여 선의 이외에 무과실까지 필요한지 여부(소극) 및 이때 <u>제3자에게 중대한 과실이 있는 경우에는 거래행위가 무효인지 여부</u>(적극) / 이는 주식회사의 대표이사가 상법 제393조 제1항에서 정한 '중요한 자산의 처분 및 양도, 대규모 재산의 차입 등의 행위'에 관하여 이사회의 결의를 거치지 않고 거래행위를 한 경우에도 마찬가지인지 여부(적극)

【판결요지】

[다수의견] (가) 주식회사의 대표이사는 대외적으로는 회사를 대표하고 대내적으로는 회사의 업무를 집행할 권한을 가진다. 대표이사는 회사의 행위를 대신하는 것이 아니라 회사의 행위 자체를 하는 회사의 기관이다. 회사는 주주총회나 이사회 등 의사결정기관을 통해 결정한 의 사를 대표이사를 통해 실현하며, 대표이사의 행위는 곧 회사의 행위가 된다. 상법은 대표이 사의 대표권 제한에 대하여 선의의 제3자에게 대항하지 못한다고 정하고 있다(상법 제389조 제3항, 제209조 제2항).

대표권이 제한된 경우에 대표이사는 그 범위에서만 대표권을 갖는다. 그러나 그러한 제한을 위반한 행위라고 하더라도 그것이 회사의 권리능력을 벗어난 것이 아니라면 대표권의 제한 을 알지 못하는 제3자는 그 행위를 회사의 대표행위라고 믿는 것이 당연하고 이러한 신뢰는 보호되어야 한다. 일정한 대외적 거래행위에 관하여 이사회 결의를 거치도록 대표이사의 권 한을 제한한 경우에도 이사회 결의는 회사의 내부적 의사결정절차에 불과하고, 특별한 사정이 없는 한 거래 상대방으로서는 회사의 대표자가 거래에 필요한 회사의 내부절차를 마쳤을 것으로 신뢰하였다고 보는 것이 경험칙에 부합한다. 따라서 회사 정관이나 이사회 규정 등에서 이사회 결의를 거치도록 대표이사의 대표권을 제한한 경우(이하 '내부적 제한'이라 한다)에도 선의의 제3자는 상법 제209조 제2항에 따라 보호된다.

거래행위의 상대방인 제3자가 상법 제209조 제2항에 따라 보호받기 위하여 선의 이외에 무과실까지 필요하지는 않지만, 중대한 과실이 있는 경우에는 제3자의 신뢰를 보호할 만한 가치가 없다고 보아 거래행위가 무효라고 해석함이 타당하다. 중과실이란 제3자가 조금만 주의를 기울였더라면 이사회 결의가 없음을 알 수 있었는데도 만연히 이사회 결의가 있었다고 믿음으로써 거래통념상 요구되는 주의의무를 현저히 위반하는 것으로, 거의 고의에 가까운 정도로 주의를 게을리하여 공평의 관점에서 제3자를 구태여 보호할 필요가 없다고 볼 수 있는 상태를 말한다. 제3자에게 중과실이 있는지는 이사회 결의가 없다는 점에 대한 제3자의 인식 가능성, 회사와 거래한 제3자의 경험과 지위, 회사와 제3자의 종래 거래관계, 대표이사가 한 거래행위가 경험칙상 이례에 속하는 것인지 등 여러 가지 사정을 종합적으로 고려하여 판단하여야 한다. 그러나 제3자가 회사 대표이사와 거래행위를 하면서 회사의 이사회 결의가 없었다고 의심할 만한 특별한 사정이 없다면, 일반적으로 이사회 결의가 있었는지를 확인하는 등의 조치를 취할 의무까지 있다고 볼 수는 없다.

(나) 대표이사의 대표권을 제한하는 상법 제393조 제1항은 그 규정의 존재를 모르거나 제대로 이해하지 못한 사람에게도 일률적으로 적용된다. 법률의 부지나 법적 평가에 관한 착오를 이유로 그 적용을 피할 수는 없으므로, 이 조항에 따른 제한은 내부적 제한과 달리 볼 수도 있다. 그러나 주식회사의 대표이사가 이 조항에 정한 '중요한 자산의 처분 및 양도, 대규모 재산의 차입 등의 행위'에 관하여 이사회의 결의를 거치지 않고 거래행위를 한 경우에도 거래행위의 효력에 관해서는 위에서 본 내부적 제한의 경우와 마찬가지로 보아야 한다.

[대법관 박상옥, 대법관 민유숙, 대법관 김상환, 대법관 노태악의 반대의견]
(가) 주식회사의 대표이사가 '이사회 결의를 거쳐야 하는 경우'가 모두 대표이사의 대표권에 대한 제한에 해당한다는 전제하에 상법 제209조 제2항이 전면적으로 적용된다고 보는 것은 부당하다. 대표권의 법률상 제한이 존재하는 주식회사와 그렇지 않은 합명회사의 구조적 차이 등을 고려해 보면, 정관 등 내부 규정에 의하여만 대표권이 제한될 것이 예정되어 있는 합명회사의 대표사원에 관한 상법 제209조 제2항을 상법 제389조 제3항에 따라 주식회사의 대표이사에 준용하더라도, 대표이사의 대표권 제한에 관한 모든 경우에 그대로 준용할 것이 아니라 성질상 준용이 가능한 범위에서만 준용되어야 하므로, 상법 제393조 제1항에 따라 이사회의 결의로 회사의 의사결정을 하여야만 하는 경우까지 적용되어야 한다고 볼 수는 없다.
(나) 거래 상대방을 보호하는 기준을 '선의·무과실'에서 '선의·무중과실'로 변경하는 것은 거래안전

보호만을 중시하여 회사법의 다른 보호가치를 도외시하는 것일뿐더러 '전부 아니면 전무'의 결과가 되어 개별 사건을 해결할 때 구체적이고 합리적인 타당성을 기하기 어렵다. 지금까지의 판례는 선의·무과실의 거래 상대방을 보호한다는 원칙하에 주식회사의 여러 다양한 실질관계에 따라 보호되는 '과실'의 범위를 해석하는 데에 집중하는 한편, 보호되지 않는 경과실의 거래 상대방은 회사에 대한 손해배상청구가 가능하도록 제도를 운용함으로써 과실상계를 통한 손해의 공평·타당한 분담을 도모하고 있다. 이러한 관점에서 지금까지의 판례가 보호기준으로 삼고 있는 '선의·무과실'은 단순한 '선의·무과실'이라는 표현에 그치는 것은 아니다. 다수의견과 같이 거래 상대방의 보호기준을 '선의·무중과실'로 판례를 변경하는 것은 강학적인 의미에서 '무과실'을 '무중과실'이라는 용어로 대치하는 것 외에 재판실무에 큰 변화를 가져올 것으로 보이지 않는다. 오히려 판례를 변경한다면, 거래 상대방의 과실의 정도가 큰 경우에도 중과실에 해당하지 않는 한 그 거래행위를 유효하다고 보게 될 것이어서, 특히 보증과 같은 거래행위를 한 경우에는 회사의 재정건전성을 악화시키는 결과를 가져올 수 있다. 결론적으로 구체적 타당성과 쌍방의 이해관계 조정에 있어 지금까지의 판례가 더 우월하기 때문에 판례 변경의 필요성이 없다.

(4) 대법원 2021. 8. 26.자 2020마5520 결정

【판시사항】

주식회사의 대표이사가 회사를 대표하여 파산신청을 할 경우, 이사회 결의가 필요한지 여부(원칙적 적극) 및 상법 제383조 제1항 단서에서 정한 소규모 주식회사의 경우 대표이사가 이사회 결의 없이 파산신청을 할 수 있는지 여부(원칙적 적극)

【결정요지】

상법 제393조 제1항은 '중요한 자산의 처분 및 양도, 대규모 재산의 차입 등 회사의 업무집행은 이사회의 결의로 한다.'고 정함으로써 주식회사의 이사회는 회사의 업무집행에 관한 의사결정권한이 있음을 명시하고 있다. 주식회사가 중요한 자산을 처분하거나 대규모 재산을 차입하는 등의 업무집행을 할 경우에 이사회가 직접 결의하지 않고 대표이사에게 일임할 수 없다. 즉, 이사회가 일반적·구체적으로 대표이사에게 위임하지 않은 업무로서 일상 업무에 속하지 않은 중요한 업무의 집행은 반드시 이사회의 결의가 있어야 한다.

주식회사 이사회의 역할, 파산이 주식회사에 미치는 영향, 회생절차 개시신청과의 균형, 파산신청권자에 대한 규정의 문언과 취지 등에 비추어 보면, 주식회사의 대표이사가 회사를 대표하여 파산신청을 할 경우 대표이사의 업무권한인 일상 업무에 속하지 않는 중요한 업무에 해당하여 이사회 결의가 필요하다고 보아야 하고, 이사에게 별도의 파산신청권이 인정된다고 해서 달리 볼 수 없다.

그러나 자본금 총액이 10억 원 미만으로 이사가 1명 또는 2명인 소규모 주식회사에서는 대표이사가 특별한 사정이 없는 한 이사회 결의를 거칠 필요 없이 파산신청을 할 수 있다. 소규모 주식회사는 각 이사(정관에 따라 대표이사를 정한 경우에는 그 대표이사를 말한다)가 회사를 대표하고 상법 제393조 제1항에 따른 이사회의 기능을 담당하기 때문이다(상법 제383조 제6항, 제1항 단서).

(5) 이사 해임

1) 대법원 2021. 8. 19. 선고 2020다285406 판결

임기만료로 퇴임한 이사라 하더라도 상법 제386조 제1항 등에 따라 새로 선임된 이사의 취임 시까지 이사로서의 권리의무를 가지게 될 수 있으나(이하 '퇴임이사'라고 한다), 그와 같은 경우에도 새로 선임된 이사가 취임하거나 상법 제386조 제2항에 따라 일시 이사의 직무를 행할 자가 선임되면 별도의 주주총회 해임결의 없이 이사로서의 권리의무를 상실하게 된다. 이러한 상법 제385조 제1항의 입법 취지, 임기만료 후 이사로서의 권리의무를 행사하고 있는 퇴임이사의 지위 등을 종합하면, <u>상법 제385조 제1항에서 해임대상으로 정하고 있는 '이사'에는 '임기만료 후 이사로서의 권리의무를 행사하고 있는 퇴임이사'는 포함되지 않는다</u>고 보아야 한다.

2) 대법원 2023. 8. 31. 선고 2023다220639 판결

【판시사항】

[1] 임기만료 전의 이사의 해임으로 인한 손해배상책임을 규정하고 있는 상법 제385조 제1항에서 정한 '정당한 이유'의 의미 및 정당한 이유가 있는지는 주주총회에서 해임사유로 삼거나 해임결의 시 참작한 사유에 한정하여 판단하여야 하는지 여부(소극)

[2] 갑 등이 을 주식회사의 이사로 재직 중 이사회 승인 없이 을 회사의 영업과 동종 영업을 목적으로 한 주식회사를 설립한 후 대표이사 등으로 취임하였고, 그 후 을 회사는 임시주주총회를 개최하여 갑 등을 이사에서 해임하였는데, 해임결의 당시 을 회사는 갑 등의 경업금지의무 위반사실을 인지하지 못하여 이를 해임사유로 삼지 않았고, 갑 등은 임기만료 전 해임에 정당한 이유가 없다고 주장하며 을 회사를 상대로 상법 제385조 제1항에 따른 손해배상을 구한 사안에서, 해임결의 당시 이미 발생한 갑 등의 경업금지의무 위반행위는 해임사유에 해당하는데도, 주주총회에서 해임사유로 삼지 않았다는 이유로 이를 갑 등에 대한 해임에 정당한 이유가 있었는지를 판단하는 데에 참작할 수 없다고 본 원심판단에 법리오해의 잘못이 있다고 한 사례

【판결요지】

[1] 상법 제385조 제1항은 주주총회의 특별결의로 언제든지 이사를 해임할 수 있게 하는 한

편, 이사의 임기를 정한 경우에 정당한 이유 없이 그 임기만료 전에 해임한 때에는 그 이사는 회사에 대하여 해임으로 인한 손해의 배상을 청구할 수 있다고 정하고 있다. 이는 주주총회에 의한 이사 해임의 자유를 보장하는 한편, 임기가 정하여진 이사의 임기에 대한 기대를 보호하기 위하여 정당한 이유 없이 임기만료 전에 이사를 해임한 때에는 회사가 손해배상책임을 부담하도록 함으로써, 주주의 회사에 대한 지배권 확보와 경영자 지위의 안정이라는 주주와 이사의 이익을 조화시키려는 규정이다. 여기에서 '정당한 이유'란 주주와 이사 사이에 불화 등 단순히 주관적인 신뢰관계가 상실된 것만으로는 부족하고, 이사가 법령이나 정관에 위배된 행위를 하였거나 정신적·육체적으로 경영자로서의 직무를 감당하기 현저하게 곤란한 경우, 회사의 중요한 사업계획 수립이나 그 추진에 실패함으로써 경영능력에 대한 근본적인 신뢰관계가 상실된 경우 등과 같이 당해 이사가 경영자로서 업무를 집행하는 데 장해가 될 객관적 상황이 발생한 경우를 의미한다.

위 조항에 따라 회사가 이사에 대하여 부담하는 손해배상책임은 회사의 고의나 과실을 묻지 않고 그 책임을 인정하는 법정책임에 해당한다. 이러한 상법 제385조 제1항의 문언 내용과 규정 취지, 손해배상책임의 법적 성질 등을 고려하면, <u>정당한 이유가 있는지는 해임결의 당시 객관적으로 존재하는 사유를 참작하여 판단할 수 있고, 주주총회에서 해임사유로 삼거나 해임결의 시 참작한 사유에 한정되는 것은 아니다.</u>

[2] 갑 등이 을 주식회사의 이사로 재직 중 이사회 승인 없이 을 회사의 영업과 동종 영업을 목적으로 한 주식회사를 설립한 후 대표이사 등으로 취임하였고, 그 후 을 회사는 임시주주총회를 개최하여 갑 등을 이사에서 해임하였는데, 해임결의 당시 을 회사는 갑 등의 경업금지의무 위반사실을 인지하지 못하여 이를 해임사유로 삼지 않았고, 갑 등은 임기만료 전 해임에 정당한 이유가 없다고 주장하며 을 회사를 상대로 상법 제385조 제1항에 따른 손해배상을 구한 사안에서, 해임결의 당시 이미 발생한 갑 등의 경업금지의무 위반행위는 해임사유에 해당하는데도, 주주총회에서 해임사유로 삼지 않았다는 이유로 이를 갑 등에 대한 해임에 정당한 이유가 있었는지를 판단하는 데에 참작할 수 없다고 본 원심판단에 법리오해의 잘못이 있다고 한 사례.

※ (비판 평석) 대법원처럼 이사 해임 당시 전혀 고려하지 않았거나 인지하지 못했던 사유를 정당한 사유에 포함시키는 것에는 찬성하기 힘들다. 정당한 이유가 있었는지는 해임 당시를 기준으로 판단해야 한다. 해임 당시 회사가 전혀 인지하지 못하고 있던 사정을 가지고 회사의 의사결정이 정당화될 수 있다고 보는 것은 설득력이 높지 않다.

(6) 대법원 2023. 6. 29. 선고 2021다291712 판결

【판시사항】

이사 등이 자기 또는 제3자의 계산으로 회사와 거래를 하면서 사전에 상법 제398조에서 정한 이사회 승인을 받지 않은 경우, 거래의 효력(원칙적 무효) 및 사후에 거래행위에 대하여 이사회 승인을 받은 경우, 무효인 거래행위가 유효로 되는지 여부(원칙적 소극) / 이사 등이 회사와의 거래에 관한 중요사실을 밝히지 아니한 채 통상의 거래로서 이를 허용하는 이사회의 결의가 이루어진 경우, 상법 제398조에서 정한 이사회 승인이 있다고 할 수 있는지 여부(소극)

【판결요지】

상법 제398조는 "이사 등이 자기 또는 제3자의 계산으로 회사와 거래를 하기 위하여는 미리 이사회에서 해당 거래에 관한 중요사실을 밝히고 이사회의 승인을 받아야 한다. 이 경우 이사회의 승인은 이사 3분의 2 이상의 수로써 하여야 하고, 그 거래의 내용과 절차는 공정하여야 한다."라고 규정하고 있다. 이는 이사 등과 회사 사이에 이익상반거래가 비밀리에 행해지는 것을 방지하고 이사회의 직무감독권 행사를 통하여 이사 등과 회사 사이에 이루어지는 거래의 공정성을 확보함으로써, 이사 등이 회사와의 거래를 통하여 자기 또는 제3자의 이익을 도모하고 회사와 주주에게 예기치 못한 손해를 입히는 것을 방지하기 위함이다.

상법 제398조는 이사 등의 사익추구 행위에 대한 통제력을 강화하기 위해 구 상법과 달리 적용 대상을 주요주주 등에까지 확대하였고, '미리' 중요사실을 밝히고 이사회의 승인을 받을 것을 명시하였으며, 이사회 승인을 위한 결의요건을 가중하였을 뿐만 아니라, 거래의 내용과 절차가 공정하여야 한다고 규정하는 한편, 구 상법 제398조 후단의 민법 제124조와 관련된 내용을 제외하였다.

이러한 상법 제398조의 문언 내용을 입법 취지와 개정 연혁 등에 비추어 보면, 이사 등이 자기 또는 제3자의 계산으로 회사와 유효하게 거래를 하기 위하여는 미리 상법 제398조에서 정한 이사회 승인을 받아야 하므로 사전에 상법 제398조에서 정한 이사회 승인을 받지 않았다면 특별한 사정이 없는 한 그 거래는 무효라고 보아야 하고, 사후에 그 거래행위에 대하여 이사회 승인을 받았다고 하더라도 특별한 사정이 없는 한 무효인 거래행위가 유효로 되는 것은 아니다.

나아가 상법 제398조는 이사 등이 회사와의 거래에 관하여 이사회 승인을 받기 위하여는 이사회에서 해당 거래에 관한 중요사실을 밝히도록 정하고 있으므로, 만일 이러한 사항들을 밝히지 아니한 채 그 거래가 이익상반거래로서 공정한 것인지에 관한 심의가 이루어진 것이 아니라 통상의 거래로서 이를 허용하는 이사회의 결의가 이루어진 것에 불과한 경우 등에는 상법 제398조가 정하는 이사회 승인이 있다고 할 수 없다.

※ 회사 대표이사의 직계비속이면서 동시에 회사 지분의 15.87%를 가진 자와 회사 사이의 거래가 문제되었다. 이는 자기거래가 분명하므로 미리 이사회의 승인을 거쳐야 한다. 그러나 미리 개최된 이사회는 당해 거래에 관한 중요한 사실을 밝히고 결의가 이루어진 것이 아니어서 상법 제398조의 이사회 승인이 있었다고 보기 어렵다. 회사는 이 문제를 파악하고, 거래 이후에야 거래를 추인하는 이사회결의를 확보했는데, 원심과 대법원은 상법 제398조에서는 사후승인이나 추인이 허용되지 않으므로 이 거래는 무효라고 판단하였다.

3. 이사의 책임

(1) 이사 등에 대한 손해배상청구권의 소멸시효

- 대법원 2023. 10. 26. 선고 2020다236848 판결

【판시사항】

[1] 상법 제399조 제1항, 제414조 제1항에서 규정하고 있는 주식회사의 이사 또는 감사의 회사에 대한 임무 해태로 인한 손해배상책임에 따른 손해배상채권에 민법 제766조 제1항의 단기소멸시효가 적용되는지 여부(소극)

[2] 상법 제401조의2 제1항에서 정한 업무집행지시자 등의 손해배상책임에 따른 손해배상채권에 일반 불법행위책임의 단기소멸시효를 규정한 민법 제766조 제1항이 적용되는지 여부(소극)

【판결요지】

[1] 상법 제399조 제1항, 제414조 제1항에서 규정하고 있는 주식회사의 이사 또는 감사의 회사에 대한 임무 해태로 인한 손해배상책임은 위임관계로 인한 <u>채무불이행책임</u>이므로 그에 따른 손해배상채권에는 민법 제766조 제1항의 단기소멸시효가 적용되지 않는다.

[2] 상법 제401조의2 제1항은 회사에 대한 자신의 영향력을 이용하여 이사에게 업무집행을 지시한 자(제1호), 이사의 이름으로 직접 업무를 집행한 자(제2호) 또는 이사가 아니면서 명예회장·회장·사장·부사장·전무·상무·이사 기타 회사의 업무를 집행할 권한이 있는 것으로 인정될 만한 명칭을 사용하여 회사의 업무를 집행한 자(제3호)가 그 지시하거나 집행한 업무에 관하여 제399조, 제401조, 제403조 및 제406조의2를 적용하는 경우에는 그 자를 "이사"로 본다고 규정하고 있다. 이는 주식회사의 이사가 아니지만 이사에게 업무집행을 지시하거나 이사처럼 업무를 집행하는 등으로 회사의 업무에 관여한 자에 대하여 그에 상응하는 책임을 묻기 위함이다.

이러한 법률 문언 내용과 입법 취지에 비추어 보면, 상법 제401조의2 제1항 각호에 해당

하는 자는 회사의 이사는 아니지만 상법 제399조에서 정한 손해배상책임을 적용함에 있어 그가 관여한 업무에 관하여 법령준수의무를 비롯하여 이사와 같은 선관주의의무와 충실의무를 부담하고, 이를 게을리하였을 경우 회사에 대하여 그로 인한 손해배상책임을 지게 되는 것이다. 이와 같이 <u>상법 제401조의2 제1항이 정한 손해배상책임은 상법에 의하여 이사로 의제되는 데 따른 책임이므로</u> 그에 따른 손해배상채권에는 일반 불법행위책임의 단기소멸시효를 규정한 민법 제766조 제1항이 적용되지 않는다.

(2) 주주대표소송

- 대법원 2021. 7. 15. 선고 2018다298744 판결

【판결요지】

[1] 이사가 고의 또는 과실로 법령 또는 정관에 위반한 행위를 하거나 그 임무를 게을리한 경우에는 그 이사는 회사에 대하여 연대하여 손해를 배상할 책임이 있다(상법 제399조 제1항). 이사가 임무를 수행함에 있어서 법령을 위반한 행위를 한 때에는 그 행위 자체가 회사에 대하여 채무불이행에 해당하므로, 그로 인하여 회사에 손해가 발생한 이상 특별한 사정이 없는 한 손해배상책임을 면할 수 없다.

자본금 감소를 위한 주식소각 절차에 하자가 있다면, 주주 등은 자본금 감소로 인한 변경등기가 된 날부터 6개월 내에 소로써만 무효를 주장할 수 있다(상법 제445조). 그러나 이사가 <u>주식소각 과정에서 법령을 위반하여 회사에 손해를 끼친 사실이 인정될 때에는 감자무효의 판결이 확정되었는지 여부와 관계없이 상법 제399조 제1항에 따라 회사에 대하여 손해배상책임을 부담한다.</u>

[2] 만약 회사가 이사의 책임을 추궁하지 않는다면, 발행주식의 총수의 100분의 1 이상에 해당하는 주식을 가진 주주는 회사를 위하여 직접 이사의 책임을 추궁할 소를 제기할 수 있다(상법 제403조 제3항). 주주는 소를 제기하기 전에 먼저 회사에 대하여 소의 제기를 청구해야 하는데, 이 청구는 이유를 기재한 서면(이하 '제소청구서'라 한다)으로 하여야 한다(상법 제403조 제1항, 제2항).

<u>제소청구서에 기재되어야 하는 '이유'</u>에는 권리귀속주체인 회사가 제소 여부를 판단할 수 있도록 책임추궁 대상 이사, 책임발생 원인사실에 관한 내용이 포함되어야 한다. 다만 주주가 언제나 회사의 업무 등에 대해 정확한 지식과 적절한 정보를 가지고 있다고 할 수는 없으므로, 제소청구서에 책임추궁 대상 <u>이사의 성명이 기재되어 있지 않거나 책임발생 원인사실이 다소 개략적으로 기재되어 있더라도</u>, 회사가 제소청구서에 기재된 내용,

이사회의사록 등 회사 보유 자료 등을 종합하여 책임추궁 대상 이사, 책임발생 원인사실을 구체적으로 특정할 수 있다면, 그 제소청구서는 상법 제403조 제2항에서 정한 요건을 충족하였다고 보아야 한다.

[3] 주주가 아예 상법 제403조 제2항에 따른 서면(이하 '제소청구서'라 한다)을 제출하지 않은 채 대표소송을 제기하거나 제소청구서를 제출하였더라도 대표소송에서 제소청구서에 기재된 책임발생 원인사실과 전혀 무관한 사실관계를 기초로 청구를 하였다면 그 대표소송은 상법 제403조 제4항의 사유가 있다는 등의 특별한 사정이 없는 한 부적법하다. 반면 주주가 대표소송에서 주장한 이사의 손해배상책임이 제소청구서에 적시된 것과 차이가 있더라도 제소청구서의 책임발생 원인사실을 기초로 하면서 법적 평가만을 달리한 것에 불과하다면 그 대표소송은 적법하다. 따라서 주주는 적법하게 제기된 대표소송 계속 중에 제소청구서의 책임발생 원인사실을 기초로 하면서 법적 평가만을 달리한 청구를 추가할 수도 있다.

[5] 상법 제399조 제1항에 따른 이사의 회사에 대한 손해배상채무는 채무불이행으로 인한 손해배상채무로서 이행 기한의 정함이 없는 채무이므로 이사는 이행청구를 받은 때부터 지체책임을 진다.

※ 피고(대주주이자 대표이사)는 '주식회사의 주식 일부를 감자처리하고 현금을 지급한다'는 내용의 주주총회 특별결의서를 작성한 뒤 피고의 배우자이던 소외인에게 주식 약 1,600주의 대금 명목으로 현금을 지급하였다(2014년).
이에 원고(주주)는 피고가 실제 주주총회 소집절차와 회의절차를 거치지 않고 주총특별결의서를 작성하는 등 상법상 감자절차를 전혀 이행하지 않음으로써 법령을 위반하였다는 이유로 이사해임청구를 하여 승소판결을 받아 확정되었다(2017년 1월). 원고는 회사에 제소청구서를 보냈다(2017년 구월). 회사가 30일 내에 소를 제기하지 않자 원고는 주주대표소송을 제기하였다(2017년 8월).
원고는 1심에서 제소청구서와 같이 상법 제341조 제4항에 따른 손해배상청구를 하였다가 기각되자, 원심(2심)에서 같은 사실관계를 기초로 상법 제399조 제1항에 따른 손해배상청구를 선택적으로 추가하였다.

4. 이사의 보수

대법원은 주식회사의 이사의 보수에 대하여 절차적·내용적으로 엄격한 해석을 견지해왔다. 대법원은 이사의 보수에 관한 상법 제388조를 강행규정으로 보고, 이사의 보수에는 이사의 직무집행의 대가로 볼 수 있는 것이면 상여금, 퇴직금, 해직보상금 등 그 명칭과 관계없이 모두 보수에 포함되어 주주총회의 결의를 거쳐야만 그 효력이 있다고 판시했다. 최근 판례도 이와 같은 입장이다.

(1) 퇴직금 중간정산의 주주총회결의 필요여부

- 대법원 2019. 7. 4. 선고 2017다17436판결

정관 등에서 이사의 퇴직금에 관하여 주주총회의 결의로 정한다고 규정하면서 퇴직금의 액

수에 관하여만 정하고 있는 경우, 이사가 퇴직금 중간정산금 청구권을 행사하기 위하여는 퇴직금 중간정산에 관한 주주총회의 결의가 있어야 하는지 여부(적극)

(2) 주주총회 결의 없는 '특별성과급'의 지급의 효력

- 대법원 2020. 4. 9. 선고 2018다290436 판결

주주총회의 결의 없이 특별성과급을 지급한 것은 강행규정인 상법 제388조를 위반하였기 때문에 무효이고, 이를 지급받은 이사는 법률상 원인 없이 부당이득을 취득한 것이 되므로 회사에 반환하여야 하며 그 금액은 원천징수세액을 제외하고 실제 지급받은 금원이다. 특별성과급의 지급을 위해 주주총회의 결의가 필요하다는 사정을 알고 있는 이사들은 악의의 수익자로서 특별성과급을 받은 날 이후의 법정이자를 붙여 부당이득을 반환할 책임이 있다.

(3) 이사회결의 없는 이사의 보수의 지급

- 대법원 2020. 6. 4. 선고 2016다241515, 241522 판결

정관 또는 주주총회에서 임원의 보수총액 내지 한도액만을 정하고 개별 이사에 대한 지급액 등 구체적인 사항을 이사회에 위임하는 것은 가능하지만, 이사회의 결의 없이 이사의 보수를 지급할 수 없다. 이 원칙의 예외는 1인 회사에 한하고, 지배주주가 결재·승인하였다는 사정만으로는 이사의 보수에 관한 주주총회의 결의가 있었던 것과 마찬가지라고 볼 수 없다.

(4) 임원의 퇴직금 청구와 회사의 임원에 대한 손해배상청구와의 상계

- 대법원 2019. 8. 14. 선고, 2019다204463판결

회생절차 개시신청은 이사회의 결의가 필요한 사항이므로 대표이사가 이를 위반하여 법원에 회생절차 개시신청을 한 것은 법령 또는 정관을 위반한 행위이고, 이로 인하여 발생한 회사의 손해배상청구권과 대표이사의 퇴직금 채권 중 50%에 해당하는 금액에 대하여 상계가 인정된다.

5. 이사의 자기거래 상장회사 특칙(상장회사 신용공여금지규정)

- 대법원 2021. 4. 29. 선고 2017다261943 판결

이 사건의 주요 쟁점은 상법 제542조의9 제1항에서 금지하는 신용공여에 해당하는지와 상법 제542조의9 제1항을 위반한 신용공여가 무효인지 여부이다. 이 사건은 상법 제542조의9 제1항 신용공여금지 위반행위의 효력에 대한 최초의 대법원 판결이라고 볼 수 있다.

【판시사항】

[2] 상법 제542조의9 제1항을 위반하여 이루어진 신용공여가 사법상 무효인지 여부(적극) 및
이는 이사회의 사전 승인이나 사후 추인이 있어도 마찬가지인지 여부(적극) / 제3자가 상
법 제542조의9 제1항을 위반한 신용공여인지 알지 못하였고 알지 못한 데에 중대한 과실
이 없는 경우, 제3자에게 무효를 주장할 수 있는지 여부(소극)

【판결요지】

[2] 상법 제542조의9 제1항의 입법 목적과 내용, 위반행위에 대해 형사처벌이 이루어지는 점
등을 살펴보면, 위 조항은 강행규정에 해당하므로 위 조항에 위반하여 이루어진 신용공
여는 허용될 수 없는 것으로서 사법상 무효이고, 누구나 그 무효를 주장할 수 있다. 그리
고 위 조항의 문언상 상법 제542조의9 제1항을 위반하여 이루어진 신용공여는, 상법 제
398조가 규율하는 이사의 자기거래와 달리, 이사회의 승인 유무와 관계없이 금지되는 것
이므로, 이사회의 사전 승인이나 사후 추인이 있어도 유효로 될 수 없다.
다만 상법 제542조의9는 제1항에서 신용공여를 원칙적으로 금지하면서도 제2항에서는
일부 신용공여를 허용하고 있는데, 회사의 외부에 있는 제3자로서는 구체적 사안에서 어
떠한 신용공여가 금지대상인지 여부를 알거나 판단하기 어려운 경우가 생길 수 있다. 상
장회사와의 상거래가 빈번한 거래현실을 감안하면 제3자로 하여금 상장회사와 거래를 할
때마다 일일이 상법 제542조의9 위반 여부를 조사·확인할 의무를 부담시키는 것은 상거
래의 신속성이나 거래의 안전을 해친다. 따라서 상법 제542조의9 제1항을 위반한 신용공
여라고 하더라도 제3자가 그에 대해 알지 못하였고 알지 못한 데에 중대한 과실이 없는
경우에는 그 제3자에 대하여는 무효를 주장할 수 없다고 보아야 한다.

6. 이사의 경영판단의 범위

- 대법원 2023. 3. 30. 선고 2019다280481 판결

(현대엘리베이터의 부담으로 현대그룹의 순환출자 구조를 유지할 수 있도록 하는 것이, 현대엘리베이터
이사의 경영판단의 범위에 속하는가?)

【판시사항】

[1] 이사의 행위에 대하여 경영판단의 원칙을 적용하기 위한 요건 / 이사가 임무를 수행하면
서 검토할 사항은 사안마다 개별적으로 판단되어야 하는지 여부(적극) 및 이사의 경영판
단을 정당화할 수 있는 이익은 원칙적으로 회사가 실제로 얻을 가능성이 있는 구체적인
것이어야 하는지 여부(적극)

[2] 기업집단을 구성하는 개별 계열회사의 이사는 기업집단이나 다른 계열회사와 관련된 직무를 수행할 때에도 선관주의의무와 충실의무를 부담하는지 여부(적극) / 소속 회사가 법령에 위반됨이 없이 동일한 기업집단에 속한 계열회사 주식을 취득하거나 제3자가 계열회사 주식을 취득하게 하는 계약을 체결하는 경우, 이사가 주식 취득의 목적이나 계약 내용에 따라 검토하거나 조치하여야 할 사항

[3] 이사가 부담하는 대표이사나 다른 이사의 업무집행에 대한 감시·감독의무의 내용 / 이사는 대표이사나 다른 이사의 업무집행으로 자신이 이익을 얻게 될 가능성이 있는 경우에도 감시·감독의무를 부담하는지 여부(적극) / 이사가 대표이사나 다른 이사의 업무집행이 위법하거나 선관주의의무나 충실의무를 위반하였다고 의심할 만한 사유가 있는데도 감시의무를 위반하여 이를 방치한 경우, 이로 말미암아 회사가 입은 손해에 대하여 배상책임을 지는지 여부(적극)

[4] 이사가 법령 또는 정관에 위반한 행위를 하거나 임무를 게을리함으로써 회사에 대하여 손해를 배상할 책임이 있는 경우, 제반 사정을 참작하여 손해배상액을 제한할 수 있는지 여부(적극) 및 이때 손해배상액 제한의 참작 사유에 관한 사실인정이나 제한의 비율을 정하는 것이 사실심의 전권사항인지 여부(원칙적 적극)

【판결요지】

[1] 이사는 법령 또는 정관에 정해진 목적 범위 내에서 회사의 경영에 관한 판단을 할 재량권을 가지고 있다. 기업의 경영은 장래의 불확실한 상황을 전제로 이루어지는 경우가 많으므로 거기에는 다소의 모험과 그에 따른 위험이 수반될 수밖에 없다. 따라서 이사가 법령에 위반됨이 없이 임무를 수행하는 과정에서 합리적으로 이용가능한 범위 내에서 필요한 정보를 충분히 수집·조사하고 검토하는 절차를 거친 다음, 이를 근거로 회사의 최대 이익에 부합한다고 합리적으로 신뢰하고 신의성실에 따라 경영상의 판단을 내렸고, 그 내용이 현저히 불합리하지 않은 것으로서 통상의 이사를 기준으로 할 때 합리적으로 선택할 수 있는 범위 안에 있는 것이라면, 비록 사후에 회사가 예상했던 이익을 얻지 못하고 손해를 입게 되는 결과가 발생하였다 하더라도 이사의 행위는 허용되는 경영판단의 재량 범위 내에 있는 것이어서 해당 회사에 대하여 손해배상책임을 부담한다고 할 수 없다. 이사가 임무를 수행하면서 검토할 사항은 거래를 하는 목적이나 동기, 거래의 종류와 내용, 상대방과의 관계, 소속 회사의 재무적 상황 등에 따라 달라지므로, 사안마다 개별적으로 판단되어야 한다. 또한 이사의 경영판단을 정당화할 수 있는 이익은 원칙적으로 회사가 실제로 얻을 가능성이 있는 구체적인 것이어야 하고, 일반적이거나 막연한 기대

에 불과하여 회사가 부담하는 비용이나 위험에 상응하지 않는 것이어서는 아니 된다.

[2] 기업집단을 구성하는 개별 계열회사들은 각자 독립된 법인격을 가진 별개의 회사이므로, 개별 계열회사의 이사는 기업집단이나 다른 계열회사와 관련된 직무를 수행할 때에도 선관주의의무와 충실의무를 부담한다.

소속 회사가 법령에 위반됨이 없이 동일한 기업집단에 속한 계열회사 주식을 취득하거나 제3자가 계열회사 주식을 취득하게 하는 계약을 체결하는 경우, 이사는 소속 회사의 입장에서 주식 취득의 목적이나 계약 내용에 따라 다음과 같은 사항을 검토하고 필요한 조치를 하여야 한다.

[3] 이사는 대표이사나 다른 이사가 선량한 관리자의 주의로써 직무를 수행하는지, 법령과 정관의 규정에 따라 회사를 위하여 직무를 충실하게 수행하는지를 감시·감독하여야 할 의무를 부담한다. 특정 이사가 대표이사나 다른 이사의 업무집행으로 인해 이익을 얻게 될 가능성이 있는 경우에도 그 이사는 이러한 감시·감독의무를 부담한다. 따라서 이사가 대표이사나 다른 이사의 업무집행이 위법하거나 이들이 선관주의의무나 충실의무를 위반하였다고 의심할 만한 사유가 있음에도 고의 또는 과실로 감시의무를 위반하여 이를 방치한 때에는 이로 말미암아 회사가 입은 손해에 대하여 상법 제399조 제1항에 따른 배상책임을 진다.

Ⅳ. 회사의 자본조달과 회계

1. 회계장부열람 · 등사청구권

– 대법원 2022. 5. 13. 선고 2019다270163 판결

주주가 제출하는 열람·등사청구서에 붙인 '이유'는 회사가 열람·등사에 응할 의무의 존부를 판단하거나 열람·등사에 제공할 회계장부와 서류의 범위 등을 확인할 수 있을 정도로 열람·등사청구권 행사에 이르게 된 경위와 행사의 목적 등이 구체적으로 기재되면 충분하고, 더 나아가 그 이유가 사실일지도 모른다는 합리적 의심이 생기게 할 정도로 기재하거나 그 이유를 뒷받침하는 자료를 첨부할 필요는 없다.

※ 대법원의 입장은 청구이유의 실체성 또는 진위여부를 문제 삼아 회사가 주주의 회계장부열람권 행사를 거절하는 구실로 이용하는 것을 방지하는 의미가 있다.

2. 정관에 의한 이익배당청구권의 확정

- 대법원 2022. 8. 19. 선고 2020다263574 판결

【판시사항】

주식회사의 정관에서 회사에 배당의무를 부과하면서 배당금의 지급조건이나 배당금액의 산정 방식 등을 구체적으로 정하고 있어 개별 주주에게 배당할 금액이 일의적으로 산정되고, 대표이사나 이사회가 배당금 지급 여부 등을 달리 정할 수 있도록 하는 규정이 없는 경우, 정관에서 정한 지급조건이 갖추어지는 때에 주주에게 구체적이고 확정적인 배당금지급청구권이 인정될 수 있는지 여부(적극) 및 이 경우 회사가 주주총회에서 이익배당 결의를 하지 않았다거나 이익배당을 거부하는 결의를 하였다는 사정을 들어 이익배당금 지급을 거절할 수 있는지 여부(소극)

【판결요지】

주주의 이익배당청구권은 장차 이익배당을 받을 수 있다는 의미의 권리에 지나지 아니하여 이익잉여금처분계산서가 주주총회에서 승인됨으로써 이익배당이 확정될 때까지는 주주에게 구체적이고 확정적인 배당금지급청구권이 인정되지 아니한다. 다만 정관에서 회사에 배당의무를 부과하면서 배당금의 지급조건이나 배당금액을 산정하는 방식 등을 구체적으로 정하고 있어 그에 따라 개별 주주에게 배당할 금액이 일의적으로 산정되고, 대표이사나 이사회가 경영판단에 따라 배당금 지급 여부나 시기, 배당금액 등을 달리 정할 수 있도록 하는 규정이 없다면, 예외적으로 정관에서 정한 지급조건이 갖추어지는 때에 주주에게 구체적이고 확정적인 배당금지급청구권이 인정될 수 있다. 그리고 이러한 경우 회사는 주주총회에서 이익배당에 관한 결의를 하지 않았다거나 정관과 달리 이익배당을 거부하는 결의를 하였다는 사정을 들어 주주에게 이익배당금의 지급을 거절할 수 없다.

3. 중간배당에 관한 이사회결의를 수정·변경할 수 있는지 여부

- 대법원 2022. 9. 7. 선고 2022다223778 판결

중간배당에 관한 이사회결의가 있으면 중간배당금이 지급되기 전이라도 당해 영업연도 중 1회로 제한된 중간배당은 이미 결정된 것이고, 같은 영업연도 중 다시 중간배당에 관한 이사회결의를 하는 것은 허용되지 않는다. 이사회결의로 주주의 중간배당금 지급청구권이 구체적으로 확정된 이상 그 청구권의 내용을 수정 내지 변경하는 내용의 이사회결의도 허용될 수 없다.

4. 신주인수권부사채 발행의 무효

- 대법원 2022. 10. 27. 선고 2021다201054 판결

【판결이유】

가. 신주인수권부사채는 미리 확정된 가액으로 일정한 수의 신주 인수를 청구할 수 있는 신주인수권이 부여된 사채로서, 신주인수권부사채 발행의 경우에도 주식회사의 물적 기초와 기존 주주들의 이해관계에 영향을 미친다는 점에서 사실상 신주를 발행하는 것과 유사하므로, 신주발행무효의 소에 관한 상법 제429조가 유추적용된다. 신주인수권부사채 발행의 무효는 주주 등이 신주인수권부사채를 발행한 날로부터 6월 내 소만으로 주장할 수 있고, 6월의 출소기간이 지난 뒤에는 새로운 무효 사유를 추가하여 주장할 수 없다. 따라서 신주인수권부사채 발행일로부터 6월 내에 신주인수권부사채발행무효의 소가 제기되지 않거나 6월 내에 제기된 신주인수권부사채발행무효의 소가 적극적 당사자의 패소로 확정되었다면, 이후에는 더 이상 신주인수권부사채 발행의 무효를 주장할 수 없다.

나.

1) 다만 신주인수권부사채에 부여된 신주인수권의 행사나 그로 인한 신주 발행에 대해서는 상법 제429조를 유추적용하여 신주발행무효의 소로써 다툴 수 있다. 이때에는 특별한 사정이 없는 한 신주인수권 행사나 그에 따른 신주 발행에 고유한 무효 사유만 주장할 수 있고, 신주인수권부사채 발행이 무효라거나 그를 전제로 한 주장은 제기할 수 없다.

2) 한편 상법 제418조 제1항, 제2항은 회사가 신주를 발행하는 경우 원칙적으로 기존 주주에게 배정하되 정관에 정한 경우에만 제3자에게 신주배정을 할 수 있게 하면서 그 사유도 신기술의 도입이나 재무구조의 개선 등 경영상 목적을 달성하기 위하여 필요한 경우에 한정함으로써 기존 주주의 신주인수권을 보호하고 있다. 따라서 주식회사가 신주를 발행할 때 회사의 경영상 목적을 달성하기 위하여 필요한 범위 안에서 정관이 정한 사유가 없는데도, 회사의 경영권 분쟁이 현실화된 상황에서 대주주나 경영진 등의 경영권이나 지배권 방어라는 목적을 달성하기 위하여 제3자에게 신주를 배정하는 것은 상법 제418조 제2항을 위반하여 주주의 신주인수권을 침해하는 것이고, 그로 인하여 회사의 지배구조에 심대한 변화가 초래되고 기존 주주들의 회사에 대한 지배권이 현저하게 약화되는 중대한 결과가 발생하는 경우에는 그러한 신주 발행은 무효이다. 이러한 법리는 신주인수권부사채를 제3자에게 발행하는 경우에도 마찬가지로 적용된다.

3) 신주인수권부사채의 경우 경영상 목적 없이 대주주 등의 경영권이나 지배권 방어 목적으

로 제3자에게 발행되더라도 그 자체로는 기존 주주의 신주인수권을 침해하지 않고, 이후 대주주 등이 양수한 신주인수권을 행사하여 신주를 취득함으로써 비로소 기존 주주의 신주인수권이 침해되고 대주주 등의 경영권이나 지배권 방어 목적이 현실화된다. 이에 의하면 회사가 대주주 등의 경영권이나 지배권 방어 목적으로 제3자에게 신주인수권부사채를 발행하였다면 신주인수권부사채의 발행은 무효가 될 수 있고, 이런 사유는 그 발행일로부터 6월 이내에 신주인수권부사채발행무효의 소로써 다툴 수 있다. 나아가 대주주 등이 위와 같은 경위로 발행된 신주인수권부사채나 그에 부여된 신주인수권을 양수한 다음 신주인수권부사채 발행일부터 6월이 지난 후 신주인수권을 행사하여 신주를 취득하였다면, 이는 실질적으로 회사가 경영상 목적 없이 대주주 등에게 신주를 발행한 것과 동일하므로, 신주인수권 행사나 그에 따른 신주 발행에 고유한 무효 사유에 준하여 신주발행무효의 소로도 신주 발행의 무효를 주장할 수 있다. 이로써 위법한 신주인수권부사채 발행이나 그에 기한 신주 발행을 다투는 주주의 제소권이 실질적으로 보호될 수 있다.

4) 위에서 본 경우 신주발행무효의 소의 제소기간은 신주 발행일로부터 기산하여야 하고, 설령 신주 발행이 신주인수권부사채에 부여된 신주인수권의 행사 결과에 따른 것이라 할지라도 신주인수권부사채 발행일부터 기산되는 것은 아니다.

V. 회사 분할 및 합병

1. 회사 분할

(1) 대법원 2023. 6. 15. 선고 2021두55159 판결

회사 분할 시 특별한 규정이 없는 한 신설회사에 대하여 분할하는 회사의 분할 전 하도급법 위반행위를 이유로 하도급법 제25조 제1항에 따른 시정조치를 명하는 것은 허용되지 않는다.

(현행 공정거래법은 분할하는 회사의 분할 전 공정거래법 위반행위를 이유로 신설회사에 과징금 부과 또는 시정조치를 할 수 있도록 규정을 신설하였다. 현행 하도급법은 과징금 부과처분에 관하여는 신설회사에 제재사유를 승계시키는 공정거래법 규정을 준용하고 있으나 시정조치에 관하여는 이러한 규정을 두고 있지 않다. 이와 같이 공정거래법과 하도급법이 회사분할 전 법 위반행위에 관하여 신설회사에 과징금 부과 또는 시정조치의 제재사유를 승계시킬 수 있는 경우를 따로 규정하고 있는 이상, 그와 같은 규정을 두고 있지 아니하는 사안, 즉 회사분할 전 법 위반행위에 관하여 신설회사에 시정조치의 제재사유가 승계되는지가 쟁점이 되는 사안에서는 이를 소극적으로 보는 것이 자연스럽다.)

※ 이 판결은 "법률 규정이 없는 이상 분할하는 회사의 분할 전 공정거래법 위반행위를 이유로 신설회사에 대하여 과징금을 부과하는 것

은 허용되지 않는다"는 [대법원 2006두18928 판결]과 같은 선상에 있다.

(2) 대법원 2023. 4. 27. 선고 2020두47892 판결

하도급법 위반을 이유로 시정명령 등과 그에 따른 벌점을 부과받은 갑 주식회사가 을 주식회사와 병 주식회사로 분할되었고, 정 주식회사가 갑 회사의 사업 부문 대부분이 이전된 을 회사를 흡수합병하자, 공정거래위원회가 정 회사에 대하여 갑 회사에 부과된 벌점이 정 회사에 승계된다.

(갑 회사에 부과된 벌점은 분할되는 회사의 공법상 의무 또는 이와 관련한 재산적 가치가 있는 사실관계에 해당하므로, 분할신설회사인 을 회사에 귀속된 후 이를 흡수합병한 정 회사에 승계되었다고 보는 것이 타당한 점 등을 종합하면, 하도급법을 위반한 분할전회사와 분할신설회사의 법인격이 동일하다고 볼 수 없고, 정 회사가 하도급법 위반행위를 한 사업자인 갑 회사의 법률상 지위를 승계하였다고 보기도 부족하다는 이유로 처분이 위법하다고 본 원심판단에 하도급법상 벌점 승계 여부에 관한 법리오해의 잘못이 있다.)

※ (1) 판결과 (2) 판결은 언뜻 배치되어 보인다. 그러나 (1) 판결은 제재처분이 있기 전 분할이 이루어져 제재사유의 승계가 문제된 사건이고, (2) 판결은 벌점 부과가 분할 전 이미 있었던 사건이고, '제재사유의 승계'가 아니라 '제재처분의 효과 승계' 유형에 해당한다는 차이가 있다.

2. 합병 반대주주의 주식매수청구권행사와 주식매수가격의 결정기준

- 대법원 2022. 4. 14. 자 2016마5394,5395,5396 결정

주권상장법인의 합병 등에 반대하는 주주가 자본시장법 제165조의5 제1항에 의하여 해당 법인에 대하여 상장주식의 매수를 청구하고 주주와 해당 법인 간에 매수가격에 대한 협의가 이루어지지 아니하여 주주 또는 해당 법인이 법원에 매수가격의 결정을 청구한 경우, 법원은 원칙적으로 해당 법인의 시장주가를 참조하여 매수가격을 산정하여야 한다.

다만 이처럼 시장주가에 기초하여 매수가격을 산정하는 경우라고 하여 법원이 반드시 자본시장법 시행령 제176조의7 제3항 제1호에서 정한 산정 방법에 따라서만 매수가격을 산정하여야 하는 것은 아니다. 법원은 공정한 매수가격을 산정한다는 매수가격 결정 신청사건의 제도적 취지와 개별 사안의 구체적 사정을 고려하여 이사회 결의일 이전의 어느 특정일의 시장주가를 참조할 것인지, 또는 일정 기간 동안의 시장주가의 평균치를 참조할 것인지, 그렇지 않으면 자본시장법 시행령 제176조의7 제3항 제1호에서 정한 산정 방법에 따라 산정된 가격을 그대로 인정할 것인지 등을 합리적으로 결정할 수 있다.

나아가 해당 상장주식이 유가증권시장에서 거래가 형성되지 아니한 주식이거나 시장주가가 가격조작 등 시장의 기능을 방해하는 부정한 수단에 의하여 영향을 받는 등으로 해당 주권상장

법인의 객관적 가치를 반영하지 못하고 있다고 판단될 경우에는, <u>시장주가를 배제하거나</u> 또는 시장주가와 함께 순자산가치나 수익가치 등 다른 평가요소를 반영하여 해당 법인의 상황이나 업종의 특성 등을 종합적으로 고려한 공정한 가액을 산정할 수도 있으나, <u>단순히 시장주가가 순자산가치나 수익가치에 기초하여 산정된 가격과 다소 차이가 난다는 사정만으로 시장주가가 주권상장법인의 객관적 가치를 반영하지 못한다고 쉽게 단정하여서는 아니 된다.</u>

1. 보험약관의 해석

(1) 상해공제약관상 '장해상태가 신체의 동일부위에 발생한 경우'

- 대법원 2023. 7. 13. 선고 2021다283742 판결

이 사건 공제계약 약관이 정하는 '장해상태가 신체의 동일부위에 발생한 경우'란 <u>문언 그대로</u> <u>동일한 신체부위에 발생하여 존재하는 장해상태를 의미</u>한다고 보는 것이 평균적 고객의 이해가 능성을 기준으로 한 객관적·획일적 해석의 원칙에 부합하고, 신체의 동일부위에서 비롯하였다 는 이유로 둘 이상의 다른 신체부위에 발생한 장해까지 포괄하는 의미로 확대할 수는 없다. 설 혹 그와 같이 해석할 여지가 있다고 하더라도, 결국 신체의 동일부위에 관한 이 사건 공제계약 약관의 의미가 명백하지 아니한 것으로 볼 수 있어 그 경우 고객에게 유리하게, 약관작성자에게 불리하게 해석하는 것이 약관의 해석에서 작성자 불이익의 원칙에도 부합한다.

(2) 간병비보험약관상 '장기요양등급을 판정받은 경우'

- 대법원 2023. 10. 12. 선고 2020다232709, 232716 판결

[2] 보험약관은 신의성실의 원칙에 따라 당해 약관의 목적과 취지를 고려하여 공정하고 합리 적으로 해석하되, 개개의 계약당사자가 기도한 목적이나 의사를 참작함이 없이 평균적 고객의 이해가능성을 기준으로 보험단체 전체의 이해관계를 고려하여 객관적·획일적으 로 해석하여야 한다. 보험약관이 비록 보험자가 다수의 보험계약자와 계약을 체결하기 위하여 일방적으로 마련한 것이라고 하더라도, 보험약관의 내용 등이 보험계약자의 정당 한 이익과 합리적인 기대에 반할 뿐 아니라 사적자치의 한계를 벗어나는 등 무효라고 볼 만한 사정이 없다면, 법원이 이를 함부로 배척하거나 보험약관 내용을 그 목적과 취지 등 과 달리 개별 사건마다 임의로 해석하여서는 안 된다.

[3] 갑이 을 보험회사와 체결한 보험계약의 약관에는 '피보험자가 보험기간 중 사망할 경우 보험계약은 소멸한다.'는 조항과 '신(신)장기간병요양진단비 보험금은 피보험자가 보험기 간 중 노인장기요양보험 수급대상으로 인정되었을 경우 지급한다.'는 조항을 두고 있는 데, 갑이 국민건강보험공단에 장기요양인정을 신청하여 장기요양등급 판정을 받았으나 그 판정 전에 사망한 사안에서, 위 보험계약에서 보험금 지급사유로 정한 '피보험자가 보

험기간 중 노인장기요양보험 수급대상으로 인정되었을 경우'는 특별한 사정이 없는 한 '피보험자가 보험기간 중 국민건강보험공단 등급판정위원회에 의하여 장기요양등급을 판정받은 경우'를 말하고, 피보험자가 노인장기요양보험 수급대상에 해당할 정도의 심신상태임이 확인되었다고 하더라도 장기요양등급 판정을 받지 않은 상태에서 보험계약이 소멸하였다면 보험기간 중 보험금 지급사유가 발생하였다고 볼 수 없다.

2. 피해자의 직접청구권과 대위보험자의 직접청구권의 우열

- 대법원 2023. 4. 27. 선고 2017다239014 판결

【판시사항】

책임보험계약 피보험자의 과실로 발생한 화재에 의하여 다수 피해자가 손해를 입었으나 책임보험 한도액이 다수 피해자의 손해 합계액에 미치지 못하는 경우, 피해자들이 책임보험자에 대하여 직접청구권을 행사하여 책임보험 한도액의 범위 내에서 각자 전보받지 못하고 남은 손해의 배상을 청구할 수 있는지 여부(적극) 및 피해자와 체결한 화재보험계약에 따라 보험금으로 그 피해자의 손해를 전부 보상한 화재보험자가 책임보험자에게 보험자대위로 직접청구를 하는 경우, 화재보험자는 직접청구권을 행사하는 다른 피해자들에 대한 책임보험금 지급이 이루어진 다음 책임보험 한도액에 남은 금액에 한하여 지급받을 수 있는지 여부(원칙적 적극)

【판결요지】

책임보험계약은 피보험자가 보험기간 중의 사고로 인하여 제3자에게 배상할 책임을 진 경우에 그로 인한 손해보상을 목적으로 한다. 책임보험제도는 피보험자의 재산상 손해를 전보할 뿐만 아니라 이를 통하여 실질적으로는 피해자를 보호하는 데 주된 취지가 있다.

상법 제724조가 규정하고 있는 피해자의 직접청구권은 책임보험의 보험사고가 발생한 때 피해자가 보험금액의 한도 내에서 책임보험자에 대해 직접 보상을 청구할 수 있도록 특별히 인정된 권리로서, 피해자에게 신속·확실한 구제기회를 부여함으로써 피해자를 두텁게 보호하기 위한 것이다.

상법 제682조 제1항은 "손해가 제3자의 행위로 인하여 발생한 경우에 보험금을 지급한 보험자는 그 지급한 금액의 한도에서 그 제3자에 대한 보험계약자 또는 피보험자의 권리를 취득한다. 다만 보험자가 보상할 보험금의 일부를 지급한 경우에는 피보험자의 권리를 침해하지 아니하는 범위에서 그 권리를 행사할 수 있다."라고 규정한다. 위 규정의 취지는 피보험자가 보험자로부터 보험금액을 지급받은 후에도 제3자에 대한 청구권을 보유·행사하게 하는 것

은 피보험자에게 손해의 전보를 넘어서 오히려 이득을 주게 되는 결과가 되어 손해보험제도의 원칙에 반하게 되고 또 배상의무자인 제3자가 피보험자의 보험금 수령으로 인하여 책임을 면하게 하는 것도 불합리하므로 이를 제거하여 보험자에게 이익을 귀속시키려는 데 있다. 따라서 피해자인 피보험자의 이중이득이나 가해자인 제3자의 부당한 면책의 우려가 없는 경우에는 보험자의 보험자대위는 제한될 수 있다. 피보험자가 보험자로부터 보험금을 지급받고도 보상받지 못한 손해액이 남아 있는 경우 보험자가 보험자대위에 의하여 제3자에게 직접 청구할 수 있는 범위는 상법 제682조 제1항에 따라 피보험자가 제3자에 대하여 가지는 전체 손해배상청구권 중 미보상손해액을 공제한 나머지 부분에 한한다고 보는 것도 이러한 취지에서이다.

위와 같은 상법상 보험자대위 제도와 책임보험에서의 피해자의 직접청구권 제도의 취지는 화재보험자가 피보험자에게 보험금을 지급한 다음 보험자대위로 가해자의 책임보험자에게 직접청구권을 행사하는 경우에도 마찬가지로 적용되어야 한다. 즉 책임보험계약의 피보험자의 과실로 발생한 화재에 의하여 다수 피해자가 손해를 입었으나 책임보험 한도액이 다수 피해자의 손해 합계액에 미치지 못하는 경우, 피해자들은 책임보험자에 대하여 직접청구권을 행사하여 책임보험 한도액의 범위 내에서 각자 전보받지 못하고 남은 손해의 배상을 청구할 수 있다. 그러나 피해자와 체결한 화재보험계약에 따라 보험금으로 그 피해자의 손해를 전부 보상한 화재보험자가 책임보험자에게 보험자대위로 직접청구를 하는 경우, 화재보험자는 직접청구권을 행사하는 다른 피해자들보다 우선하여 책임보험금을 지급받을 수 없고 특별한 사정이 없는 한 피해자들에 대한 책임보험금 지급이 이루어진 다음 책임보험 한도액에 남은 금액이 있다면 이에 대해서 지급받을 수 있을 뿐이라고 보아야 한다.

3. 중복보험의 구상관계

- 대법원 2023. 6. 1. 선고 2019다237586 판결

【판시사항】

[1] 무보험자동차에 의한 상해담보특약을 맺은 보험자가 피보험자에게 보험금을 지급한 경우, 상법 제729조 단서에 따라 피보험자의 배상의무자에 대한 손해배상청구권을 대위행사할 수 있는지 여부(적극) 및 그 범위

[2] 하나의 사고에 관하여 여러 개의 무보험자동차에 의한 상해담보특약이 체결되고 보험금액의 총액이 피보험자가 입은 손해액을 초과하는 경우, 손해보험에 관한 상법 제672조 제1항이 준용되어 중복보험자 중 1인이 피보험자에게 보험약관에서 정한 기준에 따라 보

험금을 지급하였다면 다른 중복보험자를 상대로 각자의 보험금액의 비율에 따른 분담금의 지급을 청구할 수 있는지 여부(적극) / 보험금을 단독으로 지급한 중복보험자가 다른 중복보험자로부터 분담금 전부 또는 일부를 지급받아 만족을 얻은 경우, 상법 제729조 단서에 따라 피보험자에 대한 배상의무자를 상대로 보험자대위에 의한 청구권을 행사할 수 있는지 여부(적극) 및 그 범위

【판결요지】

[1] 피보험자가 무보험자동차에 의한 교통사고로 상해를 입었을 때에 그 손해에 대하여 배상할 의무자가 있는 경우에 보험자가 약관에 정한 바에 따라 피보험자에게 그 손해를 보상하는 것을 내용으로 하는 무보험자동차에 의한 상해담보특약은 손해보험으로서의 성질과 함께 상해보험으로서의 성질도 갖고 있는 손해보험형 상해보험으로서, 상법 제729조 단서에 따라 당사자 사이에 다른 약정이 있는 때에는 보험자는 피보험자의 권리를 해하지 아니하는 범위 안에서 피보험자의 배상의무자에 대한 손해배상청구권을 대위행사할 수 있다. 한편 무보험자동차에 의한 상해담보특약의 보험자는 피보험자의 실제 손해액을 기준으로 위험을 인수한 것이 아니라 보험약관에서 정한 보험금 지급기준에 따라 산정된 금액만을 제한적으로 인수한 것이므로, 무보험자동차에 의한 상해담보특약을 맺은 보험자가 피보험자에게 보험금을 지급한 경우 상법 제729조 단서에 따라 피보험자의 배상의무자에 대한 손해배상청구권을 대위행사할 수 있는 범위는 피보험자가 배상의무자에 대하여 가지는 손해배상청구권의 한도 내에서 보험약관에서 정한 보험금 지급기준에 따라 정당하게 산정되어 피보험자에게 지급된 보험금액에 한정된다.

[2] 하나의 사고에 관하여 여러 개의 무보험자동차에 의한 상해담보특약이 체결되고 그 보험금액의 총액이 피보험자가 입은 손해액을 초과하는 때에는 손해보험에 관한 상법 제672조 제1항이 준용되어 보험자는 각자의 보험금액의 한도에서 연대책임을 지고, 이 경우 각 보험자 사이에서는 각자의 보험금액의 비율에 따른 보상책임을 진다. 이러한 경우 중복보험자 중 1인이 단독으로 피보험자에게 보험약관에서 정한 보험금 지급기준에 따라 정당하게 산정된 보험금을 지급하였다면 상법 제672조 제1항에 근거하여 다른 중복보험자를 상대로 각자의 보험금액의 비율에 따라 산정한 분담금의 지급을 청구할 수 있다. 그리고 이러한 청구권은 상법 제729조 단서에 근거하여 당사자 사이에 다른 약정이 있어 피보험자의 권리를 해하지 아니하는 범위 안에서 피보험자에 대한 배상의무자를 상대로 행사할 수 있는 보험자대위에 의한 청구권과 별개의 권리이므로, 그 중복보험자는 각 청구권의 성립 요건을 개별적으로 충족하는 한 어느 하나를 먼저 행사하여도 무방하고 양

자를 동시에 행사할 수도 있다. 따라서 보험금을 단독으로 지급한 중복보험자가 다른 중복보험자로부터 분담금 전부 또는 일부를 지급받아 만족을 얻었다고 하더라도 피보험자에 대한 배상의무자를 상대로 보험자대위에 의한 청구권을 행사할 수 있고, 다만 그 범위는 보험약관에 따라 정당하게 산정되어 지급된 보험금 중 그 보험금에서 위와 같이 만족을 얻은 부분을 제외한 나머지 금액의 비율에 상응하는 부분으로 축소된다고 봄이 타당하다.

찾아보기

ㅡ ㄱ

간이영업양도　76
간접거래　211
간접손해　180
감자무효의 소　11
강제매수제도　80
검사인의 검사　230
결의방법의 하자　237
결의취소사유　236
경업금지의무　18, 214
경영권 방어　136, 229
경영판단의 법칙　169
공동대표이사　156
권리능력　193
기권　19

ㅡ ㄴ

납입해태　201

ㅡ ㄷ

다중대표소송　38
단주　14
담보책임　87
대규모 자산 차입　191
대표권 남용　141, 160, 213
대표소송　36, 40, 170

ㅡ ㅁ

매도인의 하자담보책임　153
명의개서　25, 72
명의개서 미필 주주　26
목적물 검사·통지의무　153
물적분할　112
물적항변　84

ㅡ ㅂ

반대주주의 주식매수청구권　126, 130
발행　47
배서　47
배서금지배서　29
법령위반　22
부실등기　242
분식회계　108

ㅡ ㅅ

상사매매　51
상사법정이율　4, 5
상업등기　159
상업사용인　161
상호등기　96
상호속용　146, 147
상호폐지청구권　96
선관주의의무　169
선의취득　83

소수주주의 매수청구권   80
소집절차의 하자   236
신주발행   136
신주발행무효의 소   137, 231
신주인수권   137, 230
신주인수권 양도   202
신주인수권부사채   100, 101
신주인수권부사채발행 무효의 소   103
실권주   9

ㅡ ㅇ

약속어음   121
어음의 위조   84
어음채권과 원인채권 행사 순서   42
어음할인   7
어음행위독립의 원칙   85
업무집행관여자   243, 245
영업 일부 양도   208
영업양도   75, 146
위법배당   178
위장납입   177, 225
유가증권   121
유질약정   88
융통어음   119, 121
의결권 대리행사   68, 226
의결정족수   20
의사록   21, 22
이사의 보수   116
이사의 선임   71
이사의 책임   184
이사해임결의   66
이사회   197, 238
이사회 소집절차   195
이익배당   178, 181
익명조합   28

인적 항변   8
인적분할   111

ㅡ ㅈ

자기거래   76, 139, 174, 196
자기주식취득   58
전단적 대표행위   191
전환사채   39
제3자배정   38, 136, 228
주권발행 전 주식   25
주금의 상계   222
주식매수청구권   79
주식배당   182
주식의 양도   25
주주명부   221
주주명부의 면책력   67
주주의 열람·등사권   6
주주의 직접손해   108
주주제안(권)   104, 125, 127
주주총회결의취소의 소   10, 73
주주총회의 권한   72
중간배당   183
지배권 남용   163
지배권 제한   162
지배인   161
지배주주   20, 26
지시증권성   30
집중투표제   105

ㅡ ㅊ

추심위임배서   43
충실의무   169

― ㅌ

특별이해관계인   19, 238

― ㅍ

표현대표이사   157, 160, 241, 245

― ㅎ

하자담보책임   50

합병   120, 122

현물출자   229

회계장부 열람·등사권   6

회계장부 열람청구   164

회사분할   111, 143, 145

저자약력

임수민(林秀珉)
서울대 법학부 졸업
서울대 법학박사
(前) 한국법학원 연구위원
(前) 법무부 상사법무과 사무관
(前) 국회 입법조사처 금융공정거래팀 입법조사관
(現) 충북대 법학전문대학원 조교수

변호사시험을 위한 상법공부

초판발행   2024년 5월 22일

엮은이   임수민
펴낸이   안종만 · 안상준

편 집   윤혜경
기획/마케팅   김한유
표지디자인   이영경
제 작   고철민 · 조영환

펴낸곳   (주) 박영사
             서울특별시 금천구 가산디지털2로 53, 210호(가산동, 한라시그마밸리)
             등록 1959. 3. 11. 제300-1959-1호(倫)

전 화   02)733-6771
f a x   02)736-4818
e-mail   pys@pybook.co.kr
homepage   www.pybook.co.kr
ISBN   979-11-303-4733-2   13360

정 가   24,000원